MINERVA
人文・社会科学叢書
207

野党とは何か

―組織改革と政権交代の比較政治―

吉田　徹編著

ミネルヴァ書房

はしがき——「否定形」「揺らぎ」「普遍化」の中の野党

野党は、民主主義体制にとって欠かせない存在といえる。それは、野党が果たす機能とは、まず与党権力に対して修正や撤回を迫り、いわば政治における「決定」の次元に対して「合意」と「討議」の次元を作り出すことを使命とするからだ。また、与党権力による政治決定が行き詰ったり、破綻したりした場合、選挙およびその他の権力交代の手段を通じ、その政治体制での権力主体のオルターナティブとなり得る。さらに、野党の存在自体が多様な民意を、多元的な回路でもって政治の場に反映することを試み、結果として、場合によっては体制の正統性や安定性に寄与することになる。

このように、民主主義にあって野党は重要な機能と役割を果たし得る存在である。それにもかかわらず、野党とはいかなるものなのか、いかにあるべきなのかといった点について、国内外を問わず、政治学の領域でも、必ずしも体系的な考察の対象とはなってこなかった。その欠落を埋めようとするのが本書である。

野党が集中的な検討の対象になりづらかったのには、様々な要因が影響している。その理由を、ここでは差し当たって「否定形」「揺らぎ」「普遍化」の三つのキーワードで説明してみたい。

（1）「否定形」としての野党——野党それ自体は、往々にして政治や政策形成の主体として認識されにくい。それは与党と比較した場合にはとりわけ、いわば日陰の存在とみなされてしまうからである。言い換えれば、野党とは「与党ではない政党」という「否定形」という形でしか規定できないものへと還元されてしまう。しかし、これでは与党の政策に影響を与えたり、修正を施したり、押し戻したりするような、野党の果たすことのできる積極的な役割を視野に入れないことになってしまう。

（2）「揺らぎ」としての野党——序章で検討されるように，野党を積極的に定義することは簡単ではない。一口に「野党」といっても，そこには政治体制そのものに異議を唱えるようなラディカルな野党もあれば，政策に応じて与党との協議や調整を担う野党もあるだろう。また，意識的に政権交代を目指す野党もあれば，政権との距離を取り続けることで存在感を示す野党もある。日本で従来の「与党」にも「野党」のイメージに当てはまらない「ゆ党」という言葉が用いられてきたのも，野党とは何であるのかという，こうした「揺らぎ」を端的に証明するものといえる。実際には，政府与党の政策に原理的に反対することだけに留まる野党というのは，それほど一般的であるわけではなく，特に議会での有意な政党であれば，事の大小に応じて，何らかの形で与党との接触や協力関係を結ぶことは珍しくない。そう考えた場合，野党はかなり幅広くグラデーションを描く政治的な主体である。そして，その野党がどの色をまとうのかは，経験的に把握されるべきだろう。

（3）「普遍化」した野党——一九六〇～七〇年代以降，さらにポスト冷戦期となって，多くの国では政治体制をめぐる広い政治的対立といったものは後景に退き，体制や政治原理に異議申し立てを行うラディカルな野党といった存在は，先進国では消滅しないまでも，少なくとも希少なものになっているように見受けられる。それに代わるかのごとく目立つようになったのは，政権交代を目指して「政権担当能力」を有する政党であることを意識的に目指す野党である。これは，政権交代が政治経済レジームの転換を意味せず，与野党の入れ替わりが有権者にとっても受け入れやすいものとなり，両者を隔てる境界線が流動的なものとなってきたことを意味する。与野党を隔てるハードルが低くなる中で，国によっては戦後政治において自然な形で与党だった政党が下野するといった事象も生じ，野党はより一般的なものとして経験されるようになった。しかし，こうした現象があることで，野党という比較的分かりやすかった外延もぼやける結果となった。

それでは，このように「否定形」「揺らぎ」「普遍化」の中に置かれる「野党」を主語とした政治学は成り立つのか——その答えは当然ながら「是」であると執筆者一同は考えるが，最終的な判断は読者に委ねたいと思う。

本書の成り立ちについて言及しておきたい。

本書の企画のスタート地点となったのは、二〇一〇年度日本政治学会分科会（C2）「野党改革の比較政治」である。編者が企画した本分科会では、本書にも執筆している各氏が「アメリカ民主党――「草の根」の動員過程をめぐる一考察」（石神圭子）、「イギリスにおける野党の組織改革と政策形成過程」（今井貴子）、「野党改革は問題か？――ドイツ社会民主党とキリスト教民主同盟の政権復帰」（野田昌吾）と題した研究報告をそれぞれ行った。その際、分科会で司会および討論者を務めていただいた竹中治堅氏、討論者の高橋進氏、そしてコメントや質問をお寄せいただいた会員諸氏に感謝申し上げたい。

当時、編者の念頭にあったのは二〇〇九年に民主党による政権交代選挙が実現し、「自然な与党」として君臨していた自民党が下野した政治状況であり、その後の展開がどうなるにせよ、日本でも与党と野党が入れ替わる政権交代の蓋然性は、少なくともそれまでよりも高まっていくように思えた。ここから、新たなステージを迎えた日本の政党政治における野党の在り方を、各国比較を材料として投射してみたいというのが、分科会企画の趣旨だった。

その後、前記報告の土台となった三本のペーパーがブラッシュアップされ、これにフランス、イタリア、ベルギー、日本の事例を加えて、計七カ国の野党が検討されることになった。これらの国々は、それぞれに異なった形で議会制民主主義の実践をしている。そのような多様性の中に野党を置くことで、その機能と役割もまた多様であることを、強調したかったからである。

しかし、実際に比較をする際には、何らかの分析的視点を持たなければならない。そこで、比較においては、それぞれの国における野党期の組織改革を視点に据えることにした。詳細は序章に譲るが、デュヴェルジェ著『政党社会学』を引くまでもなく、政党の類型や志向は、その政党の政治的位置だけでなく、組織的特性を把握することによって、より良く説明できる。確固としたリサーチ・デザインやモデルを作り上げることは端から目指されていなかったが、それでもどのような組織・制度改革がなされ、それがどのような成果を生んだのか、あるいは生まなかったのかという点については、各章での共通の視座になっている。

一読すれば分かるように、これらの国の野党性や組織改革の在り方は、かなりバリエーションに富んでいる。各国野党を分析する際の接近手法や時代区分も執筆者に一任されたのが理由の一つだが、それはその国の野党の特徴を過不足なく抽出し、より正確に理解するための意図的な選択でもある。そこに表れる野党の多様性は、その国の民主主義の在り方と歴史の多様性がそのまま反映されたものなのである。

最後になるが、こうした野心的な企画を引き受けていただいたのはミネルヴァ書房編集部の田引勝二氏であった。企画は出来上がったものの、実際には執筆者の国内外での移動・移籍や、生活上の已む得ない事情、あるいは予測できない分析対象国の現実政治での展開もあり、刊行に漕ぎつけるまでにはかなりの時間を要することになった。遅々として進まない企画を辛抱強くフォローし、最後の大事な局面で見事なエディターシップを発揮いただいた田引氏に感謝したい。

野党という存在がどのようなものであるのかは、規範的にも、経験的にも導くことができるだろう。そうであることを承知した上で、では、どのような野党と野党イメージがこれから作り上げられていくべきなのか——本書がそのことを考える一助になれば、というのが執筆者一同の願いである。

二〇一五年六月一日

編　者

野党とは何か——組織改革と政権交代の比較政治　目次

序章　野党とは何か
――「もう一つの政府／権力」の再定義に向けて――

吉田　徹

1　野党という存在

「野党」とは何か――本書が目指すのは、イギリス、ドイツ、フランス、イタリア、ベルギー、アメリカ、そして日本の主たる政党組織に焦点を当てて、この漠然とした問いに対して、具体的に答えることにある。

ロバート・ダールは、野党という存在を通じて政治的紛争を管理するという方法が、人類において「最も予期し得なかった社会的発展」の一つだと、指摘したことがある（Dahl 1966a : xvii-xviii）。そして、このダールによる野党についての草分け的研究『西洋民主主義諸国の政治的抵抗勢力（Political Oppositions in Western Democracies）』が一九六〇年代後半に著されてからというもの、日本を含む多くの国で、与党と野党の座が入れ替わる政権交代という現象も決して珍しいものではなくなってきている。

しかし、議会制民主主義国にあっても、既存の政治体制と距離を取る議会外（院外）の野党、政権獲得競争に参加する議会内（院内）の野党のいずれも、それ自体、自然なものとして存在してきたわけではなかった。議会制民主主義が発展し、定着していく中で、初めて野党という存在は政党政治の枠組みに漸進的に組み入れられ、制度化されるようになっていった。こうして現代政治において、議会に野党が存在すること、そして与党と野党との間で定期的な政権交代が起こることが、その国の民主政の程度の証しであると、一般的には見られるようになった。

こうした野党の位置づけは、戦後長らく「一党支配」を経験してきた日本で、一九九〇年代と二〇〇〇年代に起きた「政権交代」の意義を問うことにも繋がるだろう。このことはまた、政権交代の「常態化」を経験して、ポスト五五年体制の日本政治において野党が果たした役割、あるいは果たすべき役割が何であるのか、という問いが浮上したことを意味している。

政治学者のシャピロは、その名も『政府と野党（Government and Opposition）』という表題を掲げた学術ジャーナルの創刊号で「統治プロセスの研究は、権力をコントロールする者が試み、そして実現するものについてだけではなく、その目標に反対したり、権力が行動する以前の利益や抵抗の摺り合わせについても光を当てなければならないのは言うまでもない」と指摘した（Schapiro 1965 : 2）。この言葉は、現代政治においても依然として有効であろう。つまり、言い換えるならば、政権交代の意義を問うことは、また野党の意義を問うことでもなければならないのである。

もっとも「野党」が、これまでの政治学や政党政治論、あるいは議会研究でも、必ずしも十分な分析対象となってこなかった状況は大きく変わっていない（Parry 1997）。政治学・行政学では、議会や内閣、政治参加、政治過程といったテーマに応じて対象が分析されている。政党政治論では、その主たる関心は有権者の投票行動分析や個々の政党・政党組織研究、また、政党がどのようなパターンやフォーマットのもとにあるのかといった政党システム分析に関心が向けられてきた。したがって、そうした複数の次元や領域にまたがる存在である「野党」は、後景に追いやられたままになっている(1)。

しかし、「政権交代」の常態化した安定した民主主義体制において、その権力の所在を明らかにすること、すなわち政府・与党の行動を明らかにするためには、野党という存在にこそ光は当てられなければならない。早くから野党研究の必要性を提唱していたイオネスク＝デ・マダリアガの言葉を借りれば、野党とは「政府ないし権力のもう一つの部分（altera pars）」のことであって、与党と野党はいわば「シャム双生児」であるとすらいってよい。政権与党の政策や行動は、対立的・協調的かを問わず、野党との関係に規定されるからだ。また、彼らが言うように、この決定と決定主体に抵抗する野党勢力の「敵意」がどの程度の「強度」を持つものなのか、逆に与党が野党の敵意からどの程度「自由」であるのかといった条件は、与党と野党との間で展開される政治過程に強く影響され、その結果、間接的・直接的とを問わず、政府の政策を方向づけるからでもある（Ionescu and de Madariaga 1968 : 10)。

2　野党定義の困難さ

狭義の野党、広義の野党

このように、民主主義体制での野党は無視し得ぬ存在であるにもかかわらず、その位置づけがこれまで十分に明らかになってこなかった理由の一つは、野党という存在に厳密な定義を施すことが困難であることが挙げられる。「野党」は、英語で「オポジション（ズ）（opposition / oppositions）」と称されるが、その原義は「対立／反対するもの」であって、一義的に政党を指すものではないことが解る。(2) こうした点から、先行研究の多くは、野党の定義をどこまで広げることが妥当であるのか、もっといって野党の特徴、すなわち野党性とは何であるのかの議論を集中的に展開した（代表的なものとしてスミス 一九九八）。

それというのも、政府与党を非難し、その政策の修正や撤回を求めるのは、当然、議会に代表権や議席を持つ政治勢力や政党だけに限らない。一九八〇～九〇年代から、とりわけヨーロッパ諸国で存在感を増すようになった極右政党に代表される「反システム政党」(Cappocia 2002)、あるいは「反政治的既成政党」(Anti-Political-Established Parties)」(Schedler 1996) と称される政治勢力などは、必ずしも有意な院内勢力でない場合もある。場合によっては議会制民主主義の正当性を疑問視するこれら政治勢力を野党として括るべきかどうかについても、学説上のコンセンサスはない。しかし、選挙や政治的抗議運動を通じて、政権与党の政策や戦略に潜在的に大きな影響を与え得る存在であるから、質的な意味では野党に含めなければならないとすることは十分に可能である。

もっともこのように政府与党に対立する存在であるという機能上の定義でもって野党にアプローチすれば、その範囲は、かなりの程度、広がっていくことになってしまう。その反対に、野党を院内に議席を持つ政治勢力としてのみ把握するのであれば、今度は機能上の定義の少なくない部分を捨象してしまうことに繋がりかねない。そのため、ここでは、便宜上、既存の制度や議会が持つ権威や正当性をかなりの程度認め、そのうえで何らかの形で政権交代に参画する政治勢力を「狭義の野党」、他方では、制度や議会に懐疑的な立場をとり、政権奪取よりも政府や体制の打倒を主要な政治的主張とする勢力を「広義の野党」と定義しておきたい。

しかし、国と時代によっても、こうした野党の定義は伸縮することにも注意しなければならない。たとえば、一九九〇年代後半、時の政権の連立与党として西ドイツ（当時）やフランスの「緑の党」が参画したが、これらエコロジー政党は当初から院外と院内との結びつきを重視していたため、院内政党としては自律性の低い政党である（井関 二〇〇五、畑山 二〇一二）。また、一九六〇年代の日本社会党は政権奪取ではなく、与党の諸政策の修正・抑止を主たる目的とした院内勢力であった（Kohno 1997）。さらに、オランダやデンマークのように、連立政権が常態となっている国では、与党と野党の間の線引きは、かなり流動的なものとなることもある。オーストリアのように、社会党と国民党という二大政党が計二〇年以上にわたって大連立を組んだような場合、あるいはドイツの自由民主党（FDP）のように、保革の両政党と連立を組んだ経験を持つ要政党などを念頭に置く場合でも、野党の果たす機能が何であるかは、先験的には決められないのである。

制度的に規定される野党

このように、仮に活動範囲を院内に限った上で「狭義の野党」の定義を採用しても、「野党」の実際はきわめて多様である。多数派を選出する選挙時に、与党と対立した政治勢力が、選挙後になって議会法案をめぐって与党と協力的姿勢をとることは珍しくない。これは、アメリカ議会や欧州議会に代表されるように、議会での党組織の凝集性が相対的に低く、院内の委員会や個々の議員の自律性が高い場合はなおさらである。ここで野党の範囲や政権と敵対する程度は、争点や局面に応じて、短期的・長期的、流動的・固定的、強固・柔軟といった両極の間を揺れ動くことになる。政治体制の特性、議会運営の慣行、政権の権能、不信任決議の形式、内閣が議会に対して負う責任の範囲、議会解散権の在り処、上下両院の権限の範囲といった制度的変数も、野党の機能に影響を与えるし、翻って、野党がどのような戦略を選択するのかを制約することになる。

仮に「野党」を「公的権力に与らない政治的組織」ときわめて広く定義した場合でも、それが依存する政治体制や政治システムの制度的特徴によって、定義や特性は曖昧なものに留まる。具体的にいえば、たとえばフランスでは大統領と首相の党派の異なるという、「保革共存（コアビタシオン）」が戦後三回にわたって生じたが、「大統領与党」と「多数派与党」の二つの「与党」が存在するとも言えるから、この場合、「野党」の定義はやはり可変的なものになる。またドイツでは、内閣不信任案の提出がある場合、首班指名があらかじめなされていないといけないとする「建設的不信任投票制」が定められているが、内閣不信任案可決の予測が高い場合と低い場合では、野党の戦略パターンは変わってくることになるだろう。こうした制度的規定によって、野党の戦略や行動、もっといって、野党の果たす機能は、国ごとに大きなバリエーションをみせることになる。

なお、日本の「野党」という言葉は、帝国議会開設をもって「在野党」という言葉が生まれ、これが後に「野党」と言い換えられるようになったと思われる。新聞データベースで確認する限り、読売新聞では一八九〇年、朝日新聞では一八九五年に「在野党」という言葉が初めて登場し、その後それぞれ一八九三年と一九〇三年に「野党」という言葉に置き換えられるようになった。福沢諭吉の著作でも「在野」という言葉は確認できるものの、「在野党」や「野党」という言葉は用いられていない(3)。こう考えると、日本では「野党」という言葉は二〇世紀から用いられるようになったと考えるのが自然である。こうした「野党」の存在は、また「民党」「民間党」「反対党」などと表現されることもあり、そうした意味では、「官僚内閣制」（飯尾潤）としての性格が色濃かった日本の議会制民主主義のあり方を端的に示していると言えるだろう。

3 「ウェストミンスター・モデル」における野党

いくつかの野党のパターン

言い換えれば、その国の野党のあり方は、その国で実践される民主制のミラー・イメージでもある。レイプハルトの示すように、各国の民主制が大きなバリエーションを持っているのであれば（レイプハルト 二〇〇五）、その国の野党もまた多様であるのも当然と言えるだろう。本書の各章で示される各国事例では、野党の実態の多様性が明らかにされることになるだろう。

ところで、サルトーリは、民主政における野党を「政治的少数派の権利擁護」という規範的な機能だけに解消してしまうのは間違いであると指摘している（Sartori 1966）。そのうえで、野党はそれ以外に三つの重要な機能を担うものだという。野党は権力のチェックに加えて、(1)社会の部分的な利益を表出すること、(2)政治的コミュニケーションの多様化を通じて、民主政治の効率性と有効性を結果的に保障すること、(3)反対勢力のガス抜きとなり、政治体制の「安全弁」の機能を果たすこと、にある。サルトーリの言葉を借りれば、政治における「フェア・プレイ」と「ゲーム・イメージ」を与党とともに共有して社会統合の一翼を担うとする従来の野党像は、多分に静態的かつ限定的な捉え方に過ぎない。こうした社会統合の一部としての野党組織は、あくまでも「政治の憲政化（constitutionalization of politics）」が実現されている場合にのみ、当てはまるものだとするのである。

これに代えてサルトーリは、一歩踏み込んだ野党のパターンとして、(1)「責任ある憲政的な野党」、(2)「憲政的ではあるが無責任な野党」、(3)「野党というよりは抗議体として位置づけられる無責任で非憲政的な野党」の三つの類型を挙げている（Ibid : 153）。(1)は本章で先に定義した「狭義の野党」、(3)が「広義の野党」に当てはまり、その中間態が(2)と言えるだろう。

この分類の中の(1)「責任ある憲政的な野党」として位置づけられ、与党と競り合い、定期的な政権交代を実現するといった規範的な野党像は、いうまでもなく、イギリスのウェストミンスター・モデルの民主主義を原イメージとするものである。

バジョットの見た野党

イギリス議会を観察して、ウォルター・バジョットは一八六七年に「『国王陛下の野党』という言葉を発明した（中略）イギリスは、政治の批判を政治そのものにするとともに、政治体制の一部にした最初の国家」であると指摘していた（バジョット 一九七〇：七九）。同時代に首相を務めたエドワード・スミス＝スタンリーは「野党の機能は単に（中略）何事にも反対し、何も提案しないこと」とも公言している（Norton 2013：75）。

イギリスで「国王陛下の野党（His/Her Majesty's Opposition）」、すなわち議会制民主主義の欠かせない一部として野党が認識されるようになるのは一九世紀前半のこととされる。[4] その頃までにイギリスの議会政治は制度的完成への道を歩んでいたといってよいが、野党は与党を批判する義務を有するだけでなく、その機能を果たすための権限も公式・非公式問わず、保証されるようになっていった（Foord 1964：前田 一九八三）。第二次選挙法改正（一八六八年）を経て本格的な二大政党制を経験するようになり、一九世紀後半には野党が作る「影の内閣」が慣習となり、二〇世紀初頭には野党党首への公金の支払いや事務上の便宜が図られた。イギリス政治で、通常野党という言葉が大文字（Opposition）で表されるのは、このように野党が高度に制度化された存在となったからだ。

そして、バジョットの言葉を借りれば、政権交代を実現して政権に就いたそれまでの野党は、「手形の支払い期日を前にした投機商人」のごとく、今までの主張を穏健化させ、新たに野党となった政党との合意を優先し、安定した議会政治を生み出すようになる（同前：一八一～一八二）。[5] ここに、「政治の憲政化」ともいえる、福沢諭吉が『民情一新』（一八七九年）で見出したような議会制民主主義の安定の要諦を見出すことは、あながち間違いではないだろう。

4 「野党」の普遍化

ただし、院内を足場として、政権交代を前提とした戦略を採用するこのイギリスに代表される野党イメージは、政治史上、むしろ近年まで例外であったことにも注意しなければならない。これに関して、ダールは野党の行動や戦略に影響を与える変数として、連邦制や比例代表制などの制度的次元、社会的亀裂（クリーヴィッジ）の強弱といった社会構造に加えて、「不満の荷量（burden of grievance）」に注目している[6]。そしてこの「不満の荷量」の多寡が、制度的・社会構造以上に、野党の存在様式を規定することになるのである。

すなわち、イギリスをはじめとして、その他ベルギー、アメリカ、スウェーデンといった国では労働階級が、他の社会階級と均衡する形で政治システムに統合されていったのに対し、イタリアやフランスでは、労働階級の不満を吸い上げる議会の制度化や富の再分配による社会的上昇が相対的に進展しなかったために、結果的に彼らの「不満の荷量」が減少せず、結果として政治システムに敵対的な野党が生み出されることになった、という（Dahl 1966b : 359-367）。すなわち、ブルジョワ主導によって労働者のシステムへの統合がなされたイギリス、あるいは労働者が十分な政治的権利を享受することになったアメリカでは、院外の反体制政治勢力の発生が抑制されることになった。その反対に、イタリア共産党（ＰＣＩ）やフランス共産党（ＰＣＦ）に代表される欧州大陸の左派政党は、統治経験を持ち得なかったこともあって、院内外で政治体制に敵対的な行動を取ることを慣習化させていった。当然、こうした敵意の高い野党が大きな支持を集めれば、それは政治システムだけではなく、その他の野党勢力の行動と戦略に影響を与えることになる。

こうした説明からは、その国の歴史的な経路が野党の機能や範囲に強く影響することを指し示している。繰り返しになるが、野党が複数のアリーナにまたがって自己利益の最大化と戦略を展開するものであるとするこの視座は、野党を院内勢力としてのみ把握することの限界を示すものである。

もっとも、一九六〇年代のダールによるこの指摘の後、ＰＣＩはキリスト教民主党（ＤＣ）との「歴史的妥協」によって大連合の樹立を模索し、ＰＣＦも一九八一年に社会党との連立政権に参画するなど、それぞれ短期間ではあるが、システムに敵対する態度を和らげることになった。戦前から政権運営の経験を持っていたドイツ社民党（ＳＰＤ）も、六〇年代後半に連立政権を経験している。

「カルテル政党」化していく野党

後にこのＳＰＤを念頭に「包括（キャッチオール）政党」を概念化したことで有名なキルヒハイマーは、一九五〇年代に西欧政治における野党の「衰退」をすでに指摘していた（Kirchheimer 1957）。彼は多くの論者と同じく、野党をまずイギリス議会を典型とする「古典的野党（classical opposition）」、さらに体制転換を目指す「原理的野党（opposition in principle）」の二つに類型化したうえで、この時代になって、新たな第三の類型が見られるようになった、と指摘した。この第三の野党類型は、その多くが与党との協調関係によって成り立つ「カルテル政党（party cartel）」へと変質するから、野党そのものが消失してしまう状況を生むことになる、と彼は当時のオーストリア国民党と社民党との大連立を念頭において、懸念を示した。つまり、それまで敷居の高かった与党－野党の間の境界線は緩化して、きわめて相互浸透的なものになってきており、政治的対立や政策上の一貫性は、政党間というよりも、政党組織内でどのような利益配分がなされているのかによって説明することの必要性が強調されたのである。しかもキルヒハイマーは、大衆消費社会の出現によって政治的紛争の強度が弱まることから、この野党の第三の類型がますます一般的なものになる、と予言した。彼のこの時代診断は正しかったと言えるだろう。一九七〇～八〇年代にかけて、西欧諸国の多くで、野党による政権交代や連立政権構成の常態的な組み換えといった変化が生じたからである。

「パーリア政党」の消滅

ちなみに、少なくない国でそれまで「反体制政党」とみなされていた政党が、政党システムの内部に組み込まれていったことと、先進国での野党研究が低調になっていったことは偶然の一致ではないかもしれない。一九六〇年代には、国連加盟一一三カ国中三〇カ国のみが議会内野党を抱えていたのに対し、一九七〇年代に入ってその数は増大の一途を辿り、一九九〇年代の民主化の「第三の波」を経て、多くの先進国で野党は普遍的な地位を付与されるようになった。先進国に限っていえば、少なくとも反体制的な野党イメージは徐々に失われることになり、これに伴って野党研究の焦点は拡散していき、分析の射程も欧州議会や新興民主主義国の野党へと広がってきた（代表的なものとして Brack and Weinblum 2011 ; Helms 2008 ; Leca 1997 ; Neureither 1998 ; Stepan 1997）。

つまり、少なくとも一九七〇年代までに、共産党を含む西欧の反システム政党の多くが段階的に既存の政党システムに統合されることになり、その枠内での「仕切られた競争」を既存政党と行う存在へと変容していったといえる。そうした意味において、五五年体制のもとでの日本社会党もまた、その行動と戦略において差異はあれども、他国の野党とその性質を大きく異にしていたわけではなかったと言えるだろう。メアーは、現代という時代は民主政治史上、初めて「パーリア（根なし）政党」が消滅し、ほぼすべての政党が「社交的（salonfähig）」となった時代との診断を下している（Mair 2006 : 69）。

しかしこのことは、言い換えれば野党という存在の再定義が迫られている、あるいはダールをはじめとするこれまでの野党研究の刷新が一定度まで、必要とされていることを意味しているだろう。これまでの野党の一般的なイメージは、政権奪取を目指すのであれ、目指さないのであれ、与党と異なる「世界観」や「価値観」を掲げて戦い、与党に抗議する政治的な主体であった。しかし、一九七〇年代から多くの国で有権者の政党帰属意識が薄まり、野党が体制内政党となることで、政党の競合関係は変化していっているのである。

たとえばクラーク等は、六〇年代以降のイギリスの政党間競合を見た場合、与野党が同一軸上に並んで競争を展開するダウンズ流の空間競争モデルとも、あるいは政党帰属意識から有権者の投票行動を分析する社会学モデルとも異なる、「争点合意型政治（valence politics）」や「能力政治（performance politics）」が観察されるようになったという（Clarke et al. 2004 ; Clarke et al. 2009）。すなわち一般的な有権者は、もはや政党の政策上のポジションやそれぞれの政党に対する忠誠心から政党支持を決定するのではなく、政権獲得競争に参加している政党が、経済成長や効率的な政府といった基本的な民主的価値をどれだけ満たせるかどうかを判断基準として、支持政党を決める傾向が強くなった、と指摘している。こうした解釈枠組みのもとに野党の存在が置かれた場合、少なくとも旧来の反システム的な野党イメージは刷新される必要に迫られることにもなるだろう。

以上のような問題意識から、本書は野党の機能や特性を本質主義的なアプローチでもって探るのではなく、当該国の政党システムに目配りをしつつ、野党を「時の政権与党ではない主要な政党」もしくは「政権交代によって与党の地位に与る潜在的可能性を持つ政党組織」と定義したうえで、これがどのような、とりわけ組織改革・動員戦略・リーダーシップ改革を実践していったのかを解明し、そのうえで「野党性」とでも呼べるものを浮かび上がらせようとしている。先述のように、野党を「与党ではない党・政治運動のすべて」と定義すること自体が間違っているわけではない。しかし、少なくとも現代の先進国政治を対象とする限り、「極右ポピュリスト政党」と称される政党を含め、多くの政党が体制内野党となる中、政党システムにまったく含有されない政治勢力を含むすべてを野党に含めて論じようとするのは、概念操作上の困難を抱えることになる。体制的―反体制という尺度だけから野党性を把握するのは、困難であるばかりか、有効ではない（Meny and Surel 2002 参照）。

それではこの「野党性」とは、具体的にどのように図ることができるのか。各論に入る前に、以下ではそのスケッチを試みよう。

5　「野党性」の範囲

野党とは、ダールの定義に従えば、ある特定期間、統治を担う主体Aに対して、統治を行わずAの統治に反対する主体Bのことだと、一義的に考えることができる（Dahl 1966a : xviii）。もちろん、この特定期間内においてAがBに、BがAの立場に入れ替わる可能性がないわけではない。この野党の定義は最も包括的なものの一つだが、同時にこの定義はその機能（統治をしない／反対する）、アクターのタイプ（AかBか）を基準にして導かれているものであると言える。

すなわち、やはりダールがいうように、この野党の個別的パターンや特徴を細かに精査していけばいくほど、一般的・普遍的な原理に欠くことになるのも事実である（ibid.: 332）。野党がどのようなアリーナにおいて存在するかによっても、野党の機能とタイプに変化が生じることにも留意する必要があるからだ。

たとえば、ある野党は選挙の場面では与党と競争を繰り広げながら、議会の審議会・委員会では協調的行動を取ると仮定するのはあながち不自然なことではない。また、与野党問わず、特定の法案にすべての院内政党が賛成しているにもかかわらず、院外の政治勢力がこれに反対している場合などを想定した場合、野党定義はいっそうの広がりを見せることになるだろう。言い換えれば、野党は選挙で敗北する、政権に参画しない、多数派を形成できないといった客観的分類に加え、内閣を信任しない、与党法案に反対・修正をする、院外で批判の主張を展開するといった行動上の分類との組み合わせによって、抽出されるのでなければならない（Rozenberg & Thiers 2013）。

こうした野党が果たす機能および野党アクターの範囲から分類される野党の性質はまた、その国の民主政治の類型が二大政党制を基本とするウェストミンスター型か、多党制を前提とするコンセンサス型か、政労使の協調体制のあるコーポラティスト型かといった基準でも、大きく異なってくるだろうし、それは何よりも「野党性」が発揮されるパターンでの濃淡に繋がることだろう（スミス 一九九八）。簡単にいえば、「与党ではない」という消極的な野党定義だけではなく、「野党性」とでも言える野党の機能や存在様式、戦術パターンを観察することで、野党の積極的定義を導くことが可能になる。

以上述べたように、先験的には、一定の野党の機能は当該国の政治体制や政党システムから演繹的に定義することができるだろう。以下では、前述のダールの野党定義を念頭に置きながら、その事例として、イギリス、ドイツ、フランス、アメリカ、スイスの五カ国の、それぞれに特徴的な野党の一般的機能を概観してみることとする（以下の概説については、Helms 2004；古賀・奥村・那須 二〇一〇；大山 二〇一一を参考にした）。

イギリス

与党と野党の一元的対立を基本とする多数派型民主政の典型とも言えるイギリス政治において、野党は政策・立法過程に直接的にタッチすることはできず、またそのような制度的保障も設けないことを原則としている。行政府と立法府の強い融合を特徴とするイギリスでは、議会のアジェンダ・セッティングや常任委員会の運営、法案策定などについて野党は、時の与党政府の政策に対する厳しいチェックを行い、政策過程を監視する機能を担う一方、政策方針の転換は政権交代選挙によってでしか実現できないような仕組みを備えている。このことは、有権者が明確な政策方針の転換を望むのであれば政権交代を通じた政策的革新が実現可能であることを意味する。

もっとも、とくに一九八〇年代後半からの自由民主党のような第三党の躍進、あるいは二大政党間で有意な対立軸が確立しない場合、そうした機能は有効に機能しないことになってしまう。二〇一〇年選挙で保守党と自民党からなる、戦後初の連立政権が発足したことでもって、ウェストミンスター・モデルの枠組みそのものが揺らいでいるとする見方も珍しくなくなってきている（Paun et al. 2010）。二大政党間で「ルール・オブ・ゲーム」について一定度のコンセンサスが存在しており、多数派型の政治決定に対する許容度が高い場合、システム内での野党機能は抑制的なものとなるが、逆に多数派型の始点となる選挙の対立構造が有意なものでなくなりつつあるのだとすれば、それは野党の持つ代表性や社会的統合という機能について再考を要するとも言えるだろう。

ドイツ

こうしたイギリスの対極に位置づけられるのが、ドイツにおける野党の地位である。ドイツ議会では、与野党は議会運営の基本方針や院長ポストを配分する院内の「長老会議（Ältestenrat）」を中心に、コンセンサス型の政策過程を共同で担っている。野党を含め連邦議会議員の三分の一の発議があれば、政府法案の基本法（憲法）との適合性を連邦憲法裁判所に憲法訴願することが可能であり、また各州政府の閣僚で構成される連邦参議院は、州の基本政策に関わる法案については、その過半数が同意しなければ成立しないという強い拒否権を有している。つまり、政府の政策過程に野党が能動的に関わる回路がそれだけ複数存在しているということになる。これは、与党の側も、野党の合意を取り付けなければ政策の実効性を担保することができないことを意味している。

他方でこれは裏を返せば、与野党の交渉合意がなければ政策実施には困難が生じる、ということになる。つまり、イギリスの場合と大きく異なって、政権選択と支持した政策内容の同一性を保証する制度になっていないため、有権者に対する説明責任や透明性という観点から見れば、欠点を抱えているとも言える。たとえば、ドイツ基本法は特定法案について上下両院の態度が異なる場合、それが州の財政に関係する法案や州の組織・行政権に関係する法案でなくとも、上院によって両院協議会の開催が要求できることと定めており、結果として、九割近くの法案が与野党の代表を含む協議会によって合意されている。こうした制度的取り決めは、野党を現実主義的な政策的立場に留まらせ、与野党間で高いコンセンサスを醸成することを可能としていると言えるものの、他方では野党を通じた権力抑制という意味では脆弱な側面を抱えていると指摘することも可能であるように思われる。

フランス

イギリスおよびドイツのいずれとも大きく異なるのが、フランスの野党の機能である。「準（半）大統領制（régime semi-présidentiel）」と一般的に呼称されるフランスの政治制度は、国民から直接選出される大統領と、下院選で形成される多数派から選ばれる首相がおり、大統領制と議院内閣制のハイブリッドな性格を持つ。そのため、場合によっては大統領が議会多数派に対して野党の役割を果たすといった、大統領および大統領官邸による「野党性」が発揮されることもある（吉田 二〇〇八）。もちろん、議会多数派および多数派が選出する首相が大統領に対する野党機能を果たすことも可能である。

こうした事態は、先に触れたように、大統領と議会多数派の党派が異なる「コアビタシオン（保革共存）」時に最も顕著に表れる局面である(7)。これは大統領が政府の進める施策の政令（デクレ）への署名を拒否する、あるいは野党議員団が大統領主導の法案を憲法裁判所（憲法院）に付託するといった政治過程で観察される。他方では、大統領と首相が同じ党派に属していても、前者が内閣の方針に反対するケースもあり、行政府が円滑な政策過程を実現するには、大統領との良好な関係が保たれることが必須条件となる。

他方、議会内の野党は、議会の権限が制約されている政治体制において、大きな影響力を持ちにくいという構造的制約のもとに置かれている。たとえば、予算案や社会保障法案などの重要法案については、「政府の責任」においてこれが国会に提出された場合、下院の過半数の同意による内閣不信任案が二四時間以内に提出されない限り、法案は可決されたものとみなされることになっている（憲法四九条三項の適用）。同項の適用は、憲法改正もあって制約される方向にあるが、議会の権限が相対的に低い分、野党のチェック・アンド・バランスの機能は併せて大きく制約されていると言える。

こうした制約を抱えつつも議会内の野党が持つ最大の拒否権は、一九七四年の憲法改正で実現した、六〇名の上院ないし下院議員の署名があれば、法案の発効前に憲法裁判所に付託できる制度を利用することである。憲法裁判所は、この付託に応じて合憲性を審査する。この政治過程を通じて野党勢は政府法案の撤回や修正を可能にする。

いずれにせよ、フランスの野党は、イギリスのように議会中心の政治過程もなければ、ドイツのような制度的保証も欠くため、きわめて脆弱であり、院内に留まる限り、その「野党性」はむしろきわめて減じられた形でしか発揮できないことを特徴としている。

アメリカ

大統領制を採るアメリカも、議会提出法案に大統領が拒否権を持つという点では、フランスと同様の制度を有している。ただし、フランスと異なって大統領は議会解散権を有しないため、むしろ法案の「ゲートキーパー」としての役割を色濃くする。他方の議会は、上下両院に出席する三分の二以上の議員の再可決があった場合、大統領拒否権が発動された法案を修正なしで再可決することができる。大統領と議会の関係は相互抑制的である。

もっとも一九九〇年代以降、大統領の拒否権発動および議会での再可決の割合は、総体的に減少傾向にあると指摘されている。これは、大統領が議会の譲歩を引き出すため、拒否権発動の方針をあらかじめ表明して、自身に有利な状況を作り出すという戦術が多用されるようになったこととも関係する。戦後のアメリカ政治では、三分の二の期間にわたって、大統領と議会多数派が異なる「分割政府」状態を経験しているが、議会多数派との対決姿勢を示し、そこから譲歩を引き出すためには、大統領は拒否権発動しか主たる手段を有していない。

分割政府である場合、そうでない場合ともに、大統領と議会多数派の政策方針が一致するわけではない。たとえば分割政府を経験していた二〇〇一年前期とそれが解消された二〇〇二年のG・W・ブッシュ政権下での法案成立率は、それぞれ八七％および八七・八％と大きな変化は見られなかった。大統領と議会多数派の協調が生まれるかどうかは、時々の政権方針や議会の配置によって左右されるからである（Helms 2004: 44）。

アメリカでは、やはり同時期から共和党・民主党議員間のクロス投票（政権の法案に対する野党議員の賛成）が増加、「政党による政治化（party politicization）」も観察されるようになった。このことは、多元的なチェック・アンド・バランスのもとで野党性が複雑に発揮されるがゆえに、先験的に特定することが難しいアメリカ政治での野党イメージを、より拡散していくことになる。大統領と議会多数派、上院と下院の多数派が異なることが珍しくなく、さらに行政と立法間のチェック・アンド・バランスが制度的に貫徹されているアメリカ政治において、野党とは常に断片化を余儀なくされる「偏在的（ユビキタス）」的な存在であると言い換えることもできるだろう（Polsby 1997: 511）。

スイス

野党性がさらに拡大して普遍的に存在しているのは、議院内閣制でも大統領制でもないスイスである。スイス連邦政府は、国民議会と全州議会の合同会議たる連邦集会での議席の比例原則から選出される七名から構成されている。こうした「過大規模連合」によって行政府が構成されているスイスでは、明確に規定される、少なくとも公式的な野党というものは存在しない。

スイスで行政チェック機能を積極的な形で担っているのは、野党ではなく、国民投票（レファレンダム）である。

なかでも「任意レファレンダム」は、議会と政府が可決した法案に対しても、事後的にこれを無効にすることができる強力な制度である。同レファレンダムは、五万人以上ないし八つの州（カントン）以上の署名・賛成があった場合に発動され、国民の過半数の同意がない場合、法律は破棄される。この他にも、憲法改正や外交安全保障に関わる事項は必ず国民投票に付される「義務的レファレンダム」によって処理される。このため、スイスで頻繁に行われるレファレンダムは、行政府に対して制度的なブレーキとして、あるいは政策的な革新の促進といった、野党の果たすべき一般的機能を担っていると言える。

そのため、政治組織や政党が中央政府に対して特定の政策の実現や逆に政策を阻止したい場合は、レファレンダム実現の態度を明示することで、妥協や取引を引き出すことが可能となる。少なくとも、議会内で生まれる政策に対するコンセンサスの範囲と、レファレンダムにかけられる蓋然性とは反比例していることが実証されている（Trechsel and Sciarini 1998）。すなわち、特定の法案に対するコンセンサスの程度が高ければ高いほど、レファレンダムにかけられる可能性は低まるという相関関係が認められる。こうした傾向も政党の戦略や行動に大きく影響を及ぼす。

また、野党に代わって州政府も大きな政治的影響力を持つ。国民議会と対等の地位を有し、各州代表が集う全州議会の過半数が同意しなければ、重要法案は成立しないためである。また、州間の利益調整の場として、九〇年代初頭に州政府会議が設立され、連邦政府に対する州政府の影響力を発揮する仕組みも追加して整えられた。この場においては、重要法案提出に際して、連邦政府は州政府や利益団体の意向を事前に汲み上げる「事前聴聞制」を用いて、こうした関係主体の同意を取り付けなければならない。

もちろん、こうした徹底的に分権的な制度にも問題がないわけではない。一九九九年には、右傾化し極右的主張も辞さなかったスイス人民党が議会で第一党の地位を得たが、その議席数はすぐに政府ポストの配分には反映されることがなかった。これは、野党の存在が充分に制度化されていないことから生じた問題でもある。直接民主制をベースとした場合、応答性の高い政府や議会を実現するために多数派意見を反映するメカニズムが重視されていな

表序-1　ダールによる野党パターンの変数

(1)組織的一体性・凝集性	二大政党制＋凝集性が高い（イギリス）／二大政党制＋凝集性低い（アメリカ）／多党制＋凝集性高い（スウェーデン，オランダ）／多党制＋凝集性低い（イタリア，フランス）
(2)競争性	純粋に競争的（イギリス）／協調的＋競争的（アメリカ〔二大政党制〕，フランス〔多党制〕）／癒合的＋競争的（オーストリア，戦間期イギリス）／癒合的（コロンビア）
(3)与党との対峙の場所（サイト）	選挙，議会，地方政府，省庁，世論，政府機関など
(4)特有性と認識度の高低	与党と野党の差異の程度，立場が入れ替わる頻度
(5)目　的	政権交代，政策実現，政策修正（圧力団体），政治経済構造の改革，革命
(6)戦略（手段）	政権奪取，議席獲得，政策実現重視，世論支持獲得，政治的生存，政治体制の転換

（出典）　Dahl 1966：332-347より作成。

いということになるのである。

このように、イギリス、ドイツ、フランス、アメリカ、スイスといった少数の事例をごく簡単に見ただけでも、野党はその制度的な位置づけのみならず、その機能や戦略に大きな多様性とバリエーションがあることが分かるだろう。繰り返しになるが、これはそれぞれの国における民主制度がどのような理念やコンセプト、制度を通じてデザインされているかの反映である。また、このことは、ダールが強調したように、市民や少数派の意見を政体にどのように反映し、紛争の制度化を行うためどのような工夫があるのかについて、その方策が多様であり得ることを示しているとも言える（Dahl 1965）。ここでは、野党の存在そのものによって民主政の健全さが担保されているわけではないということに留意しなければならない。

6　「アクター」「機能」「アリーナ」による野党類型

野党を導く変数

こうした比較の観点を通じてからは、野党性の発揮される局面やパターンは、アクター・機能・アリーナの三つの観点から分類できる。ダールは、国ごとの野党のパターンの差異は、以下の六つの変数から導かれると説明した。それが、野党の持つ⑴組織的一体性・凝集性、⑵競争性、⑶与党との対峙の場所（サイト）、⑷特有性と認識度の高低、⑸目的、⑹戦略（手段）である[8]（表序-1参照）。これらの中でも重要な変数として位置づけられるのが、⑵競争性、⑷特有性、⑹戦略（手段）の三つである（ibid : 336f）。

ただし、これら多岐にわたる変数は良く言って相互循環的、悪く言って同語反復的なものでもある。たとえばダールは、「野党の目的は選択される戦略に影響」しており、他方で個別の野党が持つ特有性は「一体性や競争性、様々な制度的配置の結果」から来るとしている。変数自体の析出は有用だとしても、明確な議論とは必ずしも言い難く、それぞれの変数は、その時々の争点や政治的紛争がどの程度の激しさを持つのかによっても、伸縮すると考えるのが当然だろう。争点や紛争をめぐる対立が激しければ激しいほど、それぞれの変数の値や妥当性は高くなることが予期され、反対に弱ければ弱いほどに、野党の競争性や凝集性も低まると推定できるからである。

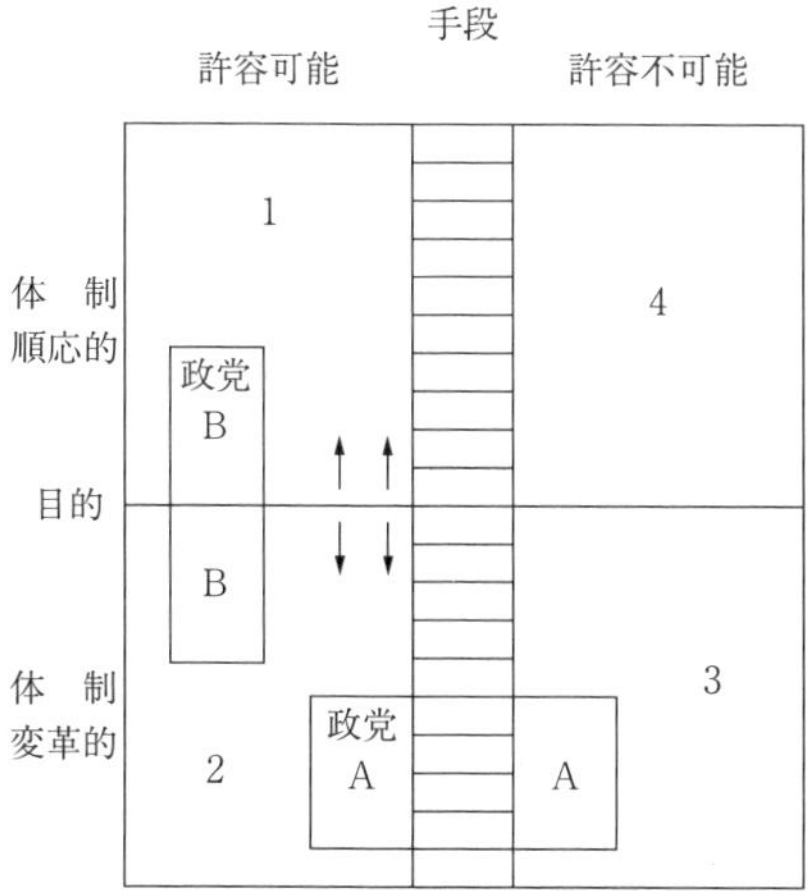

図序-1　野党勢の配置パターン（スミス）
（出典）　スミス1998 : 69。

こうした問題点を考慮して、ゴードン・スミスはダールのモデルを洗練させ、野党の基準をその「目的」と「手段」でもって特定しようとした（スミス 一九九八：六八〜七〇）。これは、野党の「目的」を「体制順応的—体制変革的」、「手段」を「許容可能—許容不可能」の二つに分類し、その四象限から、野党の特性を明らかにしようとするものであった（図序-1参照）。ここで政党Aは、その目的においては「体制変革的」である一方、戦略においては許容可能と許容不可能の両方に股をかけている。その一方で、政党Bのように、手段においては許容可能な範囲に留める一方で、目的においては体制順応と体制変革

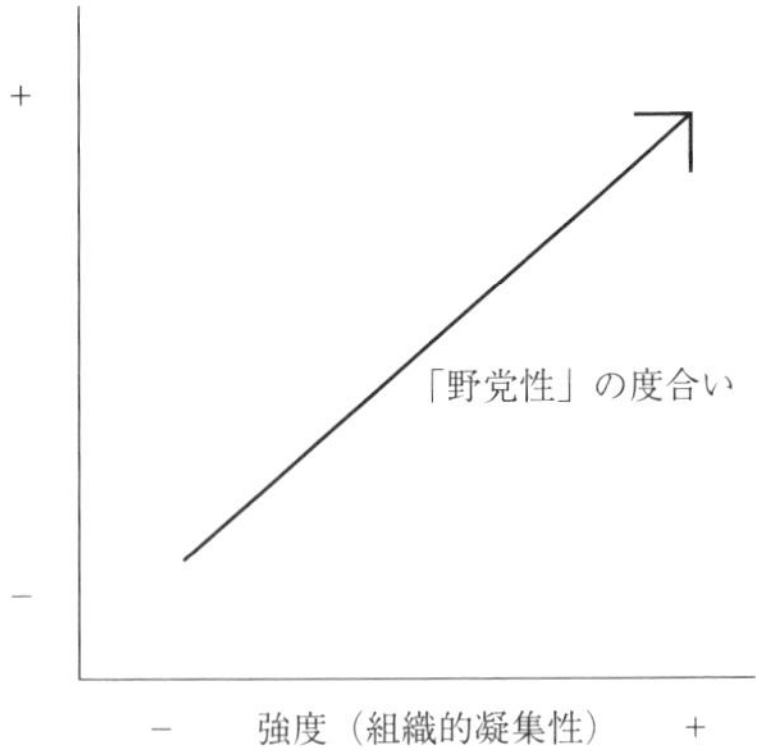

図序-2　「野党性」の高低
（出典）　筆者作成。

の二つの次元に股をかけるような政治勢力も認められることになる。

　このスミスのモデルは、一九七〇年代の「新しい社会運動」の台頭を受けて練られたものであるため、とりわけ院内政党以外の野党勢力を視野に入れることができるという利点を持っている。ただしスミス自身認めるように、時代によって体制順応的か変革的かの境界線が揺らぐような場合、野党の特徴そのものも揺らぐことになる。また、現代のように市民社会からのデモや抗議運動が広範囲に受け入れられつつある局面では、その手段の許容度も可変的であり得るから、野党が何であるかについては、やはり恣意的な特性が付与されかねない。

「野党性」の確定

　このダールとスミスの枠組みを援用しつつ「野党性」の範囲を確定するためには、野党性を二つの次元から確定するのが有用であると思われる。一つは、野党の目的および戦略が与党のそれと、どの程度乖離しているのかという「距離」の次元である。これは、与党に対する距離から野党性を規定しようとする定義となる。もう一つは、野党の組織がどの程度の凝集性を持つかという「強度」の次元である。これは広義の意味での野党が院内を足場とする政党組織なのか、院外を足場とする運動体なのかを区別する基準となる（cf. Blondel 1997）。

　このモデルの持つ優位性は、先にみたアクター・機能・アリーナの複数の次元にわたって、野党性を図ることが可能となることである。与党との「距離」は、政策に対する賛否や政治体制に対する賛否までを視野に入れて図ることができる。また、野党の「強度」は、院内政党から院外反対勢力までをカバーし、場合によっては院内外にまたがる複数のアリーナを特定することができる（図序-2参照）。

このモデルに基づいて「野党性」を定義しようとすれば、「野党性」の程度が最も高いのが「距離」が大きく、「強度」も高い場合であり、「野党性」の程度が最も低いのは「距離」が短く、「強度」も低い場合である。「距離」が大きく、「強度」が低い場合は、確固とした野党組織ではなく、市民運動や社会運動を含む「野党」ということになる。反対に「距離」が短く、「強度」が高い場合は、組織的・制度的な完成の高い院内政党としての野党として特定されることになるのである。

そのうえで、野党の果たす機能は、アクターとアリーナの組み合わせからも把握することができる。たとえば、「政党としての野党」が選挙で戦う場合は、得票の最大化という機能を担うことになるし、また「社会運動としての野党」が院外で行動する時は、アジェンダ・セッティングないしは争点アピールという機能を担っているということになる。反対に「政党」の「院内」での活動は、「議会政党」としての機能を色濃くし、仮に「社会運動」が「院内」で活動するならば、それは「ロビイング」に近いものとして位置づけることができる。

重要なのは、こうした視角も含め、野党および野党性の範囲や特徴は、依然として可変的かつ流動的な形で把握されるべきという視点である。民主政治や政党同士の競合のパターンが変化するのと合わせて、野党のパターンもまた同様に変化することになるが、むしろそのような変化を前提としなければ、野党性は確定することができない。

こうした野党の多様性と動態性に鑑み、本書では野党についての一般的・普遍的な原理を模索するというより、個別の政党・事象に焦点を当て、そこから共通する傾向を確認するという帰納的アプローチを採用している。すなわち、各国の主要政党の主として野党期を対象に、どのような状況下において、どのような戦略・制度・リーダーシップ構造のもと、パターン変化が見られたのか、あるいは見られなかったのかを分析し、当該国の民主政治における野党の位置と機能を外延的に浮かび上がらせようとしている。

7　組織変革から見る野党

本書で中心的に扱われているのは野党の組織的特性である。先に見たダールの野党のパターン変化の変数六つのうち二つは直接的に政党組織に関するものであった（「(1)組織的一体性」および「(2)凝集性と組織的結束度・凝集性」）。また、他の変数（「(5)目的」、「(6)戦略」）も、一般的に党リーダー・幹部および党員・支持者の相互応答から規定されるものだ。さらに「(3)競争性」も、競合する他政党との関係だけでなく、競争力の強化は、多くの場合、組織上の改編やリーダーシップのあり方の変化に起因する。こう考えると、政党組織そのものに着目する重要性は正当化されるだろう。

もちろん、野党性と政党組織との関係を見た場合、これらの変数が独立変数となるか、従属変数となるかは、個別的な状況による。しかし、いずれにおいても、政党の組織的変化が分析の起点となることには変わりがない（間一九九二）。本書の各国事例で、政党政治や政党システム内での競合の様式・パターンの変化とともに、野党期における当該政党の組織的改編・改革、リーダーシップの変化に焦点が当てられている所以である。

政党の「制度化」の強弱

こうした野党における組織的変化・組織改革を論じるうえで有用となるのが、パーネビアンコが発案した政党組織の「制度化」の観点である（パーネビアンコ 二〇〇五）。彼の『政党（原題「政党のモデル」）』は、これまでの「大衆組織政党」や「包括政党」の政党分類に加えて、「選挙プロフェッショナル政党」という類型を新たに提出したことで有名である。しかし、それ以上に野党を含む政党発展のパターンと環境との相互応答を精査する研究でもあったことは、往々にして忘れられてしまっている。

パーネビアンコは、政党組織の動態的な分析を目的として、政党はその発展とともに「制度化」を経験していくと提唱している。「制度化」は「組織が創設者の価値や目標を同化していく過程」（同六一頁）と定義される。この過程を通じて、政党組織は自律化や自己目的的なものへと徐々に転化していくことになる。ここで重視されるのは、この「制度化」の強弱とバリエーションである。たとえば、いずれも結党時に野党としてスタートした政党であっても、ドイツSPDとフランスおよびイタリアの共産党は「強い制度化」を経験した政党であるし、反対にイギリス労働党やフランスSFIO（一九六九年までの社会党）、イタリア社会党は「弱い制度化」を経験した野党に分類される。そして、この制度化の強弱とバリエーションは、党組織の特性に拠っている、というのがパーネビアンコの発見だった。

「強い制度化」と「弱い制度化」の違いは、各政党が結党した際の組織の初期条件として、これが中央集権的だったのか分権的だったのか、労働組合が従属的だったのか独立的だったのか、そしてカリスマ的指導者が存在したのかどうかによってもたらされる。たとえばSPDは、中央集権的な性格を持つ一方、労組との直接的関係を持たず、またカリスマ的指導者も持たなかったゆえに、党の凝集性が増すような制度化が二〇世紀までに完成することになった。反対に、イギリス労働党は当初からきわめて分権的な性格を持ち、労働組合（TUC）によって創設されたもので、その一方でハーディやマクドナルドといった有力な指導者が現れたために、党内に強い官僚制が生まれず、「弱い制度化」しか経験しなかった。

野党性との関係でいえば、この「制度化」の強弱は、先に述べた野党性の「強度」（組織的凝集性）の尺度とも呼応関係にあると言えるだろう。そして、「制度化」や「強度」が、一定度までその政党の戦略や目的に循環的な形でもって影響するのであれば、それが野党の存在様式を規定していくことになるのである。

パーネビアンコは、選挙や議会、他政党との競争など、その政党をとりまく環境がどのように政党組織に作用するかは、その政党の制度化の程度に依存していると強調している。すなわち、制度化の度合いが強ければ強いほど、その政党は環境から受ける不確実性の度合いを減らすことができ、逆に低ければ、むしろ環境に対して受動的たらざるを得なくなるという。ここで強調されているのは、政党が環境要因に一方的に反応するものではなく、自身の組織的特性によって、その反応のあり方にバリエーションが生じるという点である。つまり、政党組織は他政党や政治状況から一方的に挑戦を受けるのではなく、外部環境の変化に応じて内部でのリーダーシップの交代や動員戦略の変化といった革新的要因を引き起こす、いわば有機体的な存在となる。それゆえに、野党の行動と戦略がどのように決せられるかは、まずその政党の組織的特性や構造を精査しなければならないのである。

端的にいえば、政党組織とは一般に、外部環境に反応すると同時に、その内部で化学的生成が生じ、結果として環境に再び順応や挑戦を行う存在として捉えられる。こうした政党組織に関する一般的知見は、野党組織の特徴とその変遷を追跡する場合においても有効なものとなるだろう。

8 本書の構成

以上のように、本書は政党組織の比較や動態分析を野党研究の基準点としつつ、議院内閣制や大統領制などの異なる政治体制、また多数派型かコンセンサス型といった異なる民主政治の様式の国を比較することで、野党のあり方の多様性を浮かび上がらせることを目的としている。そこで最後に、各章の内容を簡単に紹介しておきたい。

第1章（イギリス）は、同国の野党（「反対党」）がどのような位置にあり、どのような資源を有しているのかを確認した後、一九七九年から九七年まで野党の座にあった労働党の組織的変化に注目する。そこでは特定のリーダーシップによって党内の多元性が縮減される一方、有権者への応答性を高めるための寡頭制化が進められたことが強調される。その結果、政権交代が実現されるものの、しかしこの組織変化の結果が政権の失墜の要因の一つとなったことも指摘されている。野党の「強度」が、与党になって弱点へと転じた例である。

第2章（ドイツ）は、キリスト教民主同盟（CDU）・社会同盟（CSU）と社会民主党（SPD）という保革両政党の二度にわたる野党期を検証し、政権交代前と後とで、組織改革の位相が大きく異なったことに注目している。さらに、これら「成功した失敗」と評される改革が選挙戦略上、必ずしも有利な結果を生まず、むしろ市民社会との接点を失っていった様相が詳細に描かれている。ドイツの「国民政党」は過去のものとなり、政党の動員力の低下やマスメディアに依存した選挙戦など、多くの国の政党が抱えている構造的問題の指摘もされており、逆に権力から自由になった野党期における改革が非常に重要な意味を持っていることが理解できるだろう。

第3章（フランス）は、保革両政党の一般党員というミクロなレベルに焦点を当てて、党組織と一般党員、ミリタンと呼ばれる党活動家との関係性がどのような改革によって変化していったのかを詳述している。大統領を頂点とした政治体制であることもあって、党組織はいかに「大統領候補適格者」を生み出すかに資源の多くを投下するが、それゆえ与野党問わず、その選出に一般党員がますます関与する「民主化」がトレンドとなっていることが確認できる。

第4章（イタリア）では、「極端な多元主義」を経て「第二共和制」が定着し、それとともに結党された民主党を中心に、本格的な二党化時代の中で、それまでの「野党不在」の政党政治が終焉するプロセスが詳述される。もっとも、民主党はその経緯から凝集性に欠き、結果としてイタリア政治は再び「不完全な二党制」に突入、その後も不安定なままにある。再三の政権の崩壊やテクノクラート内閣の成立などによって政治は袋小路に陥ることになり、イタリア社会の多元性を制度的にも保障するのかどうか、憲政上の課題と野党の地位は無関係たり得ないと言えるだろう。

第5章（ベルギー）は、史上最長の政治空白を経験したベルギーで、長らく与党の座にあったものの、下野したキリスト教民主フランデレン党（CDV）の組織改革と戦術の変化が混迷の根底的な要因であったことを指摘し、その過程が詳述されている。ベルギーは多極共存型民主主義の一国として数えられるが、こうした政党が常に連立を通じて政権参画の可能性を持つゆえ、イタリアとはまた違った意味での「野党不在」の民主政にあっては、むしろ政党の政策やあり方に柔軟性が生まれる可能性があることが指摘されている。

第6章（アメリカ）は、二〇〇八年のオバマ大統領勝利の背景には民主党の「コミュニティ・オーガナイジング運動」を通じた革新があったことを指摘している。こうした戦略の変化は、労働組合といった既存の支持組織による動員戦略の刷新にも繋がり、アメリカの歴史にある「グラスルーツ・ポリティックス」によって有権者の「動員」ではなく「組織化」の契機を上手く取り入れることができた結果、民主党のアウトリーチの革新を生んだとされている。党員数の減少や党内民主主義の空洞化が指摘される中、こうしたアメリカ民主党の経験は貴重な参照例となるだろう。

第7章（日本）は、民主党を「政策的許容性」と「包括性」の二つの概念から説明しようとする。前者は党が取ることのできる政策の幅であり、後者は議員による党の意思決定への参加の度合いを指すが、両次元とも二〇〇九年の政権交代へ向けて縮減されていく過程とその要因が説明されている。二〇〇九〜一二年まで続いた民主党政権の「失敗」の多くが党ガバナンスの欠如にあるのだとすれば、ここでは野党期の組織運営と与党期の組織運営をいかに整合的に行っていくのかという、重要な論点が提示されている。

以上のように、各国ともに緩やかな形で党組織に焦点を当てながらも、その変数や重視する要因、時代背景などはそれぞれ同じではない。党の集権化・トップダウンのトレンドや「大統領制化」ないし「人格化」、マーケティング的手法の導入、予備選の重視などの共通項はあるが、それが全てでもない。先述のように、民主政のあり方によって、その国の野党のあり方は大きく異なっている。野党がその国の民主政のプリズムなのであれば、その特徴を捉えるためには野党のあり方を統一的に論じるのではなく、様々な接近手法や分析の視点があるべきだろう。しかし、こうした野党の存在様式の多様性を確認することが、民主政において野党がどのような機能を担っているのか、また担うべきなのか、ということの議論にとって有益であることは間違いがない。

註

（1）たとえば、邦語の代表的な政治学辞典である『政治經濟大辭典』（一九四九年）、『現代政治学辞典』（一九九八年）、『政治学辞典』（二〇〇〇年）のいずれも、「野党」の項目を記載していない。

（2）そのためイギリスの野党を扱う第1章では、「野党」ではなく「反対党」という訳語が充てられている。

（3）それぞれ『ヨミダス歴史館（読売新聞）』、『聞蔵Ⅱビジュアル for Library（朝日新聞）』、『デジタルで読む福沢諭吉』（慶應義塾図書館デジタルギャラリー）での検索による。なお、これらについては北海道大学附属図書館利用支援課の小坂麻衣子氏から教示を得た。記して感謝したい。

（4）「陛下の野党（His Majesty's opposition）」という言葉は、一八二六年にジョン・カム・ホブハウス議員が使ったのが最初だとされる（Johnson 1997：489）。

（5）バジョットはこうした野党行動を様々な角度から検証しているが、その前提となるのは政権交代が頻繁にあることと、与野党をまたがって共有されている「強い愛国心」（一八六七＝一九七〇：三二九）にあると考えているようである。

（6）加えて野党のパターンの違いに影響する条件としてダールが挙げるのは、文化的前提、社会経済的な異質性、分極化の程度である（Dahl, 1966b：348-349）。こうしたダールの機能的な類型論については、Rane 1997 を参照。

（7）もっとも二〇〇〇年の憲法改正によって大統領任期と下院任期が同期したことで、コアビタシオンが生じる蓋然性は著しく低まった。

（8）後にダールは反対勢力の対象を先進民主主義国以外にも広げ、ヘゲモニー国、混合体制国、ポリアーキー国の分類のもとで考察を進めたが、政治体制と野党勢力の関係性やパターンは抽出されなかった（Dahl 1973 参照）。

参考文献

アレンド・レイプハルト（粕谷祐子訳）（二〇〇五）『民主主義対民主主義』勁草書房。

アンジェロ・パーネビアンコ（村上信一郎訳）（二〇〇五）『政党』ミネルヴァ書房。

井関正久（二〇〇五）『ドイツを変えた六八年運動』白水社。

大山礼子（二〇一一）『比較議会政治論』岩波書店。

ゴードン・スミス（一九九八）「政党と抵抗活動——西ヨーロッパ諸国における野党の二つの側面」エヴァ・コリンスキー編（清水望監訳）『西ヨーロッパの野党』行人社。

古賀豪・奥村牧人・那須俊貴（二〇一〇）『主要国の議会制度』国立国会図書館調査及び立法考査局。
間登志男（一九九一）『政党組織の比較研究』世界思想社。
ウォルター・バジョット（辻清明訳）（一九七〇）『イギリス憲政論』中央公論社。
畑山俊夫（二〇一二）『フランス緑の党とニュー・ポリティックス』吉田書店。
前田英昭（一九八三）『世界の議会 イギリス』ぎょうせい。
吉田徹（二〇〇八）「フランスのコア・エグゼクティヴ」伊藤光利編『政治的エグゼクティヴの比較研究』早稲田大学出版部。
Blondel, Jean (1997) "Political Opposition in the Contemporary World," in *Government and Opposition*, vol. 32, no. 4.
Brack, Nathalie and Sharon Weinblum (2011) ""Political Opposition": Towards a Renewed Research Agenda," in *Interdisciplinary Political Studies*, vol. 1. no. 1.
Cappocia, Giovanni (2002) "Anti-System Parties : A Conceptual Reassessment" in *Journal of Theoretical Politics*, vol. 14 no. 1.
Clarke, Harold D., David Sanders, Marianne C. Stewart, and Paul F. Whiteley (2004) *Political Choice in Britain*, Oxford University Press.
————(2009) *Performance Politics and the British Voter*, Cambridge University Press.
Dahl, Robert, A. (1965) "Reflections on Opposition in Western Democracies," in *Government and Opposition*, vol. 1, no. 1.
————(1966a) "Preface," in Do. (ed.) *Oppositions in Western Democracies*, New Heaven : Yale University Press.
————(1966b) "Some Explanations," in Dahl, Robert A., (1966).
————(ed) (1973) *Regimes and Opposition*, New Heaven : Yale University Press.
Foord, Archibald, S. (1964) *His Majesty's Oppostion 1714-1830*, Oxford : Oxfoprd University Press.
Helms, Ludger (2004) "Five Ways of Institutionalizing Political Opposition : Lessons from the Advanced Democracies," in *Government and Opposition*, vol. 39. no. 1.
Helms, Ludger (2008) "Parliamentary Opposition and its Alternatives in a Transnational Regime : The European Union in

Perspective," in Do. (ed), *Parliamentary Opposition in Old and New Democracies*, London : Routledge.

Ionescu, Ghita and Isabel de Madariaga (1968) *Opposition*, Harmondsworth : Penguin.

Johnson, Nevil (1997) "Opposition in the British Political System," in *Government and Oppostion*, vol. 32, no. 2.

Kirchheimer, Otto (1957) "The Waning of Oppostion in Parliamentary Regimes," in *Social Research*, vol. 24.

Kohno, Masaru (1997) "Electoral Origins of Japanese Socialists' Stagnation," in *Comparative Political Studies*, vol. 30, no. 1.

Leca, Jean (1997) "Opposition in the Middle East and North Africa," in *Government and Opposition*, vol. 32, no. 4.

Mair, Peter (2006) "Party system change," in Richard S. Katz and William Crotty (eds.) *Handbook of Party Politics*, London : Sage.

Meny, Yves and Yves Surel (2002) "The Constitutive Ambiguity of Populism," in Do. (eds.), *Democracies and the Populist Challenge*, London : Palgrave.

Neunreither, Karlheinz, (1998) "Governance without Opposition : The Case of the European Union," in *Government and Opposition*, vol. 33, no. 4.

Norton, Philip (2013) "L'Opposition Parlementaire dans une Perspective Politique," in Olivier Rozenberg et Eric Thiers (eds.) *L' Opposition Parlementaire*, Paris : La Documentation Française.

Parry, Geraint (1997) "Opposition Questions," in *Government and Opposition*, vol. 32, no. 4.

Paun, Akash et al. (2010) "Hung Parliaments and the Challenges for Westminster and Whitehall : How to Make Minority and Multiparty Governance Work," in *Political Quarterly*, vol. 81, no. 2.

Polsby, Nelson (1997) "Political Opposition in the United States," in *Government and Opposition*, vol. 32, no. 2.

Rane, Ruth (1997) *Political Science in Theory and Practice : The 'Politics' Model*, New York : M. E. Sharpe.

Rozenberg, Olivier et Eric Thiers (2013) "Chapitre Préliminaire : Enquête sur l'Opposition Parlementaire," in Do. (eds.) *L' Opposition Parlementaire*, Paris : La Documentation Française.

Shapiro, Leonard (1965) "Foreword," in *Government and Opposition*, vol. 1, no. 1.

Sartori, Giovanni (1966) "Opposition and Control," in *Government and Opposition*, vol. 1, no. 2.

Schedler, Andreas (1996) "Anti-Political-Establishment Parties" in *Party Politics*, vol. 2, no. 3.

Stepan, Alfred (1997) "Democratic Opposition and Democratization Theory," in *Government and Opposition*, vol. 32, no. 4.

Trechsel, Alexander H. and Pascal Sciarini (1998) "Direct Democracy in Switzerland : Do Elites Matter ?," in *European Journal of Political Research*, vol. 33, no. 1.

第1章　イギリスにおける反対党の党改革と応答政治
――「ブレア革命」の再検討――

今井貴子

1　政党とデモクラシーの現在

代議制デモクラシーにおける反対党の意義

政党が、市民の多様化するニーズに応答する力を喪失しつつあると指摘されて久しい（Mair 2009）。もっとも、政権与党が責任ある統治を行うことと、選挙民の声に応えていくことが両立するかは自明ではなく、両者の間にはしばしば摩擦が生じてきた。しかし、近年明らかになっているのは、両者の乖離の甚だしさであり、応答力を欠いた政府への失望ゆえ、深刻な政治不信とするどい既成政党批判が市民の間に広がっていることである。メアーは、政党が統治の担い手として国内の安定ばかりでなく国外に対しても責任を果たし、なおかつ市民の要請に応えていくことを両立し得なくなったか、あるいは少なくとも、選挙民に責任と応答の均衡の難しさを説得することに重大な困難を見出していると論じた。メアーはこの事態を民主主義の愁訴（democratic malaise）と呼ぶ（Mair 2009：5）。

本章が取り上げるイギリスにおいても政治に対する「絶望感」の蔓延は否定しがたい（高橋 二〇一二）。選挙民は既成政党に対してあからさまに背を向け、反欧州連合（EU）・反移民の排外主義を標榜するイギリス独立党（UKIP）や、スコットランド独立を掲げる地域政党スコットランド国民党（Scottish National Party：SNP）は、既成政党に対する一時的な批判票の吸収先以上の存在感を示している。本章で見るように、一九九七年から二〇一〇年まで一三年にわたる長期政権を維持した労働党は、こうした既成の大政党と選挙民の関係の空洞化をいっそう深めたとの咎めを免れることはできない。

本章では、今日の責任政治と応答政治の均衡のあり方を考察するうえで、多数決型民主主義における反対党の機能と、反対党による政権準備の過程を分析の射程に置く。とりわけイギリスでは、議会の最大野党は「国王陛下に忠誠な反対党（His / Her Majesty's Loyal Official Opposition）」という「大文字で書かれる独特の存在」として、政体の一部を成す機関であると承認されてきた（Bagehot 1867=2001：篠原 一九八六：五四）。もちろん、デモクラシーの回路は政党を通じた代議制のみによって成り立つものではない。それでも、少なくともわれわれは依然として政党に代わる利益集約と表出の回路を持ち合わせていない（Bartolini and Mair 2001）。したがって、政権与党の機能ばかりでなく、分析の対象を政権準備中の反対党まで広げることには重大な意義がある。そこには、今日の代議制デモクラシーを展望する手がかりがあるはずだ。

たとえばフィンレイが指摘したように、デモクラシーは、合意とともに反対意見を交えた討論に価値を置いてこそ、寡頭制と明確に区別されるその本質がある（Finley 1985）。そもそも、近代代議制デモクラシーの核心の一つは、政府に対峙する組織された批判勢力を政体のなかに内包していることにある。換言すれば、参加と自由を基礎原理とするデモクラシーは、意見の不一致や批判の容認を要求している（Dahl 1966：387；リンゼイ 一九二九＝一九九二：七一〜七二）。したがって、政権党に対する自由な異議申し立ての回路としての反対党が、その役割をいかにして果たし得るかを考察することは、デモクラシーの危機の時代と言われる今日において欠かせない作業である。

本章の射程

本章が取り上げるのは、一九九七年政権獲得前のイギリスの労働党の反対党期の政治過程である。労働党は、一九七九年に下野してから一九九七年まで政権から遠ざかっていた。一九九七年総選挙前の同党は、「政府にとってかわりうる、信頼できる代替勢力」（後述参照）であると選挙民に訴え続け、信頼獲得のためのあくなき努力は、地滑り的大勝による政権交代に結実した（一九九七年総選挙での労働党の獲得議席数は四一九議席、保守党は一六五議席、自民党は四六議席、スウィングは第二次世界大戦後二番目に大きい一二・七、投票率は戦後最低の七一・四％）。

後述するように、政権与党の交代を政体のなかに埋め込んできたことで知られるイギリスではあるが、小選挙区制が定期的な政権交代を約束するわけではない。あるいは、カリスマ的リーダーに率いられた反対党が、その求心力ばかりに頼って政権をたぐり寄せられるわけでもない。周期的な政権交代が与件とされる制度が成り立つ条件についてはいくつかの論点が考えられるが、レイプハルトは、比較的均質な社会であること、政権を取って代わり得る二大政党が中道を保ち、両者の間の政策距離に大きな隔たりがないことを挙げる（レイプハルト 一九九九＝二〇〇五：二五）。一九七九年以降、イギリスでは政権交代が三〇年に一度しか起きず、もはや周期的な政権与党の交代があるとは言いがたい。しかし、総選挙の度ごとに新しい政権の可能性が論じられることに鑑みても、政権の交代（とそれへの期待）が依然として政治ルールの要諦をなしていることに変わりはない。

そこで一九九七年の政権交代を例にとってみると、それを促した要因とは、第一に、習律（conventions）などの反対党に資する制度的措置が労働党の政権準備を促したこと、第二に、野党期に拡大した選挙民との距離を縮め多様化した社会の多数派と接続するために、選挙民の声に即応し得る戦略を練り実行したことである。応答政治に徹するためになされたのは、大胆な党改革による党の寡頭制化であった。第三に、第二の点を可能にするために、議会党指導部が、選挙資金や政策アイディアをどん欲に調達し、自らのキャパシティを広げて党を中道化したことである。一九九四年に党首に選出された、若く「メディア受けが良く、ポップ・スター並みの派手さ」を持った新党首ブレアのもとで（Rubinstein 2003：342）、労働党は資源を拡大し党の中央集権化を進めた。その政策ポジションは、短期間のうちに左右軸でいうと左の域から中道ラインを右に割り込む位置まで一気に移動し、保守党に接近した。一連の改革は、労働党史上「革命的」とさえみなされた（Minkin 2014）[1]。

こうしたブレア労働党の反対党期の政治は、一見すると、自らへの資源の集中を実現させたカリスマ性のある党首にトップダウンの決定が、巨大な党組織を自在に動かしたように見える。しかし、見逃してはならないのは、労働党の改革はブレア党首一代でなし得たものではなく、一九八〇年代半ばから一〇年あまりをかけて、組織と政策の漸進的な改革が先行していたことである。ブレアは、これら前任党首による改革の成果を踏まえて、政権二期を保障するような大きな振り子の揺れを起こすために、なおいっそうの改革に邁進したのであった。あえていえば、一定の成熟をみたデモクラシー世界に生きる我々は、そうしたある種のスマートな「革命」に留保を抱けという歴史の声をきく。それは何よりも少数派の専制という「望ましくない」状況を生み出しかねないからである（Dahl 1966 : 174）。

労働党の場合、反対党期に寡頭化された党内の意思決定構造は、パラドクスを生み出した。すなわち、そうした組織体質は、政権運営における「リーダーシップの限度を超えた拡大」へと繋がり、イギリスのデモクラシーを深く傷つけるリスクを内包したのである（Foley 2002 ; 高橋 二〇一二）。リーダーへの過度なまでの権限集中と閉じられた意思決定の回路がもたらした負の遺産は、二〇〇三年三月のイラクへの軍事介入の顛末に集約されたといってよい。ブレア首相とその側近の独走による情報操作と誤読の連鎖は、それまで順調に高まっていた政権への評価を回復不能なまでに失墜させた。軍事介入という判断を下した政府の責任のあり方については見解が分かれるが（Lonsdale 2008）、応答政治という面では、イギリスを強引にイラク紛争へと引きずり込んだブレアを国民は決して許すことはないという声は依然として強い。イラク要因だけに還元されるわけではないにせよ、世論動向に即応するための体制を整えたはずのブレア労働党が、同じ組織体制によって、政治と市民の間の空隙を自ら掘り進めたことは否定できない。

一九九七年の政権交代へと結実した反対党の政治はいかなる過程を辿ったのか、それは労働党とイギリスのデモクラシーにどのような遺産を残したのか。これらが本章の問いである。以下では、まずデモクラシーにおける反対党の存在意義について代表的な見解を紹介し、続いて、反対党期の労働党がどのようにして党組織改革を進めつつ、選挙民の信頼回復と支持獲得を目指していったのかを明らかにする。

2　代議制民主主義と反対党

イギリスにおける反対党の歴史的地位

いわゆるデモクラシー諸国のうちイギリスは、近代的な議院内閣制度の発展とともに「公式の」反対党を最も純粋な形で制度化してきた（Punnett 1973 : 4 ; Helmes 2004 : 26）。

イギリスにおける反対党の起源はすでに一八世紀前半に見出すことができるが、「国王陛下の反対党」という言葉が庶民院（下院）の議場で表わされたのは一八二六年のことである。庶民院議員ホブハウスが編み出したこの用語は、国家構造における野党の積極的意義を絶妙に表現したものとして、野党議員の間で浸透していった（Foord 1964 : 196-2）。そうした非公式な存在であった反対党が政体の一部として公認されるまで、さほどの時間を必要としなかった。

一八三二年の第一次選挙法改革以降、トーリ、ホイッグと名乗っていた二つの政党は議場で離合集散を繰り返す集団から、組織化され政策を軸にした政党（保守党と自由党）に再編され、政党の近代化が進行した。この政党の近代化と軌を一にして定着したのが、公認された反対党の存在であった。一八四一年総選挙で、ピールの率いた保守党が時のメルボーン内閣に大勝した選挙結果を受けて、女王は野党による組閣を認めた（第二次ピール内閣）。かくして野党第一党は、「選挙政党として政権交代のルールの中に取り入れられることになった」（篠原 一九八六 : 五三）。ほどなくして、政権与党と大文字を冠した反対党との間に機能面の「分化」が進展した（篠原 一九八六 : 五四）。イギリスの議場では政権党が議事の設定（後述する反対党日を除く）から特別委員会の委員の構成、法案の議決に至るまで、反対党に対して圧倒的に優越する権限を行使する（Helms 2004 : 26-27）。そのなかで反対党第一党は、政府の行動と政策を批判しこれに対抗すること、および「政府にとってかわりうる、信頼できる代替勢力」たる機能を果たすことを責務とする（デンヴァー 一九九八 : 八三〜八四）。この理路に従って、イギリスの反対党には、将来の政権党として公認の地位が与えられ、反対党はその地位にふさわしい責任を負うとされた（Punnett 1973）。国家、政党、市民の関係から見れば、イギリス市民は現政権を取り替える選択肢を保障されたのだった。かつてルソーに『社会契約論』のなかで痛罵を浴びせられもした議会中心主義のイギリスは、住民投票などによる院外での直接参加型民主主義の装置を事実上欠いているがゆえに、かかる選択肢を備える制度措置の意味はきわめて大きい。

権力抑制装置としての反対党

このように見ると、イギリスの政治システムの中で、反対党の活動を促す制度整備が行われてきたのは、反対党に権力抑制の装置としての機能を持たせるためであったことが分かる。近年の反対党研究を牽引するヘルムが呈示した類型論によると、(2) イギリスの反対党は「拒否点の不在および／あるいは少数政党による連合形成手段の不在を特徴とする議会中心志向の反対党」として他のデモクラシー諸国の反対党とは区別されてきた（Helms 2004 : 25-27 ; also see Dahl 1966 : 348-52）。このヘルムの分類は、ウェストミンスター・モデルとして知られたイギリスの政治システムを前提としている。(3)

この政治システムの特徴は、議会に対する内閣の優越にある。内閣は通常二大政党のいずれかの下院の過半数政党の指導者から構成され、内閣はその支持によって安定した地位を確保していた（レイプハルト 二〇〇五：八～九）。また、中央集権型の単一国家であったため、中央政府は地方政府に対して常に優越する地位にあった。立法府を拘束する成文憲法や違憲審査も存在しない。総じて、イギリスの政治制度には拒否点がきわめて少なかった（レイプハルト 一九九九＝二〇〇五：八～一六）。このように内閣への圧倒的な権力集中があるからこそ、選挙によって周期的に政権交代が起こる可能性を絶えず保障しておくことこそが、最低限の権力制御の装置となったのである。

イギリスの反対党の特徴

こうしたイギリスにおける反対党の特徴についてパネットは、「政権追究志向で国王に忠誠な単一の院内反対党

（an office-seeking, loyal, single-party Parliamentary Opposition）」と集約した（Punnett 1973 : 9）。政権追究志向とは、反対党は将来の政権与党となる現実的な期待を持って行動する（office-expecting）政党であることを意味する。したがって、総選挙には、選挙民が自らの意志を表現する機会という以上に政権を成立させる手段という性格が強いと捉えられてきた（Rose and McAllister 1992）。それゆえ、選挙民が小選挙区制のもとで自らの一票の有効性を高めるために支持政党以外の政党に投票する戦術的投票（tactical voting）が行われもするのである。

次に国王に忠誠な反対党とは、政権を希求する行動は既存の政治制度が定める枠の中で漸進的になされることを意味し、反対党が国王の地位を脅かしたり、国家構造をひっくり返したりするような革命的行動をすることは想定されていない。最後に、単一の院内反対党とは、二大政党のいずれかが政権を単独で担い、もう一方の政党が議会における最大野党として議場で対峙する政党システムを想定している。

第三の点についていえば、たしかにパネットが自著を上梓した一九七〇年代前半までは、保守党と労働党が総得票率のほぼ九割を占め、単独政権が常道となっていた。しかし、二大政党による得票の占有率は、その後顕著に減退しその傾向に歯止めはかかっていない。近年の二大政党の得票率をみると、二〇〇五年総選挙で初めて六割台に割り込むと、二〇一〇年総選挙ではさらに六五・一％にまで低下し、同選挙では保守党と自由民主党による初の本格的な連立政権の発足をみた[4]。

すなわち、二大政党制とは複合的な条件の組み合わせの結果として生み出されたものであり、代表例とされるイギリスですら成立条件が常にそろうとは限らないことが分かる（Dahl 1966 : 393-394）[5]。なおかつ、たとえ二大政党制であったとしても、党規律によって議員の行動を統制し得る政党同士が、政権をめぐって激しく競合するシステムは、デモクラシーの文脈では必ずしも望ましいとばかりは言えず、よほど慎重な考察が必要とされる。なぜならば、大政党は間口が広くなるゆえに意見がいつでもきれいに二つに分かれるとは考え難く、党規律によって党内の反対意見が遮断される可能性を常に抱えるからである。たとえば、少数政権を担う政党の最大派閥が「責任」ある政策と自認した方針を通すために強い党規律をかけた場合、その政策は少数派の意見のみを反映することになる（Dahl

1966：394–395）。この点は、反対党の責任と応答力という本章のテーマに関わる課題であり、以下の事例研究で検討される。

3　反対党の機能を支える制度措置

ところで、反対党は自助努力のみに頼んで将来の政権党になり得るとは限らない。この点が認められてきたがゆえにイギリスでは、反対党がその機能を果たすことを促す様々な慣習や制定法が整備されてきた（Helms 2004：27）。一九三七年には、反対党の党首に対する国庫からの歳費（当初は二〇〇〇ポンド）と年金の支給が制定法によって保障された（Barker 1971；Fletcher 2011：6）。一九五五年からは、一九世紀の前内閣（ex-cabinet）の習わしを発展させた影の内閣の運営が慣行化し、メディアは影の内閣の構成メンバーの変更や影の財務大臣による予算発表を政権与党のそれと同様に扱った（Punnett 1973：5）。こうして、たとえ政権交代の周期が長くなったとしても、反対党が「議会対策を練り、政権への復帰を図る」手段を提供することが定着した（篠原　一九八六：七九）。以下では、反対党に利する制度的措置を見ていこう。

地位の保障

イギリスの反対党には、公式の機関として枢密院の構成員資格をはじめとする国王公認の地位が付与されている（Fletcher 2011）。議会では原則として政府議事（主に政府提出の案件）に優先的地位を与えられているが、反対党には本会議で題目を自由に決めて討論できる反対党日（Opposition days）が割り当てられている。反対党日として、一会期につき反対党第一党に一七日、同第二党には三日が配分される。割当てられた一日を二分して、それぞれを別の日に討論することもできる。これらの日程は反対党にとって政府の政策を批判する機会として活用されている。この取り決めは反対党の地位を確認したものであり、「与野党のフロントベンチャー（与党は大臣等、反対党は影の大臣

表1－1　ショート資金の配分（1979～2014年，抜粋）

（単位：ポンド）

	保守党	労働党	自由党／自由民主党
1979	143,335	139,698	29,457
1987	—	436,669	75,238
1992	—	946,250	199,420
1997	1,075,129	—	405,311
2009	4,757,906	—	1,749,385
2014	—	6,684,794	—

（注）1997年5月～98年3月までの支給額。

（出所）Webb 2000: 250, table 8.3, Kelly 2014をもとに筆者作成。

表1－2　労働党の年間総収入の内訳（1992～97年）

（単位：100万ポンド）

	1992	1993	1994	1995	1996	1997*	総額
購読料	1.6	1.7	1.9	2.5	2.1	1.9	11.7**
党　費	7.1	6.9	6.7	6.8	6.9	6.4	40.8
寄　付	3.5	3.0	3.7	4.2	10.1	14.5	39.0
商活動	0.3	0.4	0.4	0.5	0.6	0.4	2.6
その他	0.7	0.8	1.0	1.1	1.8	0.9	6.3
総　計	13.2	12.8	13.7	15.1	21.5	24.1	100.4

*見込み。

**購読料の会計は1992～97年の間に変更された。

（出所）Neil 1998: 30, Table 3.1.

等）が活発に議論する一方、新人議員にとっても自らの能力をアピールする機会となっている」（奥村二〇一一：一〇四 脚注2）。

金銭面での支援

先に述べたように、反対党の地位は金銭面でも国庫によって一定の保障がなされている（Barker 1971）。もっとも、反対党に対する財政的支援は一九七五年に導入が決定された「ショート資金」の導入を待たなければならなかった。同資金は、一定の条件を満たした反対党の議会党に対して議員歳費とは別に獲得議席数と得票数に応じて支給される特別補助金である（Kelly 2014; 高安 二〇〇九：五二；Fletcher 2011: 18）[6]。その設置趣旨は、反対党が議会に負う義務をよりよく果たすための措置を設けることにある。使途は、党首室の人件費、影の内閣のメンバーの政策調査費、院内幹事の活動資金などとされてはいるが、具体的な規定はない（Neil 1998 : 100）。一九七九年総選挙後に初めて労働党に対して支給されて以降、漸進的に増額されている（Fletcher 2011 : 14-18）[7]。

ショート資金の効用は、議会党首脳部が党本部や院外政党の干渉を受けずに独自の裁量で使用できる資金を得たことであり、とりわけ議会労働党にとっては政策顧問などのスタッフを擁し、独自の政策立案作業を進めることが可能になった（Minkin 1992 : 400 ; Quinn 2004 : 76-77, 152, 200）。

もっとも、ここで急いで確認しておかねばならないのは、イギリスにおける政党に対する公的な財政支援は、他のヨーロッパ諸国と比べて目立って見劣りすることである（Webb 2000 : 231, Neil 1998 : 89, van Biezen and Kopecký 2014 : 171, 172 Figure 2, 173 Figure 3）[8]。したがって、イギリスの政党は、手厚い国庫補助への依存とメディアに対する規制権限がもたらす政党のカルテル化の条件を欠いているといえる（Katz and Mair 1995 : van Biezen and Kopecký 2014）。

一九九八年に実施された政府調査によると、労働党、保守党の双方から、膨大な政府の政策を精査し議会での討論を準備したり、各地を視察したりするには、国庫補助があまりにも少額であることが指摘された（Neil 1998 : 102）。後述するように、各党はその不足分を補うために所属団体あるいは私人・私企業からの寄付集めに奔走することになる[9]。

政策立案上の支援

政策面での重要な取り決めは、総選挙マニフェストの実施を促すソールズベリ・ドクトリン（the Salisbury Doctrine もしくは the Salisbury / Addison convention とも呼ばれる）である。これは「政府与党が下院議員総選挙の公約において明確に予告したいかなる法案も」、「上院が第二読会において否決することは誤りであるとする」議会における了解事項である（田中 二〇〇五：三〇）。その背景には、選挙における勝利政党の公約は国民の信託を得ているとの認識が共有されたことがある。この取り決めの最大の効果は、政権獲得後の政策実施を想定したマニフェストの作成が可能となったことである。

政権移行過程《トランジション》の支援

反対党による政権準備を促す制度として、一九六四年から慣例化された影の内閣のメンバーと行政側との事前接触に関する習律がある。イギリスの官僚は反対党議員と接触しないことが原則であるが、「ダグラス＝ヒューム・ルールズ（the Douglas-Homes Rules）」と呼ばれている習律によって、反対党の党首がときの首相に申し出た場合、首相は議会期の満了十六カ月前から両者の会合を認めることとなっている。各省の次官級の幹部官僚は、行政機構の変更に関わる事項について、影の内閣のメンバーやその特別顧問といった野党の政策責任者と接触することができる。この接触では、官僚側は原則として野党幹部に質問をすることは認められているが、政策の内容について助言することはできない（ただし、「質問」の形式をかりて事実上の協議を行う可能性は残っている）。こうした制度が発展しえたのは、政権移行過程の成否は、新政権と官僚が事前に充分な準備をし、新政権発足後にすぐさま権力装置が機能するかどうか、新たな閣僚と官僚の間に相互理解が存在するかどうかにかかっているという認識が、程度の差こそあれ、与野党幹部と高級官僚の間で共有されてきたがゆえのことである。

4　反対党時代の労働党の「革命的」改革

前記のような反対党を承認し、その機能の発揮を促す制度整備は、政権交代のあるデモクラシーに実質を与えた。とはいえ、一連の制度があったとしても、反対党がそれらを資源として活用し議会対策を練り、政権への復帰を図るキャパシティを有しているかは自明ではない。本章は制度的要因以外の因子として、政党の組織構造、党指導部が動員できる権力資源、そして政策立案者の選好を重視する。本節ではまず党組織について考察する。

労働党の組織改革の歴史的背景

「政党はすぐれた組織だけで成功することはないとしても、そうした組織なしには成功できないことは確かである」。一九九七年総選挙で党史上最悪の大敗を喫した後に保守党党首に選出されたヘイグは、党勢の立て直しを審議する会議でこう述べたという（Shephard 2011 : 47）。

党組織を一定の規律によって機能させることは、党内の熾烈な対立と深刻な党勢の低迷を経験した一九八〇年代以降の労働党にとっても、政権獲得を目指すうえで喫緊の課題であった。そもそも労働党の党憲章は、党大会を党の最高意思決定機関と定め、党大会に向けて政策形成を担う中心的機関は、全国執行委員会（National Executive Council : NEC）であると規定している。つまり議員によって構成される議会労働党（Parliamentary Labour Party : PLP）は、院外組織に対して責任を負う立場にある（McKenzie 1963 : 11 ; Russell 2005 : 129, 179 ; Quinn 2004 : 283 ; Minkin 1992 : 377）。その起源はＰＬＰをあくまでも「労働運動への奉仕者」であるとした労働党の創設理念に遡る。ただし、実際に党内で権限を握ってきたのはＰＬＰであり、労働組合の幹部はＰＬＰの政策を受け入れてきた（McKenzie 1963 ; Webb 2000 : 201–202）。党内の社会主義派（左派）は、労働者の政党たる党への期待と士気の拠りどころとして欠かせない存在であったものの、党内運営と政策形成で実質的な主導権を握っていたのは修正主義派と呼ばれる右派エリートであった。

しかし、このような党内左右陣営の権力バランスは一九七〇年代に大きく揺らぎ、激しい党内抗争へと発展した。労働組合は、労働党政権との間で結ばれた「社会契約」（労組による賃金の自主的抑制と政府による社会保障改革を内容とした）の破綻や、党大会で議決されたリフレーションなどの経済政策を党首脳部が事実上覆したことに反発し、前例を覆してブロック票を議会党首脳部の方針への抵抗行動の手段として投じたのだった（Quinn 2004 : 62）。一九七九年総選挙敗退後、左派のフットの党首選出、党首選出手続きの変更（ＰＬＰによる選出から全党を対象とした選挙人団制の導入）、現職議員も対象とした強制的再選挙の導入によって、党内の権力バランスは急進左派へと大きく傾いた（Minkin 2014）。ついに一九八一年一月、ジェンキンスら右派の重鎮たちが労働党を見限って、新たに社会民主党を創設した。同党は自由党と連合して一九八三年総選挙に臨んで得票率において労働党に迫り、党の歴史的惨敗の一因となった。フットの辞任後、党首に選出されたキノックのもとで党勢の立て直しに向けた苦難の旅が始まった。

本章の中心的な関心は、ブレアによる反対党期の党改革にあるが、一連の改革はキノックとその後任党首スミスによる組織改革と政策見直しがなければ望むべくもなかった。そこで以下ではブレア以前の党改革を手短に整理しておきたい。

「ブレア革命」以前の改革

はたしてキノックは、労働党の立て直しのためには急速に左傾化した党を中道へと軌道修正することが不可避であると考えていた（Shaw 1994 : 110 ; Quinn 2004 : 82）。具体的には、ＮＥＣと党大会における労働組合の影響力を縮小すること、活動家が影響力を発揮していた選挙区労働党（Constituency Labour Parties : CLPs）に対してＰＬＰ首脳部の優越性を確保することであった。

党内では、党の民主化と分権化を求める急進左派が影響力を持っており、党の集権化に繋がるような改革が強い抵抗を招くことは容易に予測された。そのためキノックは、党内左派や労働組合からの反発を回避するために、非公式レベルで党内改革を進めるほかなかった（Minkin 1992 ; Shaw 1994）。一九八三年末に党首、影の内閣、労働組合による政策協議のために設置された委員会がその一例である（Shaw 1994 : 110 ; 阪野 二〇〇一 : 三八 ; Russell 2005 : 131）。同様の趣旨から、「政策見直し（Policy Review）」グループ（PRGs）が設置され、ケインズ主義的需要喚起策から「供給サイド社会主義」への転換をはじめとした党の政策転換の原動力となった（Russell 2005 : 131）。

一九八四年から着手された党本部とＮＥＣ改革では、九〇にのぼるＮＥＣの小委員会を統廃合によって二〇まで削減し、新たにキャンペーン戦略委員会が新設された。これが労働党の選挙プロフェッショナル政党化の端緒となった。キノックはアマチュアリズムに則った旧態依然の選挙キャンペーンでは、党の再生はとうてい見込めないと考えていた。彼は一九八五年にマンデルソンを対外コミュニケーションおよび選挙キャンペーンの責任者に任命することをＮＥＣに認めさせたのだった。

だが、一九八〇年代後半になっても、穏健左派へと傾いたＰＬＰに対するＣＬＰを拠点とした急進左派勢力からの圧力は、依然として議会党首脳部の大きな懸念材料であった（Russell 2005：142）。そこでキノックと彼を支持する穏健左派グループは、草の根の個人党員に活路を見出した。一九八〇年代末には、個人党員の動向を把握するために、党員リストのデジタル情報化が進められ、党本部はＣＬＰを通さずに直接個人党員に働きかける手段を得たのだった（阪野 二〇〇一：四六：Quinn 2004：195）。

党大会の改革

キノックからスミスへと受け継がれた党改革の重要な課題は、党大会における議決ルールの見直しであった。粘り強い交渉を経て、所属団体票（実質的には労働組合票）とＣＬＰへの割当てが、九〇対一〇から、七〇対三〇に、労働組合票をブロック票から一人一票（ＯＭＯＶ）制へと変更された。この変更と抱き合わせるように、キノックは院外組織の警戒心をおさめる妥協案を提示した。その一つが、党内各派が参加する政策協議の場となる全国政策フォーラム（National Policy Forum：NPF）の創設であった。ＮＰＦはスミス党首のもとで一九九三年に導入され、初代議長には、全国公務員組合（National Union of Public Employees：NUPE、後に現UNISONに統合）の副書記長を務めた改革派のソーヤが就任した。党内の全ての部門から選出された総勢一七五名の代表が参加したＮＰＦでは（後に一八六名に増加）、党大会前にマニフェストが審議され、修正案を「推奨」する機能を担った（Quinn 2004：84-85）。つまり、少なくとも形式上は党内民主主義が進展したのだった。

もっとも実際には、ＮＰＦで協議される政策案は党首と影の閣僚のメンバーによって起案されたもので、党内の多様な意見を汲み取っていたとは言いがたい。さらにＮＰＦに発議権はなく、その役割はあくまでも事前に準備された政策案について討論し、変更を進言することに限定された（Russell 2005：139：Quinn 2004：83, 87）。もとよりキノックがＮＰＦを設置した目的は、党大会に先立ってマニフェストを協議する場を設けることで党大会の紛糾を回避することにこそあった（Quinn 2004 : 83）。そうしたＮＰＦに期待された役割の曖昧さは、ブレア体制になっていっそう明らかになった。

一九九二年総選挙の敗退後、キノックの後継党首となったスミスは、党内の利益調整を重んじるリーダーシップ・スタイルを活かして党大会の議決ルールの変更に辛うじて成功した。新しいルールとは、前記のＯＭＯＶに加えて、⑴個人党員が三〇万人を超えた時点で、労働組合票とＣＬＰ票の割合を五〇対五〇にすること、⑵選挙人団のうちＣＬＰ枠ではＯＭＯＶ、労働組合枠ではＯＬＯＶ（党費支払い者一人一票制：one levy payer one vote）とし（投票はともに郵送による）、党首選では票決率を、労働組合、ＣＬＰ、ＰＬＰ（欧州議会議員も含む）の間でそれぞれ等しく三割ずつとすることである（Quinn 2004 : 133 ; Butler and Butler 2000 : 148）[10]。

党内融和を優先させたスミスとは対照的に、ブレアをはじめとする若手の現代化推進グループは、労働組合を党から「完全に」切り離すことを視野に入れていた（Quinn 2004 : 133 ; Russell 2005 : 196）。彼らはスミスの改革は穏健すぎると、するどく論難した。ブレアの表現を用いるならば、労働党の目指すべき姿とは、組合の党あるいは労働者階級の党ではなく、一般公衆に開かれた「国民の党」となることであった（Seyd 1999 ; Seyd and Whiteley 2002）。もっとも、ブレアが想定していた「国民の党」とは、あくまでも党首を頂点とした中央集権的な意思決定によって運営される政党でもあった。ここに、ブレア以前とブレア時代の労働党を隔てる分断線が浮上する。

ブレア党首の誕生

在職中のスミスが一九九四年五月に急逝し、七月の党首選で一九五三年生まれの若手議員ブレアが党首に選出された。次点のプレスコットに大差をつけたブレアは、労働党の党首としてはかなり異質な存在であった。彼はサッチャーによる改革を肯定する立場をとり、階級という言葉を嫌い、労働組合への対決姿勢を隠そうとはしなかった（Blair 2010 : 99, 115）。ブレアが党首に選出され得たのは、一つには、卓越した演説力と個人的な人気の高さであり、党の危機に際して「選挙の顔」となると期待されたこと、二つには、前年の党大会で党首選出手続きが変更されたことが大きく作用していた（Seldon 2005：14；Short 2004：44；Seyd and Whiteley 2002：8）。

世論の高い支持を得ていたブレアであったが、彼が同胞と呼べる改革派は党内のごく少数に過ぎなかった（Minkin 2014）。そもそもブレアとその側近にとって「正しい」政策とは、有権者の多数派が望んでいる政策であり、伝統的な「党の方針」やイデオロギー的な立場から導き出されるものではなかった（Blair 2010：96）。つまり、少なくとも反対党党首時代のブレアは、応答政治を第一義的に優先した政治家であったということができる。

政策立案に際してブレアが重視したのは、将来の政権の業績評価へと繋がるように、党の政策リストには実行可能な政策案のみを採用することであった（マニフェスト作成に臨むブレアの行動の前提には、ソールズベリ・ドクトリンがあったことをここで確認しておきたい）。彼のプロジェクトには、労使関係法や所得税制などをはじめとして保守党政権の政策枠組みを継承することも含まれていた。ブレアは彼が設定した改革の枠組みのなかで、党の政策、声明、行動などすべてが、一貫性を持つべきだと考えていた（Blair 2010：51, 94-95）。

これに対して党内では、一九九〇年代の経済、社会状況の変化に適合的な政策を採用しつつも、普遍主義、分配的正義、弱者の包摂といった労働党の伝統的な価値観を呈示することで保守党政権との違いを明確にすることこそが、ラディカルな改革だとの見方が根強かった。そのため、キノック以来の党改革を支えてきた党首脳部の間でさえも、党首室主導の急進的な改革に対して強い違和感が示されていた（Short 2004）。党内に軋轢を抱えながら、強いリーダーシップに対する疑いのなき信奉を抱いたブレアのもと、労働党は急速な寡頭制化を経験することになる（Short 2004：50；Gould 1999：245；Jones 1997：21；Seldon 2004：300；Minkin 2014）。

強力な指導部の構築

ブレア時代の労働党についてヘファーナンは、「『強力な指導部組織』を持つ政党、つまり党中枢エリートが進行方向を示すことができる政党に移行した」と論じた（ヘファーナン 二〇〇五：一一四）。具体的に党組織構造から見ると、党首室、選挙対策本部、党本部の三つの機関が融合し、強化された指導部のもとで一元的な党運営が目指された。

　ここで見過ごされてならないのは、ブレア体制の労働党指導部では、党首ブレアと影の財務大臣ブラウンが双璧として権力を分有していたことである。一九九四年党首選以来の両者の確執は周知の事実だったが、二人は非公式の話合いで反対党期から担当政策領域を棲み分けることを了解していた。ブレアは外交、医療、教育、治安、ブラウンは経済政策と社会政策全般を管掌下に置くことになっていた（Scott 2004 : 9, 19 ; Seldon 2004 : 243 ; Minkin 2014 : 2895）。経済運営能力が政権党としての評価に直結する時代において、経済政策に精通し、アメリカでサマーズ（クリントン政権後半期の財務長官）の薫陶を受けたボールズを右腕としたブラウンに経済全般を委ねることが出来たことは、ブレアにとって大きな資源となった。もっともブレアとその側近は、党のあらゆる領域における党首の優越を望んでいたため、政策立案過程で両者は頻繁に衝突したのだった。

　はたして党組織改革は党首の独壇場であった。党首室、選対本部、党本部の人事は党首主導で行われ、ブレアが仲間と認める人物が主要ポストを占めた。ブレアは重要事項の協議を限られた側近との間で行うことを好み（Gould 1999 : 245）、そのスタイルは新政権にほぼそのまま持ち込まれ、「ソファ政府」とさえ呼ばれるようになった。党首室の人事では、ブレアの党首就任の数日後に報道担当主席秘書としてタブロイド紙の政治主幹の経験を持つキャンベルが抜擢された。主席秘書にはアメリカのクリントン政権に人脈を通じていた外務官僚出身のパウエル、政策担当筆頭には労働党系シンク・タンクを拠点として党の重要政策の立案を手がけていたD・ミリバンド、主席秘書にはブレアの旧友ハンターが就任した（Campbell and Stott 2007 : 7–13）。そのほか一〇名の主要スタッフとその指揮下で活動する複数の補佐スタッフが常時稼働していた。彼／彼女らの多くが他の党指導部のスタッフと学校、大学での同窓、親族、婚姻関係で繋がりをもち、草の根の党活動や組合活動とはほとんど縁のない若手エリートを中心とした布陣であった（*The New Statesman* 1996）。

選挙プロフェッショナル政党化と応答政治

選挙対策本部は、一九九五年一〇月に党本部に設置され、翌九六年一月にはメディア各社が集中する建物に拠点を移し巨費を投じて本格的に始動した（「作戦司令室 war room」あるいは本部が置かれた建物の名称をとって「ミルバンクタワー」と呼ばれた）。セルダンによれば、ミルバンクタワーは「イギリスの政党がかつて経験したなかで最も現代的、好戦的で、運営には最良の資源がつぎ込まれた」選挙マシーンであった（Seldon 2004：300）。選対本部ではマンデルソンが全体を統括し、一九九二年のアメリカ大統領選でクリントン陣営の選挙キャンペーンに参加したグールドが、アメリカで学んだフォーカス・グループ調査を指揮した。クリントンの選挙参謀グリーンバーグも非公式に参加した（Rentoul 2001：279）。J・パウエルの実兄で広告代理店BMPの代表を務めるC・パウエルも選対チームに加わり、選挙プロフェッショナル政党化が進展した。ブレアは、マンデルソン、キャンベル、グールドの意見を一日に何度となく確認していたことからも、対外コミュニケーションの責任者たちの影響力の大きさが分かる。ここからキャンベルを中心とした「スピン」（広報活動などを通じた情報操作）が生み出されたのだった。

先進諸国では、一九七〇年代以降、有権者配置の流動化と選好の多様化によって、選挙民が何を望んでいるかを読み取ることがいっそう困難になっていた（Mair 2009）。それは階級投票が過去のものとなったイギリスにおいてなおさら顕著であった。とりわけミドル・イングランドと呼ばれた流動的な新興中間層の支持獲得は、政権奪還の必須条件と考えられた（Gould 1999）。そこでグールドはグリーンバーグの手法に学び、聞き取り調査によって選挙民の動向をつぶさに収集した。彼は浮動層を三〇〇以上に細分化し（フォーカス・グループ）、毎週のように聞き取りによる意識調査を行った。ブレアの言葉では、現代的な政治的コミュニケーションとは、ターゲットとする有権者の意識を知ることが五〇％、残りの五〇％がメディア対策であった（Rentoul 2001：279）。一連の選挙戦略は、政党の置かれた新たな環境に適合しつつ、選挙民に即応するために最も有効であるとブレアらが考えた手段であった。

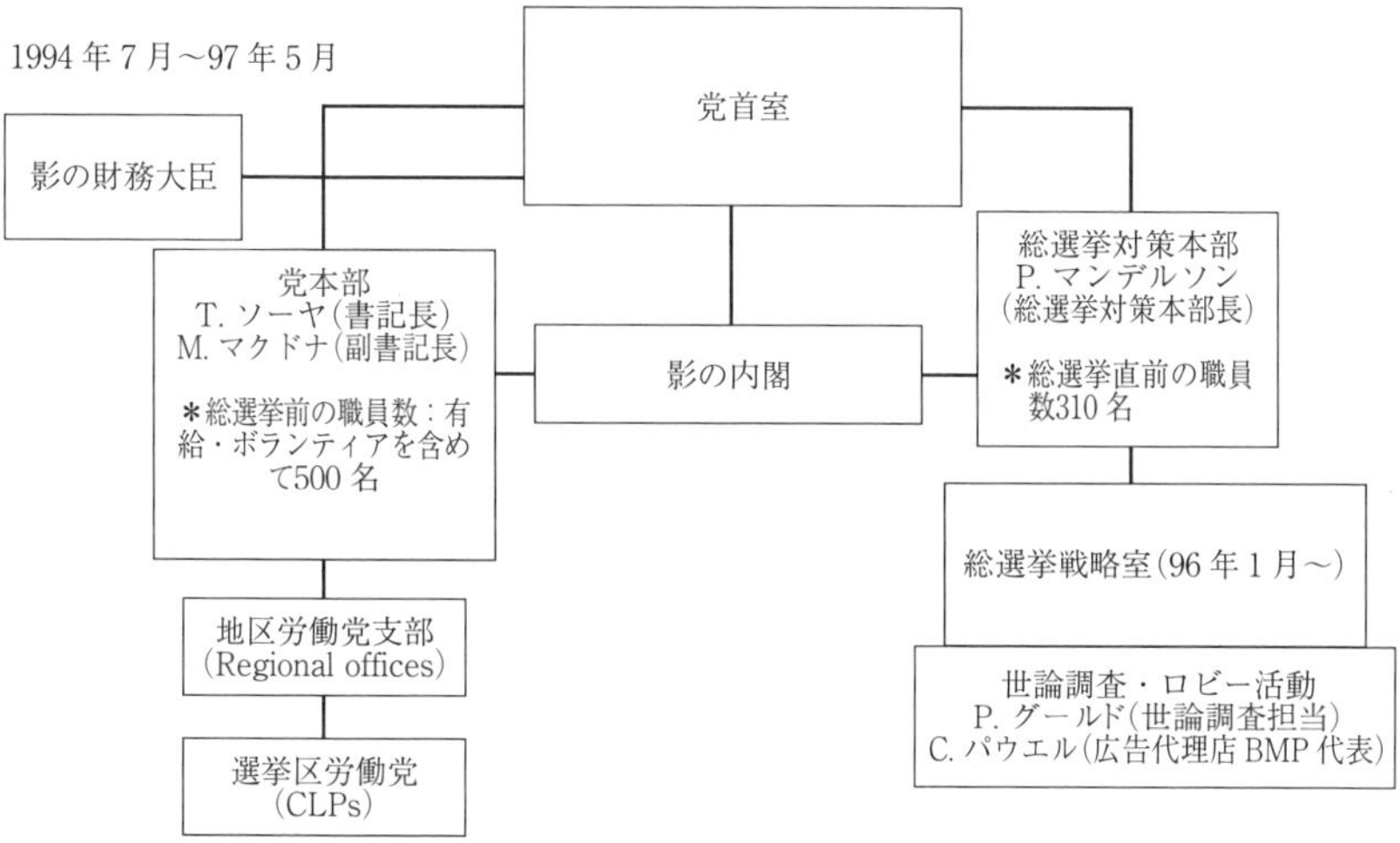

図1-1　ブレア労働党指導部の組織略図

（出所）　筆者作成。

党本部と党首室の接続

これら党首室と選挙対策本部に新たに連結されたのが、党本部であった。院外組織である党本部の機能変化の決定的な契機は、党本部の書記長人事であった[11]。党書記長の人事について、ブレアは自伝で「党内でどのような戦いをするにせよ、鍵となるポジションになる」と述べている（Blair 2010：82）。

党規約に従えば、党書記長はNECが推薦し党大会で選出されるものとされ、通例では党首の交代にかかわらず在任期間は長期にわたることが通例であった。ところがブレアは、NECが休会中であった一九九四年八月に党書記長ウィッティに辞任の圧力をかけ、新書記長として党運営に関する志向を同じくするソーヤを指名し[12]、副党首プレスコットを交渉窓口にたててNECにこれを認めさせた（Webb 2000：245, Minkin 2014：3476）。ブレアは自らと改革志向をともにするソーヤを起用することで、自身の意図に沿った組織改革を遂行する体制を整えたのだった（Rentoul 2001：268）。その目的はPLPと院外組織との対立によって政権運営に支障をきたさないような党組織を準備することにあった（Russell 2005：142-143）。

ソーヤは、ブレアと週に一度の頻度で面会し、党首室スタッフとの業務打ち合わせはほぼ毎日行われた。マンデルソンとも常時連絡を取り合っていたことからも、三つの機関が機能面で融合したことが分かる（Minkin 2014: 3547、図1-1参照）。党中央のスタッフは一九九四年以降に急増し、一九九七年総選挙キャンペーン中には党本部だけを取り上げても、有給スタッフ、ボランティアを含めて五〇〇名余りが活動していた（Webb 2000: 243, Table 8.2 Note）。選対本部のスタッフも総選挙前には三一〇人まで増員された。

ブレアらは、党内協議を経ることなしに独自の政策案を党外に向けて発信し、選挙民に直接支持を訴えるスタイルを好んだ（Foley 2002: 116）。それは後に大統領制化と呼ばれたリーダーシップのあり方を準備したといえよう。さらに指導部は、影の内閣のメンバーの対外的な発言が党首室と選対本部が決めた枠組みから逸脱しないよう統制を徹底した。一九九四年一二月には、党本部の政策部門長であったウェルズが影の内閣の全メンバーに書簡を送り、「あらゆる重要な声明は、その草案形成に先立って合同政策委員会（ＪＰＣ）の合意を得なければならない」ことが通達された（Wales 1994）。やがて、当指導部は影の内閣、議会党のバックベンチャー、ＣＬＰへの規律をいっそう強めるようになり、労働党は巨大な選挙マシーンと化していった（Tiratsoo 2000: 301）。

「大衆の党」への変質

党指導部は、院外党との関係において個人党員の役割をますます重視するようになっていた（Seyd and Whiteley 2002）。とくに院外組織に支持基盤を持たず、その組織的影響力を強く警戒していたブレアは、個人党員の拡充によって自らの党内基盤を確保するとともに、労働者階級が中心となっていた従来の党の体質を変えていくことを望んだ。

ブレアが個人党員の獲得を急いだのは党の体質変化のためばかりでない。党大会の決議の手続き上、一九九五年党大会までになんとしても個人党員総数を三〇万人以上に増員させなければならないという切実な理由もあった。それが労働組合の票決率を七〇％から五〇％に引き下げる要件であったからである。一九九二年四月に発足したメイジャー保守党政権の支持率は、ＥＵ政策をめぐる党内分裂とスキャンダルによって労働党を大きく下回り続け、次期総選挙は政権任期いっぱいの一九九七年までは実施されないと見込まれていた。ブレアは一九九七年から逆算して、マニフェストの最終案が決議される一九九六年党大会に間に合わせるために、九五年党大会で労働組合の票決率を引き下げる決議に持ち込みたかった。ソーヤと事実上の副書記長として行動したマクドナが指揮にあたり[13]、ＣＬＰを拠点として個人党員勧誘キャンペーンが大々的に展開された。

草の根の広報活動は奏功し、個人党員数は党内の予想を上回る早さで増え続け、一九九五年六月には三〇万人に達した（一九九五年の個人党員数は三六万五〇〇〇人）（Butler and Butler 2000 : 159）。これを受けて、一九九五年党大会で労働組合の票の割当て率がＣＬＰと同等になることが決定され、一九九六年党大会から実施された。個人党員は一九九五年以降も増え続け、その大半が中間層出身であった[14]。

5　中央への資源の集中と総選挙マニフェストの作成

党指導部への資金と専門知の集中

このように組織構造面での改革が早い段階で進行するなか、一九九五年半ば以降、資金や専門知が急速に党指導部に集中し始めた。

第一に、専門家を含めたスタッフの拡充、個人党員への働きかけやメディアを活用した選挙キャンペーンを支えたのが、ブレア以前の労働党とは比較にならない規模の資金力であった[15]。表1-2で見たように、党の総収入は総選挙が近づくにつれて倍増した。それに反比例するように、労働組合への財政面での依存度は一九八三年の九六％から一九九七年には四〇％にまで激減した（Webb 2000）。次期選挙で労働党による政権交代が現実味を帯びた一九九五年から九六年の間に、富裕層の個人献金が飛躍的に増大した。寄付の拡大には、ブレアとの個人的関係から資金調達役として登用されたレヴィ（後に一代男爵に叙されたが買収の疑いをかけられる）の働きが大きく、そうして集められた資金は一九九九年には党の総収入の二〇％を占めるに至った（Russell 2005 : 221 ; Fletcher 2011 : 98）。

労組以外の資金源を得たことと同時に大きな意味を持ったのが、党費の納付先の変更である。一九九〇年に導入された全国党員システムによって、それまで地区労働党に納められていた党費が直接党本部に支払われることになり、党員増に伴って党本部が運用できる資金も急増した（Russell 2005 : 221 ; Minkin 2014 : 1635）。先述したショート資金も党首室の財政的自律性を高めるうえで一役を担った。

第二に、党指導部への専門知の集中が見られた。労働党には一九八〇年代後半から、各政策領域の専門家や党所属のフェビアン協会のほか、公共政策研究所（ＩＰＰＲ）、Demosといった独立系の新興シンク・タンクが政策立案に全面的に協力した。かつてキノックやスミスは、党内の権力抗争を回避するために、独立系シンク・タンクに政策立案を外部委託する形式をとり、第一線で活躍する専門家を多数集めて、「社会投資国家」に集約された福祉国家改革構想や包摂社会政策など進歩的な政策案を策定した。これらのシンク・タンクはまた、Ｄ・ミリバンド、マルガン、コリーら、後にブレアやブラウンの主力スタッフとなる人材を輩出した。

さらに、行政に関わる専門知の回路となったのが、高級官僚との事前接触であった。労働党には、一九九六年一月からダグラス＝ヒューム・ルールが適用され、政権与党と反対党との間の専門知や情報の著しい非対称を補ううえで一定の役割を果たした（Routledge 1998 : 230）。影の財務大臣チームでは、ブラウンの側近ボールズが財務事務次官と接触し、一九九七年総選挙マニフェストの柱の一つとなった「福祉から就労へ」政策、その財源となる民営化された公益企業への一度限りの徴税措置であるウィンドフォール税、勤労低所得者を対象とした税額控除などがアジェンダに載った（もっとも、ブラウンらはイングランド銀行の独立構想を総選挙直前まで明らかにしなかった）。ブラウンらが健全財政と両立する雇用と福祉改革を早い段階から準備できたことは、政権成立後のこれらの政策の円滑な遂行を可能にした。

こうした事務次官級の官僚との接触の頻度や実質的効用には、影の内閣のなかでも個人差があったが、もう一つの成功例とみなされているのは、影の教育・雇用大臣ブランケットと教育・雇用省の事務次官ビカードによる事前接触である。ブランケットは、失業者への就労支援策であるニュー・ディール・プログラムと基礎教育について協議するために、ビカードと六週間に一度の頻度で接触した。個人的な信頼関係が築かれた両者の入念な準備作業によって、これらの政策案は政権発足直後に速やかに施行され、新政権への積極的評価に寄与した（Blunkett 2002；Riddle and Haddon 2009）。反対党として得られる情報は限られていたとはいえ、慣例となっている政権移行《トランジション》システムを通じた専門知の流入は、彼らのマニフェストの妥当性を担保するうえで重要な意味を持った。

第三に、党指導部には労働党政権成立を見越して、公式のルート以外でも、外部からの支援が集中した。たとえば、民間コンサルタント会社のアンダーセン（後のアクセンチュア）が税額控除の実施のための膨大な試算や制度設計を担当した。国外からはクリントン政権の主力スタッフからの助言が大きな比重を占めた。マニフェスト草稿に着手する直前の一九九六年二月にはブラウンが渡米し、連邦準備制度理事会議長グリーンスパンから経済政策に関する指南を受けていた。この助言があったからこそ、ブラウンは三月の記者発表の席で具体的な政策内容に踏み込んだ発言をすることができたと考えられている。四月には、ブレアがキャンベルなど側近を伴って渡米し、クリントン大統領や主要閣僚らと会談し、選挙戦略や経済政策などについて助言を得た（Seldon 2004：245；Campbell and Stott 2007：112–113）。

マニフェスト立案過程

組織と資源の両面で党の中央集権化が進む中、指導部を中心とした政権準備作業は、党憲章の「国有化条項」の改定が決議された一九九五年四月末の特別党大会以降に加速した。党指導部の独走ともいえるやり方を許す政策立案システムは、同年五月の地方選大勝やブレアへの支持の高まりによって正当化されていった。たしかに、労働党の支持率は、一九九六年五月にはメイジャー保守党政権を三〇ポイント近く引き離し（*The Financial Times*, 4 June 1996）、翌年にはメディア王マードックがブレアを支持する立場を明らかにしていた。

追い風を受けた党首室と選対本部では、一九九五年一〇月の年次党大会直後から「ステーク・ホルダー経済」と題した政策構想づくりに注力し、ブレアは満を持して年明けにこれを発表した。しかし、経営者や労働者など「すべての人が分け前を享受すること」を謳った構想は、経営者団体やメディアから彼らが警戒するコーポラティズムを唱導するものだとみなされ、予想をはるかに超えた不評を買い、ブレアはわずか一週間でこの政策構想を撤回せざるを得なかった。筆者は、この経験が政党党首室と選対本部に一九九二年総選挙に際して保守党とメディアが行ったネガティヴ・キャンペーンの苦い記憶を想起させる深刻なトラウマを残し、その後のマニフェストの作成過程を特徴づけた、過度なまでの慎重で保守的姿勢へと繋がったと推察している（今井 二〇〇八）。

一九九六年三月、ブレアとブラウンはマニフェストの最終草稿となる『マニフェストへの道（*Road to the Manifesto*）』への着手を記者発表した（Blair 1996 : Brown 1996）。前記で見てきたように、この記者会見の頃には議会党指導部が利用し得る権力資源が増大し、マニフェスト作成過程が指導部の独断場となり得る条件が整っていた。

党首室ではフォーカス・グループ調査による世論動向を丹念に参照しながら、新政権の「五つの誓約」が作成された（Labour Party 1996a : 38）(16)。グールドは、保守党から労働党に鞍替えした選挙民の間で、経済に対する楽観主義が広がっていることを示した調査結果を重視し、「誓約」には財政規律の堅持を挙げるべきだとブレアに進言した（Gould 1998 : 269）。

名刺サイズのカードに印刷され一般選挙民にも配布された公約リストには、当時ブレアらが想定していた「責任」と「応答」を読み取ることができる。財政運営上のルールの堅持からは、金融街シティ関係者の利益への応答とともに健全財政とインフレ抑制による安定した経済を新政権の「責任」とみなしていたことが分かる。他方で、教育、NHSの拡充、治安の維持には、公共サービスの改善を求める中間層への応答、若年失業者対策では、福祉と雇用を連結させることで失業者を労働市場に包摂する責任が打ち出された。それは、「包摂」を新たな政府責任の範疇におさめると同時に、中間層の失業問題による治安への懸念と彼らのリスク意識に応えたものである。公約リストに体現されたように、労働党のマニフェストには累進課税による分配的正義、普遍主義、完全雇用といった従来の社会民主主義に基づく政策案は除外されている。むしろ保守党政権との政策距離を拡大せずに、構造ではなく質の改善を訴える保守的なまでの慎重な姿勢を崩さないまま、政権獲得を目指す姿勢が明らかになった。

党内の反対意見の遮断

この『マニフェストへの道』はＮＰＦでの協議を経て、一九九六年七月二日にＮＥＣで可決され、党大会へと送られた。ブレアと彼の側近たちにとって、『マニフェストへの道』がＮＥＣで可決されることはもはや自明であった。彼らはその二日後には「ラディカルな中道としてのニュー・レイバー」を謳ったキャンペーン活動が開始できるようにＮＥＣでの議決に先立って周到な準備を進めていた（Campbell and Stott 2007 : 126）。

党内文書からは、一般選挙民に対するマニフェストの広報活動を一九九六年六月に全国展開させるために、党首室、選挙対策本部、党本部が連携して事前に準備を進めていたことが分かる[17]。たとえば同年四月には、選挙対策本部の重点選挙区担当となったマクドナが、マニフェストの事前キャンペーンの始動時期（六月）、ダイレクト・メールの送付、党首の全国遊説（六～九月）に関する計画案を党本部に送った[18]。綿密に準備されたキャンペーン計画に基づいて、ソーヤは六月に全国のＣＬＰに広報活動と党員勧誘に関する通達を行った。通達では、一日につき五名の新規党員獲得を目標とすること、党本部が作成した『マニフェストの道』の政策リストを活用して、党員の教育、討論会、戸別訪問を行うこと、党本部が支給する広報キャンペーン・キットを用いて、街頭活動ばかりでなく、地元のメディアにも働きかけることなどの指示が仔細に示された[19]。ソーヤの通達からは、党本部がＣＬＰに対して党の方針を忠実に実行することを要請し、全党を挙げたキャンペーンの一貫性を確保しようとしていたことが分かる。

ソーヤは労働組合の代表に対しても、『マニフェストへの道』への決議参加を組合員に促すように催促する書簡を送った。彼の書簡で強調されたのは、組合員の賛成票が将来の労働党政権樹立に向けた選挙キャンペーンを勢いづける原動力になるということだった[20]。

『マニフェストへの道』の決議に際しては、国有化条項の改定決議と同じように、投票者には「Yes」か「No」かの賛否のみが問われ、政策案の細目について判断を下すことは求められなかった。決議に先立って党本部は党員へのダイレクト・メールや電話を通じて投票を促し、ようやく六一％の投票率を確保した。最終的に『マニフェストへの道』は全投票者の九五％から「Yes」票を得て可決された。それはセイドの言葉では「人民投票型政党」への転換であり、ブレアの言葉では党の「大衆政党」化の象徴であった（Seyd 1999）。

だが、団体に帰属しない個人党員の票をまとめあげるための党運営は、膨大な費用と労力という副産物をもたらした。党首脳部は、中央でまとめた政策案を党大会で通過させるために、その骨子を分かりやすく個々の党員に周知し、党大会での賛成を促す運動を長期にわたって継続的に実施しなければならなかった（Russell 2005 : 197）。党員への周知、教育、党員の勧誘、献金の募集を目的とした媒体として枢要な役割を果たしたのが、党本部が発行するニュース・レター（Labour Party Newsletter）であった（Labour Party 1996b : 2）。その発行部数は、一九九五年一月から九六年一〇月までに一五万部あまり増加し（概算で三五万部）、予算も約四四万ポンドまで膨張した（Labour Party 1996b : 7）。

こうして、党首脳部による意図的に制限された協議過程によって、労働党は一九九六年のマニフェストの形成段階で、急速にその政策的立場を転換させていった。排他的な審議システムのなかで、一九九六年末から一九九七年初頭にかけて党の政策の基本方針を最終的に決定したのは、ブレアとブラウンであり、総選挙直前にはブレアの意向が最も強く反映された。それを可能にしたのは、先述した権力資源と党組織改革の効果を背景にした、議会党内における統制、ＮＥＣの機能の形骸化、党大会の決議方法の変更、「使者」としてのＣＬＰ、そして、個人党員と個々の労働組合員に対する党本部からの間断なき働きかけであった。

6　応答政治と党の寡頭制化が生んだパラドクス

本章で見たように、ブレアが意図した改革は、彼の党首就任以前のキノック党首時代からほぼ一〇年にわたって積み上げられた党の組織改革があって初めて可能になったのだが、ブレアとその側近が作り上げたニュー・レイバーとは、前任者の企図した改革をはるかに凌駕していた。それは労働党にとって「ブレア革命」であり、二大政党の一翼を担う労働党の変貌が、イギリス政治にもたらした変化は甚大であった。

　ブレア以前から積み上げられてきた政策アイディアは、体系的な福祉国家改革、歴史的な国家構造改革へと繋がった。それらのうち、とりわけ積極的労働市場政策改革（ニュー・ディール・プログラム）、税額控除の大幅拡充、法定最低賃金の導入、基礎教育の拡充、スコットランドやウェールズへの権限移譲など、マニフェストで掲げた看板政策は、政権成立後、速やかに執行された。既に見てきたように、公約の実行には、政権獲得前の準備作業が大きく寄与した。じっさい、先述した「五つの誓約」はかなり控えめな目標決定だったとはいえ、政権第一期のうちに達成された。

　しかしながら、そうした光の影で、新政権の意思決定過程において、「討論を通して特殊な見解の偏狭さが排除」される民主的契機は損なわれていった（リンゼイ 一九二九＝一九九二：七〇）。党組織の寡頭化は、政権の実行力を担保する責任と、専門家による独自の世論調査に基づいて中間層や市場関係者への即応力を確保するために、党指導部が必要であると考えた手段であった。しかしそれは、党としての一貫性を重視し、「管理された民主主義」ともみなされる徹底した党の統率と協議の省略のうえに成り立っていた（Minkin 2014）。ブレアらが「正しい」と判断した党の方針に対する党内の反対意見や苦言は周到に遮断された。自己修正を促す内在的装置を欠いた組織は、粘り強い討論よりも性急さが目立つようになり、やがて自らを大きく躓かせるリスクを抱えることになった。

　二〇〇三年、参加者一〇〇万人ともいわれた大規模な街頭デモの「声」に反してイラクへの軍事侵攻を決定したことに集約されたように、ブレア政権は選挙民への応答力を著しく欠いたばかりでなく、政策の見通しを見誤り長期にわたる軍事介入の泥沼へとイギリスを導く結果となった。市井には、政治が市民意識から遊離したエリートたちによって独占されているとの見方が広がり、政党と市民との関係の空洞化が深まった。

　反対意見のない満場一致の同意は、外形上はスマートかもしれないが、「代表民主主義の理想であるどころか、もし、そのような異議一つない同意が完全な形で与えられでもしたならば、どうしてよいか戸惑ってしまうのが、代表民主主義の本来の姿」である（リンゼイ 一九二九＝一九九二：七一〜七二）。反論に付き合う泥臭さは反対党を制度的に擁護してきたイギリスのデモクラシーの本質であったはずである。そんなイギリスで実践された労働党改革の功罪から学ぶべきことは、今まさに日本でデモクラシーの危機を経験している我々にとって、決して少なくない。

註

（1）クインはミンキンと見解を同じくし、ブレアのもとで労働党は単なる改革を越えて「生まれ変わった（rebirth）」と論じる（Quinn 2004 : 63）。

（2）ヘルムによる反対党の類型は次の通りである。⑴拒否点の不在及び連合形成可能な少数政党の不在を前提とした議会中心型（イギリス）、⑵強い拒否点及び連合形成の可能性が高い少数政党を伴う議会中心型（ドイツ）、⑶議会大統領制型（半大統領制型）（フランス）、⑷権力分立型（アメリカ）、⑸直接民主制型（スイス）（Helms 2004 : 25）。

（3）政権交代が権力のコントロールに果たす役割については、今日重要な留保が求められている。それにはいくつかの要因が考えられる。第一に、政権交代の周期の長期化であり、第二にウェストミンスター・モデルの前提そのものの揺らぎである。後者は労働党政権下で遂行された一連の国家構造改革（constitutional reforms）によって加速した。具体的には、スコットランド、ウェールズ、北アイルランドへの権限委譲、ヨーロッパ人権条約の国内法化、最高裁判所の創設、上院改革などである（Gamble 2010）。

（4）二〇一五年総選挙では、キャメロン保守党が、事前予想に反して、過半数を一二議席上回る三三一議席を獲得したものの、前回総選挙からの得票率の伸びはわずか〇・八ポイントにとどまった。ＳＮＰの劇的な躍進、労働党の凋落から見ても、二大政党制が断片化していることが分かる。

（5）ダールが挙げる指標は、議会主権、議会における多数決の原則、市民がこれら二つの原理の正当性を認め支持していること、市民の見解がおおよそ二つに大別することができること、二大政党が存在し、いずれか一方の政権獲得の見込みが極端に低くなる状況に陥らないこと、などである（Dahl 1966 : 393）。

（6）ショートの当初案によると、その主な使途は、野党党首室と院内幹事長室（Chief Whip office）のスタッフ人件費、および影の内閣のメンバーの調査費とされていた。だが実際には野党の議会党に支給するという規定のほかは、分配の仕方に関して明確な拘束はない（Winetrobe and Clements 1993 : 1, 3, 15）。
（7）一九九六年には同様の公的財政支援が貴族院の反対党に対しても導入された（クラボーン資金）（Webb 2000 : 239）。
（8）ウェブによれば、一九九七年にイギリスの主要三政党の収入を合わせた総額は、ドイツの一政党（社会民主党）の総収入の五五％程度でしかなかった（Webb 2000 : 242）。
（9）ショート資金はブレアの党首就任の前年に増額が決定され、一九九三年一一月の改正では、一議席あたり二五五〇ポンド（一九八八年六月法改正後の基準）から三四四二・五〇ポンドに、得票二〇〇につき五・一〇ポンド（同）から六・八九ポンドにそれぞれ増額された（一九九四年四月から物価連動制に移行）（HC Deb vol 135 cc1063-1086, 21. 6. 88）。
（10）二〇一四年の党首選出手続の改定によって、部門ごとの持ち票配分制に代わって、一般党員、所属（団体）サポーター、登録サポーターから成る全党員による一人一票制が導入された。
（11）ケルナー（世論調査会社 YouGov 代表）とのインタヴュー。ケルナーはキノック、スミス、ブレア各党首の相談役であった。二〇〇七年三月三日。於 Common Wealth House, London.
（12）ソーヤ（元労働党書記長）とのインタヴュー。二〇一四年九月一七日。於 House of Lords, London. ソーヤはかつてキノックに政策見直しグループの設置を進言し、ブレアが影の雇用大臣として労働組合会議にクローズド・ショップ制の廃止を迫った際、ブレアに全面的に協力し交渉の成立に貢献した（Rentoul 2001 : 268）。
（13）マクドナがＮＥＣの承認を経て副書記長に正式に就任したのは一九九七年六月二五日である。しかしマクドナは遅くとも一九九五年末からは党首と書記長の意向を受けて副書記長として活動していた（Minkin 2014 : 3570 ; 前出のソーヤとのインタヴュー）。
（14）労働党の党員数は、一九九七年の政権交代の直後には四〇万五〇〇〇人に達したが、これは一時的な現象に過ぎなかった。党員数は一九九七年をピークに減少を続け、二〇〇七年には党創設以来最低の一七万六八九一人にまで落ち込んだ。

ガーディアン紙によれば、二〇一〇年五月の総選挙後、労働党への新規加入者が増大しはじめ、新たに一万人が加わった（*The Guardian*, 13 May 2010）。だが、かつての個人党員数を回復するには至っていない。新しい党員は党への忠誠心が希薄であり、自分たちの意見が党の上層部に届きにくい党の体質に失望したことが指摘されている（Minkin 2014）。

(15) 前出、ソーヤとのインタヴュー。一九九七年総選挙で労働党は総額二六〇万ポンド（£＝一七八円換算で四億六千二八〇万円相当）を支出した。ちなみに保守党の支出は同二八三万ポンドであった（Webb 2000 : 240）。

(16) 作成を担当したのは、党首室のミリバンド、ブレアのスピーチライターのハイマン、テイラーであったが（Gould 1999 : 268-269）、最終案にはグールドによる世論調査の分析結果が強く反映された。

(17) 議会労働党の規律確保は院内幹事長デュワーに一任された一方で、ＣＬＰ（とくに個人党員）と労働組合に対しては、ブレアの信頼を得ていたマクドナが中心的に働きかけを行った。前出ソーヤとのインタヴュー。

(18) マクドナから党内カンファレンス・グループに宛てられた一九九六年四月二五日付メモ。File : Road to the Manifesto, 1996, Correspondence, Sawyer papers, Labour History Archive Study Centre, Manchester.

(19) ソーヤから、地域責任者への一九九六年六月十一日付書簡。ソーヤから全選挙区労働党責任者、および、ヴォランタリ・エージェントへの書簡（文中の表記から七月四日以前であることが推察されるが、日付は不明）。いずれも出所は同前。

(20) ソーヤから各労働組合の代表への書簡の草稿（一九九六年七月一八日付）。出所は同前。

参考文献

今井貴子（二〇〇八）「イギリス・ブレア政権の成立―再編期の党内改革と『ゆるやかな革新』」高橋進・安井宏樹編『政権交代と民主主義』東京大学出版会。

奥村牧人（二〇一一）「英国下院の議事日程改革」『レファレンス』国立国会図書館調査及び立法考査局。

阪野智一（二〇〇一）「イギリスにおける政党組織の変容――党組織改革と人民投票的政党化への動き」『国際文化学研究』神戸大学国際文化学部紀要、第一六号。

篠原一（一九八六）『ヨーロッパの政治——歴史政治学試論』東京大学出版会。
高橋直樹（二〇一二）「ブレア・スタイルとデモクラシーのゆくえ——強大な首相権力にみるトップダウンの影響」内山融・伊藤武・岡山裕編著『専門性の政治学——デモクラシーとの相克と和解』ミネルヴァ書房。
高安健将（二〇〇九）「空洞化するイギリスの議院内閣制」『アステイオン』No. 七一。
田中嘉彦（二〇〇五）「二院制」『シリーズ憲法の論点⑥』国立国会図書館調査及び立法考査局。
Ashdown, Paddy (2000) *The Ashdown Diaries*, volume 1, 1988–1997, London : Penguin Books.
Bagehot, Walter (1867=2001) *The English Constitution*, Edited with an Introduction and Notes by Miles Taylor, Oxford World's Classics, Oxford : Oxford University Press.（小松春雄訳『イギリス憲政論』中央公論新社、二〇一一年）
Bartolini, Stefano, and Peter Mair (2001) 'Challenges to Contemporary Political Parties', in Larry Diamond and Richard Gunther (eds.), *Political Parties and Democracy*. Baltimore : Johns Hopkins University Press.
Barker, Rodney (1971) 'Introduction', in his (ed.) *Studies in Opposition*, London : Macmillan, St Martin's Press.
Blair, Tony (2010) *A Journey*, London : Hutchinson.（石塚雅彦訳『ブレア回顧録』上・下、日本経済出版社、二〇一一年）
Bower, Tom (2005) *Gordon Brown*, London : Harper Pernnial.
Blunkett, David with Alex MacCormick (2002) *On a Clear Day*, revised edition, London : Michael O'Mara Books.
Butler, David and Gareth Butler (2000) *Twentieth-Century British Political Facts*, London : Palgrave.
Campbell, Alastair and Richard Stott (eds.) (2007) *The Blair Years : Extracts from the Alastair Campbell Diaries*, London : Hutchinson.
Dahl, Robert (ed.) (1966) *Political Oppositions in Western Democracies*, New Haven : Yale University Press.
Denver, David (1987) 'Britain' in Kolinsky, A. (ed.). *Opposition in Western Europe*, London : Croom Helm.（デイヴィッド・デンヴァー「イギリス——『大文字を冠した野党』から断片化した野党へ」エヴァ・コリンスキー編（清水望監訳）『西ヨーロッパの野党』行人社、一九九八年）

Finley, M. I. (1985) *Democracy : Ancient and Modern*, London : Hogarth Press.（柴田平三郎訳『民主主義――古代と現代』刀水書房、一九九一年）

Fletcher, Nigel (ed.) (2011) *How to be in Opposition : Life in the Political Shadows*, London : Biteback.

Foley, Michael (2002) *John Major, Tony Blair and a Conflict of Leadership : Collision Course*, Manchester : Manchester University Press.

Foord, S. A. (1964) *His Majesty's Opposition 1714-1830*, Oxford : Oxford University Press.

Gamble, Andrew (2010) 'New Labour and Political Change', in Andrew Geddes & Jonathan Tonge (eds.) *Britain Votes 2010*, London : Hansard Society.

Gould, Philip (1999) *Unfinished Revolution : How the Modernisers Saved the Labour Party*, London : Abacus.

Helmes, Loger (2004) 'Five Ways of Institutionalizing Political Opposition : Lessons from the Advanced Democracy', in *Government and Opposition*, vol. 39, issue 1.

Heffernun, Richard (2002) *New Labour and Thatcherism : political change in Britain*, London : Palgrave.（望月昌吾訳『現代イギリスの政治変動――新労働党とサッチャリズム』東海大学出版会、二〇〇五年）

House of Lords Library (2005) *The Salisbury Doctrine*, Library Note LLN2005/004, June 2005.

Jones, Nicholas, (1997) *Campaign 1997*, London : Indigo.

Katz, Richard S. and Peter Mair (1995) 'Changing Models of Party Organization and Party Democracy : The Emergence of the Cartel Party' in *Party Politics*, Vol. 1 No. 1.

Keegan, William (2005) *The Prudence of Mr Gordon Brown*, London : John Wiley & Sons.

Kelly, Richard (2014) 'Short Money', *Research Paper*, No 93/99, London : Parliament and Constitution Centre, House of Commons Library.

Lijphart, Arend (1999) Patterns of Democracy : Government Forms and Performance in Thirty-six Countries, New Haven : Yale

University Press.（粕谷祐子訳『民主主義対民主主義――多数決型とコンセンサス型の三六カ国比較研究』（第1版）勁草書房、二〇〇五年）

Lindsay, Alexander Dunlop（1929）*The Essence of Democracy.*（永岡薫訳『［増補］民主主義の本質――イギリス・デモクラシーとピュウリタニズム』未來社、一九九二年）

Lonsdale, David（2008）'Blair's Record on Defence : A Strategic Analysis', in Matt Beech and Simon Lee（eds.）*Ten Years of New Labour*, London : Palgrave.

Mair, Peter, 'Representative versus Responsible Government' in MPIfG Working Paper 09/08, MaxPlanck Institute for the Study of Societies, 2009.

McKenzie, Robert（1963）*British Political Parties*, London : Mercury.（早川崇・三沢潤生訳『英国の政党』上・下、有斐閣、一九七〇年）

Minkin, Lewis（1992）*The Contentious Alliance : Trade Union and the Labour Party*, Edinburgh : Edinburgh University Press.

Minkin, Lewis（2014）*The Blair Supremacy : A Study in the Politics of Labour's Party Management*, Manchester : Manchester University Press.

Neil, Lord, QC（1998）*The Funding of Political Parties in the United Kingdom*, Vol. 1 : Report, Fifth Report of the Committee on Standards in Public Life, Cm 4057-I, London : HMSO.

Quinn, Thomas（2004）*Modernising Labour Party : Organisational Change since 1983*, London : Palgrave.

Punnett, R. M.（1973）*Front-Bench Opposition : The Role of the Leader of the Opposition, the Shadow Cabinet and Shadow Government in British Politics*, London : Heinemann.

Rentoul, John（2001）*Tony Blair : Prime Minister*, London : Time Warner.

Riddell, Peter and Catherine Haddon（2009）*Transitions: Preparing for Changes of Government*, London : Institute for Government.

Rose, Richard and Ian McAllister, (1992) 'Expressive versus Instrumental Voting' in Dennis Kavanagh (ed.) *Electoral Politics*, Oxford : Oxford University Press.

Routledge, Paul (1998) *Gordon Brown : the Biography*, London : Simon and Schuster.

Rubinstein, William D. (2003) *Twentieth-Century Britain : A Political History*, London : Palgrave.

Russell, Meg (2005) *Building New Labour : the Politics of Party Organisation*, London : Palgrave.

Scott, Derek (2004) *Off Whitehall : a View from Downing Street by Tony Blair's Adviser*, London : I. B. Tauris.

Seldon, Anthony (2004) *Blair*, London : Free Press (Simon & Schuster).

Short, Clare (2004) *An Honourable Deception ? : New Labour, Iraq and the Misuse of Power*, London : Free Press.

Seyd, Patrick (1999) 'New Parties/ New Politics ? A case Study of the British Labour Party', *Party Politics*, vol. 5, no. 3.

Seyd, Patrick and Paul Whiteley, (2002) *New Labour's Grassroots : the Transformation of the Labour Party Membership*, London : Macmillan.

Shaw, Eric (1994) *The Labour Party Since 1979 : Crisis and Transformation*, London : Routledge.

Shephard, Gillian (2011) 'Into the Shadows', in Fletcher, Nigel (ed.) How to be in Opposition : Life in the Political Shadows, London : Biteback.

Tiratsoo, Nick (2000) 'Labour and the Electorate', in Duncan Tanner, Pat Thane, and Nick Tiratsoo (eds.) *Labour's First Century*, Cambridge : Cambridge University Press.

van Biezen, Ingrid and Peter Kopecký, (2014) 'The Cartel Party and the State : Party-State Linkages in European Democracies' in *Party Politics*, Vol. 20, Issue 2.

Webb, Paul (2000) *The Modern British Party System*, London : Sage.

Winetrobe, Barry and Robert Clements, (1993) *'Short Money' : Financial Assistance to Opposition Parties*, Research Paper No 93/99, 3 November 1993, London : House of Commons Library.

参考文献

The Financial Times

The Guardian

The New Statesman

The Observer

労働党関係資料（Labour History Archive Study Centre 所蔵）

Blair, Tony 'Press Release, Rt. Hon. Tony Blair MP, Leader of the Labour Party at a Press Conference, to launch "Road to the Manifesto"', Wednesday 27 March, 1996, the Labour Party Media Office, 1996.

Brown, Gordon, 'Statement by Gordon Brown MP, Shadow Chancellor' Wednesday 27 March, 1996, the Labour Party Media Office, 1996.

Labour Party, Conference Report, Ninety-fourth annual conference of the Labour Party, 2–6 October, Brighton, 1995.

Labour Party, *New Labour New Britain*, Road to the Manifesto, 1996a.

Labour Party, Labour Party News, 'Building to the general election and beyond', CE : 82/2/96, NEC : 28 February 1996b.

Sawyer, Tom, File : Road to the Manifesto, 1996, Correspondence, Labour History Archive and Study Centre, Manchester.

Wales, Ronald, LDPD, File : Correspondence Oct-Dec 1994, Labour History Archive and Study Centre, Manchester.

第2章　ドイツ国民政党の二つの野党期
——野党改革は今なお問題か——

野田昌吾

一九九七年のトニー・ブレア率いるイギリス労働党の政権復帰は、党改革を通じての政権復帰という道筋を非常に鮮やかに示すものとしてよく言及されるが、戦後の（西）ドイツでも、ゴーデスベルク綱領の採択に象徴される、一九五〇年代末以降の一連の党改革の試みの末に、一九六〇年代後半に政権獲得に成功した社会民主党（ＳＰＤ）の例や、「生まれながらの統治政党」(geborene Regierungspartei) を自任してきたキリスト教民主同盟（ＣＤＵ）が一九六九年の初めての下野後に本格的な党改革を実施し、現代的な組織政党に変貌を遂げて一九八二年に政権復帰を果たした例など、「野党改革から政権復帰へ」という理念型的な構図に当てはまる野党復活劇はこれまで存在してきた。そして、野党によるこれらの党刷新は、戦後のドイツ政治史において、与党との間の政治的競争を活性化することで、デモクラシーの深化にも大きな影響を及ぼすものでもあった（野田 二〇〇九）。

その後のドイツは、東西ドイツの再統一を挟み、四度の政権交代を経験している。最初が、一六年間の長期にわたったコール保守中道政権を選挙で破ってのＳＰＤと緑の党とのいわゆる赤緑連立政権の成立（一九九八年）である。この政権交代は、戦後ドイツにおいて初めてとなる選挙による与野党の総入れ替えであった。そして、その次が、二〇〇五年選挙の結果を受けての保革二大政党によるメルケル大連立政権の成立である。これによりＣＤＵは七年ぶりに政権復帰を果たしたが、ＳＰＤを野党に追いやっての中道右派政権の樹立には失敗した。ＣＤＵがこの念願を果たすのが二〇〇九年選挙で、ＳＰＤは一一年ぶりに野党に転落する。だがこれにより成立したメルケルを首相とする中道右派連立政権は一期しか続かず、二〇一三年選挙の結果、ＳＰＤが政権復帰を果たしメルケルを首相とする二度目の大連立政権が成立した。つまり、SPDもCDUもこれまでのところその後少なくとも一度ずつは野党からの政権復帰を果たしているということになる。両党とも、その最初の野党期では、党改革を行い、自己刷新を遂げたうえで政権復帰を果たしたわけだが、この二度目の野党期では、一体どうだったのだろうか。

本章では、このドイツの二大国民政党の二度目の野党期を最初の野党期との比較も交えながら概観し、ドイツにおける野党改革の条件とその変化について検討する。そして、そのうえで、今日のドイツの政党デモクラシーにおける野党改革の意義と課題についても若干の考察を試みてみたい。

1　野党改革の黄金時代

SPD、CDUそれぞれの第二の野党期を検討する前に、まずは、両党の第一の野党期＝政権準備期について簡単に振り返っておきたい。先にも触れたが、この第一の野党期において、ドイツの二大政党は、綱領・組織双方にわたるかなり大掛かりな改革を行い、まさに自己刷新を遂げた。後に検討する第二の野党期と比較すれば分かるように、この第一の野党期は、両党にとって党改革の黄金時代であったと言える。両党は、どのような認識に基づいて、何をどのように変えたのか。そこにはどのような問題があったのか。第二の野党期の特質と野党改革の条件の変化を理解するためにも、まずは第一の野党期について概観しておこう。

SPD――ゴーデスベルク綱領と組織改革

SPDは、今日のドイツの政党のなかでは最も古い歴史を持つ政党である。戦前のワイマール共和国では、ナチスの台頭が本格化する一九三二年七月選挙まで一貫して第一党であり、初代大統領エーベルトを出したほか、同共和国の一九の内閣中（その初期を中心に）五つの内閣に首相を送っている。ナチス期には非合法化されるが、戦後の占領下で再建され、西ドイツが建国されるまでは、ほぼすべての州政府に参画し、一一の州のうち五つの州で第一党であった。しかし、それが一転、西ドイツ建国後、SPDは長期の停滞を経験する。戦後のSPDは、厳密にいえば政権を喪失した野党ではなかったが、この長期低迷は、同党にとって、それに匹敵する深刻な問題であったといってよいであろう。

SPDは、西ドイツ最初の総選挙（一九四九年）では、CDU／CSU(1)とほぼ互角の成績を残したが、五〇年代に入って、大きく水をあけられていく。一九四九年の連邦議会選挙での得票率は二九・二％で、三一・〇％を得票したCDU／CSUとの差は、わずか一・八％であったのが、一九五三年の第二回選挙では二八・八％対四五・二％と一六ポイント以上の大差をつけられ、一九五七年の第三回選挙では、第一回選挙を上回る三一・八％と盛り返したものの、CDU／CSUはさらに伸ばして単独過半数を獲得する五〇・二％を記録するに至った。

こうした状況がSPDを自己改革へと動かしていったわけだが、この時期のSPDの党刷新に関しては、わが国でも多くの研究や紹介があるため、ここでは要点を記すに留める。

一九五〇年代におけるCDU支配の確立は、党首であり首相でもあったコンラート・アデナウアーによる利益分配政治（Gefälligkeitspolitik）にも支えられつつ進行した同党の超宗派化・市民化（interkonfessionelle Verbürgerlichung）の産物であった（Walter 2007 : 14ff. : 野田 二〇〇八）。CDUはこれにより、そのもともとの支持基盤であるカトリック・ミリューを超えて、とりわけ北部プロテスタント地域の新旧中間層をも包摂し、近代ドイツ史を通じて見られた様々な対立軸を、その党内において架橋することに成功する。すなわち、南ドイツと北ドイツ、市民階級と労働者階級、そしてカトリックとプロテスタント、さらに、ナチズムによる右派政党の信用失墜や行動余地の狭隘化にも助けられて、右派国民主義（Deutschnationale）と左派自由主義との亀裂を架橋し、その統合に成功したのである。このCDUによる統合過程は、中道から右の小政党の衰退・消滅の過程でもあった。五％阻止条項の影響もあって、自由民主党（FDP）を除いて中道から右の小政党は連邦議会から姿を消し、CDU（およびCSU）は、中道から右の広範な政治市場をほぼ独占する地位を手に入れたのであった。さらに、CDU政権下での経済復興は、この中道から右の政治市場を大きく拡大した。SPDは、たしかに一九五一年の共産党の違憲判決により左派的政治市場を独占する地位を手にしたものの、その市場自体がアデナウアー政治の成功により狭隘なものとなり、一九五〇年代の末には、同党はいわば左翼的ゲットーの囚人と化していたのである。

ＳＰＤが政権を展望するには、この左翼的ゲットーから自らを解放し、中道的有権者の政治市場に参入することが必要であった。そのため、ＳＰＤは路線の見直しに着手する。まず一九五九年に、それまでのマルクス主義的な原則的立場の最終的放棄を確認するゴーデスベルク綱領を採択する。同綱領はＳＰＤを「民主的社会主義」の政党であり、労働者階級だけではなく、党の基本価値を支持するすべての者に開かれた「国民政党」であると規定し、経済政策に関しては、「可能な限りの競争を、必要な限りの計画を」という表現で、それまでの計画経済と共同所有を目指すという路線を放棄し、「競争が常に支配する自由市場」を原則にした。

外交政策に関しても、ＳＰＤは路線の見直しを行った。それまでＳＰＤは、アデナウアーが進める西側統合政策に対し、これを東西緊張を高め、ドイツ分断の恒久化を招くものとして批判し、ドイツのＮＡＴＯからの脱退、軍事的中立化を主張していた。しかし、こうしたＳＰＤの立場は、一九五三年の東ドイツでの労働者の蜂起とソ連軍による鎮圧、一九五六年のハンガリー動乱、一九五八年のソ連によるベルリン最後通牒などの強い印象の下、同盟国はもちろんのこと、ソ連を利するだけであるとして国民の多数からも支持されなかった。国民の信頼を勝ち得て、政権を狙うためには、自由の抑圧を想起させるソ連および共産主義とは完全に一線を画さねばならなかった。ＳＰＤは、そこで、一九六〇年六月、連邦議会において、北大西洋条約をはじめとする西ドイツが西側諸国と結んだ一連の条約を西ドイツ外交の基礎とすることを承認し、民主主義と国土の防衛を肯定する立場を明確にした。

これらの路線転換は、オットー・キルヒハイマーによって、「野党の消失」と形容されたが（Kirchheimer 1964）、ＳＰＤはまさにこれによって、与党の政策を全面的に改めようとする言葉の本来の意味における「反体制派」（Opposition）の立場から、与党との共通の立場を一方で確認しつつ、その上に立って与党と競争するという協調的競合の立場へと、野党理解そのものを転換したのであった。この転換は、一九五〇年代の党勢低迷からの脱出のために必要であったことは言うまでもないが、と同時に、比例代表制の下で政権に到達するためには、何よりも連立相手を見出さねばならず、そのためには、いわば「反体制派」としての立場を犠牲にしても、連立可能性を拡大することが必要であった。党路線の「現実主義化」は、こうした連立可能性の最大化戦略としても捉えることができる（パターソン／ヴェッバー 一九九八）。実際、SPDは、一九六六年にCDU／CSUとの大連立政権を実現させ、政権担当能力を証明したうえで、一九六九年選挙に臨み、得票率を四割台に載せることで、連立相手をFDPに組み替え、念願の首班獲得に成功した。

SPDのこの政権獲得への道に関しては、ゴーデスベルク綱領と外交路線の転換にもっぱら光が当てられるが、安野正明の労作が明らかにしているように、これに劣らず、あるいはそれ以上に重要であったのは、党組織改革である（安野 二〇〇四）。実は、一九五〇年代の党の停滞に関して、党内で最も大きな問題であると認識されていたのは、旧態依然たる党運営のあり方であった。日常の党活動においては、各地方組織が高度の自律性を保持していたが、戦前からの活動歴を持つ伝統主義者が地方組織の指導権を保持していたため、多くの地方組織では高齢化が目立ち、組織活動は停滞せざるを得なかった。また、党中央でも、有給の党官僚トップが党務を取り仕切るという伝統的な党運営が続けられ、連邦議会議員や地方組織有力者から選出される無給党幹部会員は周辺に追いやられていたのである。SPDの第一の野党期における党刷新の旗手とされるフリッツ・エルラーやヘルベルト・ヴェーナー、あるいはヴィリー・ブラントなどが何よりも問題にしたのは、実は、綱領改正問題などではなく、組織改革問題なのであった。

だが、彼ら若手の党内改革派が主張する組織改革は、伝統主義者の激しい反発を受け、容易には実現しなかった。結局、一九五七年選挙での大敗が、党組織改革への道を開いた。今や地方組織も組織改革の必要性を理解するに至り、党官僚出身で伝統主義者の支持も篤い党首エーリヒ・オレンハウアーも党改革を進める決断を下すが、ここで重要なのは、オレンハウアーが、単なる党改革への着手に留まらず、より積極的に改革派との妥協の道を進む決断を下したことである。彼は、改革検討委員会の過半数を改革派に割り当てる提案を行い、改革派もこれに応えて、オレンハウアーとの妥協のうえで党改革を進めていく。安野はこの両者の関係を「対抗的協調関係」と形容している。だが、いったん解き放たれた党改革の動きは、オレンハウアーと改革派のコントロールを超えて独自の動きを示すようになり、地方組織の突き上げなどにより、改革派ヴェーナーの副党首就任、さらには、党首・副党首・財務責任者以外のすべての党幹部会メンバーを一括競争選挙で選ぶという改革派も意図しなかったようなドラスティックな党改革が一九五八年党大会で実現した。

このようにSPDは一九五〇年代の末に、組織改革と基本綱領制定という一組の改革を実現したわけだが、これに関して、第二の野党期との比較で重要であると思われるのは、これらの改革が伝統主義者と改革派との妥協のうえに実現したということである。しかも、その妥協の推進者が伝統主義者の代表とも言える生粋の党官僚であったオレンハウアーであったことも重要であった。伝統主義者は「エーリヒ（オレンハウアー）が望んでいるのなら」として、このドラスティックな党改革を受け入れたのである。

党の団結を確保したうえで、党の体質を改めると同時に、基本政策を変更したSPDにとって、政権を狙ううえで最後に必要なものは、政治的中道の有権者にもアピールし得る新しい指導者であった。SPDはその適任者をブラントに見出すことができた。一九五八年のソ連によるベルリン最後通牒の際に、西ベルリン市長として、「ベルリンは自由であり続ける！」と述べ、ソ連の圧力に断固たる拒否姿勢を示して以来、国民に非常に人気のある政治家であり、カリスマ性を備えた演説者でもあった清新なイメージあふれるブラントは、まさに「首相候補」として打ってつけであった。ブラントを首相候補に立てたSPDは、一九六一年選挙、一九六五年選挙と得票率を伸ばし、一九六六年のCDU／CSU・FDP連立政権の崩壊の結果、初めての政権参加を果たし、そこで得た実績をもとに、続く一九六九年選挙でも躍進し、念願の自党首班政権（ブラント首相）を実現させたことは、すでに述べた通りである。

CDU――「同盟」から「党」へ、「第二の結党」

一方、一九六九年の政権交代は、CDUを「前例のない党組織の強化」（コリンスキー 一九九八：四）へと向かわせる契機となった。もっとも、政権喪失後、ただちに全面的な党刷新へと向かったわけではない。まず、「生れながらの統治政党」を自任するCDUは、野党であるという事実をすんなりとは受け入れることができなかった。また、そうした認識を裏付けるかのように、一連の州議会選挙でCDUは勢力を伸ばす一方、東方諸条約をめぐって与党議員の野党への鞍替えが相次ぎ与野党の議席差が僅少になるなどし、党内では、政権復帰はそれほど遠くないとの感触が存在していた。そのため、党指導部の全面的刷新は見られず、旧体制色の色濃い党指導部が次の一九七二年選挙の指揮も執った。

若手を中心とする改革派が求める大胆な党改革は、そうした党指導部の認識もあって、ブレーキがかけられることになるのだが、しかし他方で、この六〇年代末から七〇年代初頭の時期は、党改革に非常に良好な環境が存在していた。実は、CDUでは、政権喪失前から、一定の党改革への動きが始まっていた。綱領に関しては、一九六七年に綱領検討委員会が設置され、一九六八年にベルリン行動綱領を採択している。この綱領作業は一九六六年のSPDとの大連立の成立を抜きには考えられない。「統治政党」CDUは、これまで綱領を作ってこなかったわけではないが、政府の政策がCDUの政策であるという立場をとっていればよかった。だが、大政党であるSPDとの連立により、SPDとの差異化の必要が出てきたのである。また、六〇年代に入っていよいよ明らかとなってきた社会変容への適応も求められていた。

同時に、大連立の成立は、党運営そのものの見直しも必要とさせた。これまでのように、政府を通じて党を指導することはもはやできず、逆に、政府の決定に先立って党の意思を明確にする必要に迫られた。加えて、一九六七年に政党法が成立し、国による政党助成と引き換えに、党首をはじめとする役員の選挙による選出などの規定整備が新たに必要となった（Schönbohm 1985 : 65f.）。

さらに重要なのは、一九六〇年代末から七〇年代初頭に生じた参加意識の高まりである。たとえば一九六八年のベルリン行動綱領の制定に際して、綱領検討委員会が作成した草案に関して意見を募ったところ、各地方組織から三万を超える意見が寄せられ、党指導部を驚かせている（Bösch 2002 : 29f.）。この時期のドイツは、いわゆる「一九六八年」の抗議運動の嵐が吹き荒れ、まさに「政治の季節」であったが、CDUもこの「政治化」あるいは「再イデオロギー化」の波に乗る形で（Kleinert 2007: 6）、大量の新規党員の入党を見た。一九六七年のCDUの党員数は二八万六千人を数えたが、一九六九年から七六年まで毎年五％を上回る党員数の増加を見、とりわけ政権交代後最初の、かつ激しいイデオロギー対立が見られた選挙が行われた一九七二年には、前年比一八・九％の党員伸び率を示し、一九七五年には党員数は六七年比倍増の五九万人を突破した（Bösch 2002: 214, Tab. 3）。このような参加意識の高まりを伴う政治化は、政党のあり方のイメージを変えずにはいない。談合ではなく選挙、討論、透明性の確保、一般党員の参加を求める風潮は六〇年代末のCDUでは、ヘルムート・コールをはじめとする若手改革派によって代表された。CDUにも「小一九六八年」（kleines »1968«）が存在したのである（Bösch 2002: 96）。

　このような一連の事情を背景に、大連立以後、徐々に党改革の動きが始まっていた。一九六七年に幹事長（Generalsekretär）職が置かれ、政党法成立による国庫助成にも支えられて党連邦事務局の職員数も、一四五人（一九六九年）から一九一人（一九七二年）へと大幅に増員された（Bösch 2002: 102）。また、一九六九年には党規約の改正が行われ、党大会決定は連邦議会議員団および連邦政府を拘束すると明記された（Bösch 2002: 100）。

　だが、より抜本的な党改革は、野党であるという事実を正面から受け止めきれない段階では進まなかった。CDUにおいて党改革が全面的な展開を見るのは、一九七二年選挙で敗北し、党指導部が全面的に刷新されて以後のことである。一九六四年から連邦議会議員団長を務め、与党時代から指導部の一角を占め続けてきたライナー・バルツェルが党首を退き、一九七三年党大会は後任に若き改革派のコールを選出した。コールを党首に選出したということは、とりもなおさず、党は党改革の前進を決断したということを意味した。

　コールは、こうした党内世論を追い風に、党改革とりわけ党機構の強化を推進した。党の強化は、連邦議員ではなかったコールにとって、自らの党内権力の確保のためにも重要であった。彼は、若い優秀な人材を登用し、党内の若い世代からの支持を得つつ、改革を進めた。この時期、彼が登用した人物には、後の連邦大統領リヒャルト・フォン・ヴァイツゼッカーや、ハイナー・ガイスラー、クルト・ビーデンコプフ、ノルベルト・ブリュームといった九〇年代までCDU政治を規定することになる人物が含まれていた。とりわけ重要な意味を持ったのは、幹事長へのビーデンコプフの起用である。元大学学長で経営者であった彼の起用は、幹事長職のイメージを一新し、まさに党の司令塔の役割を担った。ビーデンコプフは、議員団ではなく党中央による政治指導の確立を目指し、連邦事務局の強化と党中央による州党への指導の強化を行った。事務局職員が二四〇人以上に増員されるとともに(Schlieben 2007：47f.)、七つあった局を三つに統合して集権化を図り、計画グループを幹事長直属にし、六八年世代のリベラル派であったヴァルンフリート・デットリングに指揮を執らせて、党戦略を練らせた。州議会選挙にあたっては、各州党には党中央との連絡調整を義務づけ、また党中央から事務局職員を派遣した。また、党の足腰を強化するため、州レベルよりさらに下の郡レベルの党事務局の整備にも努力を行った。それ以前から始まっていた党員の増大や国庫助成にも助けられて、党の組織化は飛躍的に進み、すべての郡組織が有給の事務局長を持つに至る(Bösch 2002：112f.)。

綱領面でもコールは積極姿勢を示す。ビーデンコプフやガイスラーら、コールが登用した若き知性派が綱領論議を指導し、政策面での刷新を行っていく。なかでも、一九七五年の「マンハイム宣言」はCDUの新しいプロフィールを社会に印象づけるものであった。この綱領的文書においてCDUは「新しい社会問題」という刺激的な問題提起を行った。これは、今日の中心的な社会問題はもはや労使対立ではないとして、階級政治の意義を引き下げる一方、「豊かな社会」においてもなお取り残されている人々が存在していることを指摘し、CDUはそうした「組織されていない者」の代表であると主張することで、労働組合を基盤とするSPDを批判するとともに、SPDに奪われた社会政策的プロフィールを奪還しようとする巧妙な戦略的概念でもあった。もちろん、このマンハイム宣言は、党内ではあまりに左派的であるとして批判もなされたが、この批判も、その後およそ三年半もの時間がかけられた「基本綱領」(Grundsatzprogramm)の作成過程において、妥協を通じて鎮撫され、CDUは、新しい時代に対応した新しい基本綱領を全党的に確認し、SPD政府を攻撃する態勢を整えるのである(野田 一九九二)。

こうした一連の党改革により、CDUは、アデナウアー時代以来の名望家政党からより現代的な綱領政党、党員政党へと変貌を遂げた。「第二の結党」（Zweite Neugründung）とも呼ばれる所以である（Gotto 2005 : 10）。アデナウアーの下でＣＤＵは、近代ドイツ史を通じて見られた様々な亀裂を党内において架橋することを通じて成功を収めたと前に述べたが、この党内における架橋は微妙なバランスの上に成り立つもので、その意味では、ＣＤＵは結集体（Sammlung）、すなわち「同盟」（Union）でしかあり得なかった（Walter 2007 : 33）。アデナウアーにとって必要であったのは、そうした異質な諸勢力のバランスをとる政治術と政治指導であって、党機構や公式の意思決定メカニズムは彼にとって有害ですらあった。

こうしたＣＤＵのあり方を根本的に変え、まさに党（Partei）にしようとしたのがコールだったと言える。政府が持つ様々なリソースを利用することのできない野党指導者として出発したコールにとって、党とりわけ党機構は、彼の最重要の権力基盤であり、その自らの権力を確立するためにも、彼は党を組織的に完成させたのであった。また、そうした彼の党理解は、アデナウアーや旧世代の政治家とは違って、その政治生活の出発点からＣＤＵ党員として歩んできた彼にとっては自然なものでもあったと言える。コールの下で、党はまさに独立した政治的単位として機能し始めた。政治的意思決定でも、最高幹部会（Präsidium）や幹部会（Bundesvorstand）といった機関決定を通じた、党としての意思決定が強調され、連邦議会議員団長や州首相などの有力政治家をそのメンバーにすることによって、彼らを統合しつつ統制下に置く努力が行われた。

コールの指導の下、ＣＤＵは早くも一九七六年選挙で四八・六％（ＣＤＵ／ＣＳＵ合計）という素晴らしい結果を挙げ、第一党の座をＳＰＤから奪い返すことに成功する。もっとも政権復帰自体は、ＦＤＰとの連立不調で実現せず、その後の党指導をめぐる混乱やＣＳＵとの軋轢などもあって、一九八〇年選挙を経て、一九八二年まで待たねばならなかったが、政権復帰したときＣＤＵは、モダンな国民政党へと変貌していた。州政治でも、金城湯池である南部諸州などに加えて、西ベルリンや北部ニーダーザクセン州で政権を奪取し、また、ヘッセン州やハンブルクでも得票を伸ばすことに成功する。ＣＤＵにとって、七〇年代の野党期はまさに党改革と刷新の十年となった。

2　カオスと「成功した失敗」――ＳＰＤ、一九八二～九八年

新基本綱領の制定

一九八二年に建設的不信任によりヘルムート・シュミット政権が倒され、一六年ぶりに野党に戻ることになったＳＰＤの党内には、どことなく重荷から解放されたような雰囲気が見られた。党内には、政権担当することでＳＰＤはその本来の社会民主主義的プロフィールを希薄にした、あるいは「蹂躙」さえしているという不満が蓄積していたからである。

カリスマ的なブラントの後を継いで首相となったシュミットは、そもそも現実主義的・実務的な政治家であったうえに、彼が政権を担当した一九七〇年代自体が、西ドイツの戦後政治の枠組みが内政・外交両面にわたって試練に直面した時期だったこともあって、シュミット政権の政治指導は、未来の展望を指し示す政治というよりも、直面する問題にいかに対処するかという危機管理の政治という性格が色濃く（野田 二〇〇九：七四～七七）、七〇年代初頭の「政治化」の時期にブラントの「改革政治」に期待し大量に入党した若い党員などは、失望を隠さなかった。とりわけ、シュミット政権が進めたＮＡＴＯ（北大西洋条約機構）二重決定（軍縮ならびに核ミサイル配備）や原発政策について、彼らは激しく反発していた。党の反乱による政権崩壊という事態は、党首ブラントがシュミット支持の姿勢を示すことにより最後まで避けられたが、野党に戻ることで、それまでの不満が一気に噴出することとなった（Oeltzen / Forkmann 2005 : 82f.）。ＮＡＴＯ二重決定に反対する決議が一九八三年党大会で採択されたことは、このことをよく示している。

若い世代の活動家たちは、ＳＰＤは危機的な状況にあると考えていた。とりわけ彼らにとって問題であると思われたのは、シュミット政権の下でＳＰＤが若者の党ではなくなってしまったということであった。ブラント首相に期待した若者が大量入党したＳＰＤは、今や若者から見放され、ドイツの政治市場に新たに参入してきた緑の党や

オルタナティヴ・リストに彼らの支持を奪われていた。これまでの歴史を見ても、ワイマール時代の末期や一九五〇年代のように、若者の支持を失ったときSPDは深刻な危機に見舞われていた（Walter 2009 : 201f.）。若い世代を中心とする改革派は、政権を失った今こそ、大胆な党刷新の好機であり、若者を緑の党から奪い返すためにも、SPDはエコロジーや平和運動の党へと変わらなければならないという主張を強めた。

このような改革派の影響の下、野党に戻ったSPDは、まさに重荷から解放されたかのように、それまでの政権担当時の政策から大きく距離を取りながら、綱領の本格的な見直しに着手していくことになった。こうした下野後のSPDの動きは、「現実主義化」を志向した第一の野党期の歩みとはちょうど逆の「再イデオロギー化」の動きとも見ることができるが、当然のことながら、このような「再イデオロギー化」の動きは、これまで現実主義化を進めてきた人々の反発を招いたし、また、エコロジー社会の形成を説く改革派の主張は、労働組合など産業社会を前提にする伝統的社会民主主義者の反発を招いた。

こうした「再イデオロギー化」をめぐる党内対立は、まさに党の深刻な「アイデンティティの危機」を表わすものであった（マイヤー 一九九九）。すでに述べたように、SPDは、一九五〇年代末以降の党改革の結果、中道的有権者の支持を拡大し、政権を獲得するに至ったのであるが、一九六〇年代末から七〇年代初頭にかけての「政治化」の時期における六八年世代を中心とする大量入党により、(2)党員構成のうえでも、SPDは単なる労働者階級の党ではもはやなくなっていた。SPDは若返り、高学歴化し、脱プロレタリア化すなわち中産階級化した（Walter 2009 : 178f.）。「再イデオロギー化」はその産物であり、これをめぐる対立は、党の「不均質化」（Heterogenisierung）の表現にほかならなかった（近藤 二〇一〇：七～一二）。SPDは、第一の野党期における党改革を通じて、党を社会に開放し、多元的な西ドイツ社会にふさわしく、多様な社会層を包括し得る「国民政党」として成功を収めたのであるが、この成功裡に獲得された支持基盤の多元性が党内に深刻な亀裂を生じさせることになったのである。

このアイデンティティの危機は、同時に、SPDの戦略的ポジションの悪化とも結びついていただけに深刻であった。緑の党から支持者を奪い返すべく、環境政策を重視すれば、CDUやFDPに票が流れてしまうし、経済成長を重視すれば、その逆のことが生じる。一九八三年選挙は、まさにこのことをSPDに痛感させた。緑の党が初の連邦議会進出を果たす一方、SPDは惨敗を喫し、CDU／CSUとFDPのブルジョア連合が五五・八％の絶対多数を獲得した。SPDは、この「選挙の罠」から抜け出すためにも、党内の諸潮流を束ねることを可能にし、党の反転攻勢に向けて指針を与え得る共通のプラットフォームを策定する必要に迫られていた。一九八四年党大会が、新しい基本綱領の制定作業の開始を満場一致で決定した背景には、SPDの置かれている、そうした状況が存在していた。

新基本綱領の作成は、そうした事情もあり、党内のあらゆる潮流の有力者を綱領委員会に参加させる形で行われ、綱領委員会は、一九八六年に「イルゼー草案」と呼ばれる第一次綱領草案を提出した。同年の党大会でその基調が承認された草案は、改革派の主張を大きく反映する形で、伝統的な成長志向を拒否するとともに、生産と消費のエコロジー化、技術と生産方法の倫理的観点からのコントロールを唱え、また、フェミニズム的観点も強く打ち出していた。しかし、この草案をまとめる過程で注目しなければならないのは、労働運動に代表される伝統的社会民主主義路線と改革派の路線との調和の必要性が認識され、大きな方向性に関して党内諸潮流の間に一定の合意が成立した点である（住沢 一九九二：二四三）。草案の基調を承認した一九八六年党大会では、産業のエコロジー的構造転換によって大量失業を緩和していくことを打ち出した「ニュルンベルク行動綱領」が採択されたが、産業社会を拒否するのではなく、その「エコロジー的近代化」を目指すという方針を党内諸潮流は確認したのである。このイルゼー草案の延長上にさらに修正を重ねて、一九八九年に採択されたのが、ゴーデスベルク綱領に代わるSPDの新基本綱領である「ベルリン綱領」であった。

この綱領の制定にあたって重視されたのは、党内に新たなコンセンサスを作り出すことであった（マイヤー 一九九九：二〇一～二〇三）。そのために、制定までには非常に多くの議論が積み重ねられ、五年もの時間がかけられたのである。したがって、このベルリン綱領の採択によって、SPDは、すべての主要潮流が承認した新しい政治的基盤のうえに立って、一致団結して攻勢に転じ得る態勢を整えることができるはずであった。しかし、実際にはそうはならなかった。ベルリン綱領は、あれほど全党的な議論を積み重ねてつくられたにもかかわらず、採択されるやいなや時代遅れのものとみなされ、党内においてすら急速に忘れ去られてしまい、一九九〇年代のSPDは「指導のカオス」と呼ばれるほどの混乱状態を呈するのである。

この点については、ベルリン綱領の抱える限界として、以下の点がよく指摘される。第一は、一九八九年春にはその原案を基本的に完成させていたベルリン綱領は、ドイツ統一と冷戦の終結、その後のグローバル化の本格的展開といった事態をまったく想定していなかったため、一九八九／九〇年以後の政治経済的激動に対し具体的な指針を党に与えることができず、党の共通のプラットフォームとしては機能し得なかったという点である。第二は、ベルリン綱領は、その制定にあたって党内向けの統合機能が重視された結果、そもそも内容的に「矛盾に満ちた」ものにならざるを得ず（Lösche 1993: 43）、そこで達成された「合意」を過大評価することはできないという点である（小野 二〇〇九：三四七～三五二）。

これらの議論はいずれも間違いとは言えないが、野党改革という本章の観点からして、より問題にしなければならないのは、ベルリン綱領に限界があるとしても、その制定によって一時的であれ達成された統合をSPDはなぜ維持できなかったかという点である。この点について、ベルリン綱領の起草にも携わったトーマス・マイヤーは、党指導部の誰一人としてベルリン綱領を自らの政治的スタンスとして全面的に受け入れた者はいなかったと述べ、党指導の問題を強調しているが（マイヤー 一九九九：二〇七）、綱領の刷新とそれによる統合の達成を政治的に活用する能力を備えた政治指導者をSPDが持てなかったことこそ、その後のSPDの混迷の大きな原因であった。

指導者の不在と統合問題の悪化

すでに述べたように、SPDは、第一の野党期における党改革とブラントの改革政治によって、一九七〇年代には、非常に多様な社会層を支持層・党員に抱え込むに至り、その結果として、党内では激しい路線対立も生じていた。ペーター・レッシェとフランツ・ヴァルターは、このように「不均質化」したSPDの状態を「緩やかに結びついたアナーキー」（lose verkoppelte Anarchie）と呼んだが（レッシェ／ヴァルター 一九九六：二四八～二五七）、この「緩やかに結びついたアナーキー」が七〇年代末から八〇年代半ばにかけて本物のアナーキーにならなかったことについては、政権喪失を挟む形で党首の座に座り続けたブラントの役割が大きかった。SPDに一時代を築き、党内で絶大なカリスマを持つ一方、改革派への共感も示したブラントは、党内の統合の守護者でもあった。しかし、その彼も徐々に指導力を失い、一九八七年に辞任に追い込まれた。

ブラント以後、SPDは指導者問題に苦しむことになる。ブラントの後任としては、当初、ザールラント州首相のオスカー・ラフォンテーヌが最有力だとみなされていた。ラフォンテーヌは、「ブラントの孫たち」と呼ばれる若き次代の指導者候補の先陣を切って弱冠四一歳で一九八五年にザールラント州での政権奪取に成功を収め、また、従来的な左右の枠に収まらない巧妙かつ自在な発言、メディア政治家としての才能、SPDの弱点とされてきた経済問題に関する独創的な主張によって（ラフォンテーヌ 一九八九：住沢 一九九二：二一四～二一九）、SPDの再生の旗手としての期待が高まっていた。しかし結局、ラフォンテーヌはブラントの後任とはならず、連邦議員団長を務めるハンス＝ヨッヘン・フォーゲルが党首に就くことになった。

一気に世代交代を進めるのではなく、古参同志である六一歳のフォーゲルに党首職が託されることになったのは、彼のこれまでの行政・管理手腕によって党に秩序を回復することが優先されたからにほかならない。フォーゲルはこの期待に応え、党に再び規律を回復することには成功を収めた。彼は持ち前の勤勉さと義務感で、入念な会議の下準備、連邦議員から地方組織に至るまでの多くの人々との対話を通じて、議員団会議・幹部会・最高幹部会といった党の公式の意思決定機構のマネジメントを成功裡に行い、妥協による統合を実現したのであった。だが、この彼の党指導には大きな限界も存在していた。彼はたしかに党のマネジメントや規律化には成功したが、その成功は表面的なものでしかなかったのである。ブラントのようにヴィジョンを語れるカリスマ的資質を欠くフォーゲルには、党の刷新を成し遂げ、その党の新しいイメージを体現しつつ、党の統合を成し遂げるということができなかった。彼にできたことは、したがって、まさに妥協を調達すること、そして、その妥協への規律を要求することでしかなかった（Walter 2009 : 205–6 ; Oeltzen / Forkmann 2005 : 86–90）。党は新しい指導者を必要としていた。

党内外の目は、副党首であったラフォンテーヌに向かった。彼にはフォーゲルにはないメディア社会に適した資質を持ち、ヴィジョンを語れる指導者であった。政策的にも、ラフォンテーヌは、これまでSPDを悩ませてきた支持層・党員間の亀裂を架橋するポテンシャルを持っていた。二〇〇五年にゲルハルト・シュレーダーと袂を分かちSPDも飛び出て二〇〇七年に結成された左翼党（Die Linke）の指導者となった彼は、今日でこそ伝統的左派のレッテルを貼られているが、八〇年代のラフォンテーヌは、新しい中道層の志向に沿う形で、ドイツの労働市場の硬直性を問題として取り上げ、賃金カットを伴う労働時間短縮や工場稼働時間の延長などを主張し、労働組合の反発を買ったものの、メディアからは「モダナイザー」という評価を受け、社会の広範な層からSPDは改革能力の持ち主であると認識させる原動力となっていた。しかし、それだけではなく、彼はいち早く「小さき人々」の社会経済的不安を察知し、社会問題も大きな政治テーマとして取り上げ、コール政権への対決姿勢を強めることで、ザールラント州での彼の成功が示すように、伝統的労働者階級の支持も集めることができた。そして、言うまでもなく、ラフォンテーヌは、シュミット政権の軍拡政策への反対や環境税支持の立場を取ってきたことで、党内のエコ平和主義的な改革派の共感を得ていた（Walter 2009 : 209–211）。一九九〇年一月のザールラント州議選でラフォンテーヌは同州SPD史上初となる得票率五〇％越えを実現する。一九九〇年連邦議会選挙の首相候補はもはや彼以外に考えられなかった。連邦幹部会は全会一致でラフォンテーヌを首相候補に決定した。

だが、新しい指導者とともに刷新した党のイメージを打ち出し、陰りの見えたコール政権を打倒するという戦略はまったくの不発に終わってしまう。何よりも、ラフォンテーヌを首相候補と決めた時点で、ドイツ統一のプロセスはすでに開始していた。ベルリン綱領採択の直前にベルリンの壁が崩壊し、来るべき選挙戦の性格は大きく変わってしまった。コール首相は、ベルリンの壁崩壊からわずか三週間後の一九八九年一一月二八日にドイツ統一を政治的アジェンダに上せるべく「十項目プログラム」をまったくの独断で公表するが、この単独行動の背後には、来るべき選挙戦を有利に運ぶためにも、統一プロセスの加速化とそれをめぐる論議の主導権を握る必要があるという認識が明らかに存在していた（リッター 二〇一三：一二）。

反対に、SPDは、コール首相が設定する統一政策に対し受け身の立場に終始する。そもそもラフォンテーヌやシュレーダーといった「孫たち」とブラントやフォーゲルらとの間には、統一への態度をめぐって深刻な対立が存在していた。ポスト国民国家的な立場を前面に出し、統一に消極的な姿勢を示す前者に対し、長老政治家たちは、悲願である国民再統一を強く支持した。加えて、そうした党内の対立を調整するために、統一のテンポや具体的な進め方をコントロールすることも、野党であるSPDにはできなかった。結局、統一について必ずしも明確なメッセージを出せず、折に触れて統一の進め方の問題点に言及するラフォンテーヌを首相候補として選挙戦を闘ったSPDは、ドイツ統一の信任投票的意味合いを付与された一九九〇年の全ドイツ選挙において勝ち目はなかった。SPDの得票率は三三・五％と大きく後退し、第一の野党期の党改革へのきっかけとなった一九五七年選挙での大敗と匹敵する惨憺たる結果に終わったのである。

しかし、一九五七年とは違って、今回の大敗は、SPDの本格的な再生への出発点にはならなかった。逆にこの大敗は、SPDの世代交代に破壊的な影響を与えることで、SPDはその後、史上最悪とも言ってよい党指導の危機に陥ることになってしまった。党首が次々と交代し、指導者間の協力の欠如も目を覆うほどのものになった（近藤 二〇〇九：マイヤー 一九九九：二〇六～二〇八）。

何よりも、この敗北により、ラフォンテーヌが党指導の第一線から退くことになってしまったことは決定的であった。選挙翌日の党幹部会で、ラフォンテーヌは、ブラントを含む長老政治家たちから敗北の責任者という烙印を押され、傷つき、やる気を失ってしまったのである。彼からすれば、党の方こそ自分を十分に支えず、むしろ統一の反対者という自分自身に対する「誤った印象」を生み出す行動をとって、彼の足を引っ張ったのである（ヴィンクラー 二〇〇八：五七五～五七六）。党首フォーゲルは、この会議の席上で、自らが務める党首と議員団長のポストはラフォンテーヌが引き継ぐべきだと提案したが、ラフォンテーヌはこれを拒否した。

絶対的な党首候補に断られた後、一九九一年にフォーゲルの後任の党首に選ばれたのは、ラフォンテーヌと同じ

「孫たち」の一員で、一九八八年にシュレスヴィヒ＝ホルシュタイン州で一九四七年以来となる単独過半数を実現した同州首相のビョルン・エングホルムであった。だが、この人選は「緊急避難策」という性格が色濃かった。エングホルム自身、党首就任にまったく意欲を示さず、強い説得や圧力によってようやくこれを受諾したという経緯であった。党首に就任してからも、州首相でもあった彼は地元にいることが多く、政治的対立から距離を取るかのようにボンの党本部にはあまり寄りつかず、党指導への熱意や意欲というものを感じさせなかった。

もちろん、エングホルムは、ＳＰＤの問題の所在を的確に把握はしていた。シュウレスヴィヒ＝ホルシュタイン州ＳＰＤを左翼的政党から中道的政党へ変身させ、政権獲得に成功を収めたという実績を持つ彼は、党首に選出された一九九一年の党大会で、党のあり方の刷新を求め、下野以後に強まった「閉じこもり的メンタリティ」を改め、保守的有権者にも党を開いていく必要性を強調した。政策的には、一九九二年に憲法の庇護権条項の改正や国連決議に基づく連邦軍のＮＡＴＯ域外派兵の承認などの現実主義的方向への困難な政策転換に指導力を発揮し、党組織改革に関しても、一九九一年に組織改革の検討のための作業グループ「ＳＰＤ　二〇〇〇」を幹部会に設置し、市民フォーラムや予備選挙の実施などの提言を引き出している（Oeltzen / Forkmann 2005 : 92f.）。

しかし、エングホルムは改革へ党全体を引っ張っていくのに必要な指導力と熱意を欠いていた。ボンを嫌い、連邦議員でもなかったエングホルムは、連邦議会議員団の統率を彼が選んだ議員団長のハンス＝ウルリヒ・クローゼに全面的に委ねたが、クローゼは議員団の積極的な支持に欠ける、盛りを過ぎた政治家で、議員団を統制できず、フォーゲル前議員団長の下で抑え込まれていた議員団内の亀裂が噴出してしまう。よく似たことは、党の日常的な最高意思決定機関である最高幹部会の運営にも見られた。議員団を通じた政治指導ができないエングホルムにとって、最高幹部会は指導力を発揮するうえできわめて重要な場になるはずであった。そこには、彼をはじめシュレーダーやラフォンテーヌなど、州議会選挙で勝利を収め、選挙で敗北した連邦議会議員団に対して発言権を強めていた一連の州首相たちが顔を揃えていたからである。しかし、エングホルムはこの最高幹部会を、しばしば電話会談で済ませるなど十分に活用することがなかった（Oeltzen / Forkmann 2005 : 94）。結局そのため、彼は党をまとめ上げることができず、若く野心的な有力州首相らが思い思いに発言・行動し、「多声コーラス」（vielstimmiger Chor）、「独立したスピーカーの共同体」（Gemeinschaft unabhängiger Sprecher）といわれるような分裂状態をSPDは呈するようになってしまう。八〇年代の綱領論議の成果を活かしつつ、中道的有権者にもアピールすることを狙ったエングホルムであったが、その指導力の欠如のため、州政治での勢いや多彩な人材を党の強みに変えることに失敗し、党の魅力を増すチャンスを逸してしまった（Walter 2009: 217-219）。

それればかりではない。一九九三年三月にエングホルム自身も関与する政治スキャンダルが発覚し、彼は五月初め、州首相および党首職を含むすべての党役職からの辞任を余儀なくされる。彼の重要な政治的リソースは「クリーンさ」であっただけに、このスキャンダルは致命的であった。このスキャンダル自体、SPDの信用を大きく傷つけるものであったが、さらに問題であったのは、エングホルムの党首からの退き際であった。党首辞任を明らかにする直前、エングホルムは、副党首であるヨハネス・ラウ（ノルトライン＝ヴェストファーレン州首相）とラフォンテーヌ、議員団長のクローゼ、連邦事務局長カールハインツ・ブレッシングと会合を持ち、後任問題について協議を行い、ニーダーザクセン州首相のシュレーダーの党首就任を阻止すべきであるとの点で一致した。シュレーダーは、エングホルムが辞任の意思を明らかにする以前から、党首および首相候補を引き継ぐ意思を明らかにしていたが、党指導部批判を繰り返し、メディアの注目をひく野心家のシュレーダーだけは絶対に避けたいというのが党指導部の一致した考えだったのである(3)。

こうした思惑も一役買う形で、エングホルムの後任党首の選出は、党員による予備選挙によって行われることになった。党首選に際して党員予備投票を行うというのは、ドイツの政党史上初めてのことであった。九〇年代に入ってSPDでは、党は党員を十分に動員し得ず、闘争能力を喪失しているという危機意識から、一般党員の直接参加を強化する方向での改革を模索する動きが始まっていた（Alemann / Godewerth 2005: 160）。今回の予備選挙の提案もそうした流れに沿うものではあったが、党指導部からすると、シュレーダーの党首選出を阻止するための窮余の一策でもあった。というのは、党指導部は、シュレーダーに代わるべき誰もが納得するような候補者を立てられなかったからである。本来であれば党首になってもよかったラフォンテーヌは、自らが党指導の責任を負うことには消極的で、党指導部としては、党首選に意欲を示していたラインラント＝ファルツ州首相のルドルフ・シャーピングに期待を寄せざるを得なかった。だが、シャーピングは、CDUの牙城であったラインラント＝ファルツ州の政権奪取に成功したSPD期待の若手指導者の一人には違いなかったとはいえ、最高幹部会のメンバーでもなく、党中央での経験を欠いており、シュレーダーに対抗して彼を党首に推すことは冒険でもあった。党指導部は、シャーピング選出の責任を一般党員に転嫁しようとしたとも言える(4)。

一九九三年六月一三日に実施されたSPD史上初の党員予備選挙、正確には「党員意向調査」(Mitgliederbefragung)は(5)、投票率五六・六％で、シャーピング四〇・三％、シュレーダー三三・二％、そして左派のハイデマリー・ヴィチョレク＝ツォイル二六・五％という結果に終わった。党指導部の希望通りにシュレーダーの一位は阻止されたものの、彼らが推すシャーピングも過半数を得ることはできなかった。だが、決選投票は実施されず、予備投票一位のシャーピングがそのまま党首に選出された。ここまでは党指導部の思惑通りだったのかもしれないが、このことはかえって新党首シャーピングの正統性を脆弱なものにせざるを得なかった。絶対得票率で考えれば、予備選挙では全党員の四分の三以上がシャーピングに投票しなかったわけで、シュレーダーも決して自らの敗北を認めなかったからである。彼は、シャーピングが過半数を得られなかったこと、決選投票をすれば自分が勝ったであろうことを繰り返し主張した。

しかし、シャーピングは、エングホルムとは違って、強い権力意思があり、連邦議員ではなかったものの頻繁に議員団にも顔を出すなど、党の主要な権力中枢に注意を払い、精力的に党の結束の確保のために働いた。ところが、一九九四年選挙の選挙戦のなかで、弱点が露呈してしまう。彼は裏方的な党務には強かったが、選挙の顔としては不向きであった。テレビカメラの前で彼は落ち着かず、ぎこちない様子で、重大な言い間違いもするなど、選挙戦の指導者としては不適格であった。SPDは、首相候補シャーピングの脇を、ラフォンテーヌとシュレーダーが固めるという「トロイカ」によって態勢を立て直したが、コール政権を打倒することにまたもや失敗してしまう。党員予備選で選出された党首は、選挙戦を指導できず、敗北したのである。

だが、シャーピングはめげなかった。選挙後、彼は党指導を逆にさらに強化しようと、議員団長をも兼任する。たしかに、議員団を押さえることは党内権力構造上、重要なことではあった。しかし、これが彼にとって仇となった。これまで連邦議員の経験がない彼が、日々の政策問題への対応も迫られる議員団のトップに就いたことで、多忙に過ぎ、これまでの彼の党指導を支えてきたこまめなコミュニケーションや最高幹部会のための入念な準備が行えなくなってしまったのである（Oeltzen / Forkmann 2005 : 96-100）。そこへ、次回選挙での首相候補を狙うシュレーダーが、いよいよ公然とシャーピングを攻撃するようになる。

このシュレーダーとの争いは、はじめからシャーピングに決定的に不利であった。抜け目のなさや冷静さなどの政治的センスにおいて、シュレーダーの方がそもそも一枚上であったうえに、争いの土俵そのものが、メディアに頻繁に現れ、党批判を展開するシュレーダーによって設定された。政策的には、両者の違いはほとんどなかったものの、党内諸潮流に配慮しなければならない党首であるシャーピングは、シュレーダーのように大胆な発言をするわけにもいかず、そのため、対決の過程でシュレーダーとメディアによって伝統的社民主義の立場へと押し込められていってしまう。シャーピングは孤立し、統合を確保し得ない彼への不満は党内で大きく募っていった。支持率も急降下し、一九九五年一〇月初め、CDU／CSUが四七％の支持率でほとんど過半数に迫ったのに対し、SPDは三〇％を割り込んでしまう。SPDは自信を喪失し、士気を阻喪し、党内には衰退の予感が漂っていた。党はまさに深刻な危機に陥ったのである（Walter 2009 : 224f.）。

一九九八年選挙での勝利への道

一九九五年の秋の時点で誰が一九九八年選挙の勝利を予想し得たであろうか。そのような兆候は何もなかったに等しい。唯一挙げられるとすれば、州レベルでの好調さであったが、この州レベルでの勢いは、逆に、有力州首相相互および彼らと党中央との競合を招き、党中央の政治指導を困難にしてきた。党はまさに「アナーキー」な状態に陥っていた。

この間、SPDは何も行わなかったわけではない。すでに述べたように、全党挙げての議論を積み重ね、新基本綱領を制定し、また、九〇年代に入って、党員の参加を拡大する改革も行ってきた。一九九三年の党員予備選のあと、党員意向調査制度と首相候補の予備選挙の制度が正式に党規約に盛り込まれ、州以下のレベルでも党員投票制や比例名簿のトップ候補者の予備選などが導入されている（Alemann / Godewerth 2005: 160）。一九八八年にクォータ制の導入も行われている（中谷 二〇一〇）。しかし、これらの党改革によっても、党員の減少と高齢化、若者のSPD離れは止まらず、[6] 党の魅力の回復はおろか、いわゆる固定的支持層（Stammwähler）の動員にさえ苦しんできた。何より、党員投票で選出した党首シャーピングが選挙戦を勝利に導けなかったばかりか、党をまさに解体の危機にまで追いやったのである。先回りしていえば、SPDは現在まで、その後一度も党首予備選（意向調査）も首相候補予備選も実施していない。一般党員は必ずしもそうではないが、少なくとも党の指導的政治家の多くは、党員の直接投票による党首選出をあまり肯定的に評価していない。[7] ウルリヒ・フォン・アレマンとテルゼ・ゴーデヴェルトは、このような九〇年代以降のSPDの党改革を指して「成功した失敗」（Erfolgreiches Scheitern）という刺激的な形容をしているが（Alemann / Godewerth 2005）、第二の野党期のSPDも決して党改革をなおざりにしてきたわけではなかった。しかし、結果が伴わなかったのである。

転機は、危機のどん底でやって来た。一九九〇年選挙の敗北以後長らくの間、党の先頭に立つ意欲を失ってきたラフォンテーヌが、彼の地元での一連のスキャンダルも収まったこともあり、再び党指導の前面に立つ決意を行ったのである。一九九五年一一月の党大会の初日に、副党首であるラフォンテーヌは、大会役員の一員として壇上に立ち、「小さき者」と「社会的公正」のための党としてのSPDのアイデンティティを前面に押し出した演説を行った。彼は演説の最後をこう締めくくった。「我々を奮い立たせることのできる政治的目標は無くなってはいない。自分自身が奮い立つならば、我々は他の人をも奮い立たせられる」。この演説はまさに、この間意気を阻喪させていた代議員たちを奮い立たせ、多くの代議員たちがラフォンテーヌに党首選に立候補するよう求めた。党大会最終日に予定されていた党首選の立候補はすでに締め切られていたが、舞台裏ではラフォンテーヌの党首選出に向けての工作が行われ、党大会は三分の二の多数で、ラフォンテーヌの党首選立候補を可能にする党規約改正を認め、シャーピングとラフォンテーヌの間での党首選が実施されることになった。結果は、ラフォンテーヌの圧勝であった。全五一五人の代議員のうち、もともと唯一の候補者のはずであったシャーピングは一九〇票しか獲得できなかったのに対して、前触れもなく立候補したラフォンテーヌは三二一票を獲得し、党首に選出されたのである。この党首選の顚末は、シャーピングが党内でいかに権威を喪失していたか、また、ＳＰＤの党員たちがそれまでいかに沈滞した雰囲気の中にあったかということをよく示すものであった。

ラフォンテーヌは、シャーピングとシュレーダーの抗争による党の泥沼の危機を間近で見、党を再生し政権に就くためには何よりも党の結束が重要であるとの確信を強めた。彼はもはや八〇年代の時のような単なる挑発者ではなかった。ザールラント州首相をすでに十年にわたり務め、統治の実績を積み重ねるとともに、連邦・州の双方で豊富な選挙戦の経験もあった。九〇年選挙での敗北後、第一線を退いたとはいえ、党内では絶大な存在感を誇り、しかも、この間に彼は忍耐力をも兼ね備えていた。党首に就任した彼は、精力的に党内の団結を確保すべく努力した。ザールラント州首相であったにもかかわらず、彼はボンの党本部に常駐し、有力州政治家から党の底辺に至るまで党内のさまざまな人物と十分なコミュニケーションを行い、ときには威圧によって、またときには相手を持ち上げることによって、最高幹部会を足場にその統合と規律を回復した。

同時に彼は、党のイメージの刷新にも取り組んだ。コール政権の政治が国民の生活不安を掻き立てていることを敏感に感じ取った彼は「社会的公正」を党の表看板に掲げ、これを盾に政府の税制改革案をＳＰＤが多数を握る連邦参議院で葬り去った。もっとも、野党による連邦参議院での拒否戦術は必ずしも簡単なものではない。政府による利益供与によって、財源などに苦しむ州首相たちは容易に切り崩されてしまうからである。実際、エングホルムやシャーピングの時には失敗している。しかしラフォンテーヌはこれを成功させた。自党の州首相たちを統率するだけの権威を彼は手にしていたからである。そして、この連邦参議院での与党との攻防により、ラフォンテーヌは、

SPDと与党との対立軸は「公正」問題であり、この「公正」問題が重要問題であることを社会に印象づけることに成功する。加えて、「公正」というSPDの伝統的テーマとも言える問題を正面に据えて戦うことで、長らく士気を阻喪していた党員や支持者を活気づけることにも成功する。

他方で、ラフォンテーヌは、こうしたいわゆる伝統的なSPDイメージの強化だけでは、中道的有権者にはアピールできないことも理解していた。彼は、ライバルであり世論の支持の大きかったシュレーダーを首相候補とすることを受け入れる。SPDが政権を狙うためには、伝統的な社民主義者へのアピールは自分が担当し、中道的有権者へはシュレーダーがアピールするという分業体制が必要であると判断したからであった。これまで党をもっぱら自らの政治的出世のための踏み台としてきたシュレーダーの首相候補就任に対しては、党内ではアレルギーが強かっただけに、今や「党の魂」となったラフォンテーヌがこれを受け入れたという事実は決定的であった。SPDはシュレーダー首相候補の下で結束して一九九八年選挙に臨むことができた。これによってSPDは、政権喪失前から同党を悩ませ続けてきた党員・支持層の「極端な異質性」(extreme Heterogenität) に基づく分裂の克服に成功したのである (Walter 2009 : 229)。

この「ツートップ」(Doppelspitz) は選挙戦術上も非常に巧妙なものであった。もしラフォンテーヌが首相候補であれば、CDU/CSUは「陣営選挙」、すなわち左翼の恐怖を前面に出して中道的有権者の支持を獲得する選挙戦を展開でき、戦いやすかったであろうが、現実主義的な「モダナイザー」のシュレーダーが相手なら、そうしたことはできなかった。また、このラフォンテーヌとシュレーダーのツートップによって、SPDは、「イノベーションと社会的公正」という同党が掲げる政策路線をいわば「人格化」(Personalisierung) することで、矛盾的でさえある政策そのものではなく、「人物」を前面に押し出してアピールすることができた。さらに、シュレーダーを首相候補として遇することによって、彼を規律化することができた。ラフォンテーヌとシュレーダーがライバル関係にあることは周知のことであったが、その競合関係が「規律の取れた」それであることは、改革を望むが同時に改革に不安も抱くというアンビバレントな心理を持つ多くの有権者にある種の安心を与えたと、ヴァルターは指摘している

(Walter 2009: 237)。

一九九八年連邦議会選挙は、CDU／CSUが戦後第一回の選挙に次ぐ記録的大敗を喫し、SPDは約二〇年ぶりに得票率を四割台にのせる勝利を収め、一六年ぶりの政権復帰を果たした。これは、ラフォンテーヌが党首選に立候補したときには誰もがおよそ想像もしていなかったことであった。この一九九八年選挙における成功裡に終わったSPDの選挙指導に関しては、前述の「ツートップ」によって、コール政権の政治の「公正の欠如」を批判しつつ、改革能力をもアピールするという「イノベーションと公正」という看板を掲げたことや、また、どの党よりも早く選挙戦の準備を始め、しかも、ドイツで初めてとなる本格的なアメリカを範とするメディア選挙を展開したことなどに注目が集まる。だが、何よりも重要であったのは、党が結束し得たこと、伝統派と改革派との股裂き状態を克服し得たことであった。そして、それは、党首ラフォンテーヌの党指導の賜物なのであった。

ヴァルターは、この一九九八年のSPDの成功は、一九七〇年代以降SPDを悩まし続けてきた構造的問題が逆に有利に作用した結果であると述べている(Walter 2009: 228-230)。この構造的問題とは端的にいえば、党の支持基盤の「極端な異質性」である。第一の野党期における党改革以後、SPDは伝統的な労働者政党から脱皮し、新中間層や教養層をも包摂する「国民政党」となり、政権獲得にも成功したが、この支持基盤の拡大がSPDの路線決定を困難にしてきた。ラフォンテーヌの党指導は、この支持基盤の多様性による党内の分裂を架橋することで、これまで党の弱点となってきたことを逆に強みに変えたのである。一九九八年のSPDは国民の広範な層から支持を得ることに成功した。

先にも触れたように、一九九八年のSPDの選挙戦に関しては、その現代的なメディア選挙に大きな注目が寄せられたが、このメディア選挙も実は単なる「現代化」(Modernisierung)ではなかった(Walter 2009: 238f.; Alemann / Godewerth 2005: 166)。これまでの選挙戦のやり方との決別を強調するために、選対本部を党本部の外に出し、マーケティング企業と契約を結んで、選挙綱領の宣伝にあたって世論調査を実施したり、スローガンや映像を多用するなどした戦いぶりは、それ自体メディアの大きな注目を集め、SPDの新しいイメージの流布に貢献したが、実は、このきわめて現代的なＳＰＤの選挙チーム（Kampa）の指揮を執ったのは、叩き上げの活動家出身の党幹事長フランツ・ミュンテフェリングであった。ＳＰＤの牙城であるノルトライン＝ヴェストファーレン州の党代表を務め、労働者出身の古典的活動家であるミュンテフェリングが指揮を執ったからこそ、ＳＰＤの活動家たちは、彼らが不信の目を向けてきたメディア選挙を献身的に支えたのである。一九九八年選挙の勝利は、まさにＳＰＤの統合の勝利だった。

この統合はラフォンテーヌの努力の賜物であり、かつてとは違って、自分自身よりも党の成功を優先した彼の行動の産物にほかならなかった。しかし、その彼も、政権獲得後、財務相として内閣入りすることで、これまでのように党指導が行えなくなっていく。そもそも、首相の指揮に従わねばならない内閣の一員となることによって、党首としての彼の権威は低下せざるを得ず、加えて、政務に忙殺されることで、党務の遂行自体も困難にならざるを得なかった。しかも、彼が閣僚として担当した管轄分野は、一九九五年党大会で党員を鼓舞したテーマとまさに関わっており、党首としての彼の威信にも関わるものであった。そのため、政権獲得前のような自制と忍耐を貫くことは困難で、ラフォンテーヌはシュレーダー首相と対立を深めていくことになったが、その際の彼の言動は、あたかも時代錯誤のドンキホーテのような扱いをメディアによって受け、自信家である彼にはそうした状況は耐えられなかった。一九九九年三月、政権獲得から半年でラフォンテーヌは財務相だけでなく、党首職も辞任する。そして、後任には、党をこれまで自らの単なる権力手段としてしかみなしてこなかったシュレーダーが選出された。このシュレーダー党首の下、党は政府に従属し、そのことで党は弱体化していかざるを得なくなるが、その問題は本章の考察の対象ではない。

3　成功なき成功——ＣＤＵ、一九九八〜二〇〇五年

ＣＤＵは一九九八年選挙で敗れ、一六年ぶりに野党に転落することになったが、すでに政権末期においてＣＤＵ

の状態は悲惨な状態となっていた。ドイツ統一という僥倖によって、その直前まで政権の危機とともに党内の危機的状況に直面していた党首コールは、「統一宰相」として、党内での彼の地位を不動のものにしたが、党内での権威が絶対的なものになるのと反比例するように、コールの指導力は低下していく。自己省察能力を失い、官邸にこもり、内閣も含め、彼の周りはほとんどがイエスマンとなった。彼の地位を脅かす可能性のある政治家は排除され、党務の経験の乏しい小物が党幹事長に充てられ、連邦事務局も第一の野党期のような輝きを失い、単なる事務機構と化してしまった。最高幹部会や幹部会なども形骸化し、機能しなくなっていた。さらに、彼のライバルとなり得る州の有力政治家も一連の州議会選挙でＳＰＤが勝利することによって姿を消してしまった。政策的刷新はなくなり、コールの権力保持が自己目的化していた（Bösch / Brandes 2005 : 51f.）。政権喪失したＣＤＵにとっての課題は何よりもコール支配の遺産を清算して、党に政治集団としての活力を取り戻すことであったと言える。

しかし、それはただちには難しかった。たしかに、一九九八年の政権喪失後のＣＤＵは、一九六九年の時とは違って、速やかに指導部人事の刷新を行っている。コールが敗北の責任を取る形で党首を退き、議員団長であったヴォルフガング・ショイブレが党首に就任した。だが、ショイブレ体制の下では、「コール支配体制」（System Kohl）の清算はきわめて困難であった（Schlieben 2007 : 46ff.）。まず、党内の大勢はコール支配体制の清算の必要性を感じていなかった。下野直後の一九九八年党大会での幹部選挙において、コール批判者の得票が軒並み低かったことが、このことをよく示している（Bösch 2005 : 175）。そして何よりも、新党首のショイブレ自身が「コール支配体制」に深く組み込まれてきた政治家であった。彼の政治的キャリアは、コールに見出され、重用されることによって形成されてきたものであった。さらに、当のコールも、名誉党首として引き続き最高幹部会などに出席し、党内に睨みを利かせていた。

そうしたことに加えて、政権喪失後に行われた一連の州議会選挙および欧州議会選挙において、長期間ＳＰＤに支配されてきたヘッセン、ザールラントの両州で政権を奪還するなど、ＣＤＵはほぼ連戦連勝の結果を残し、折からのシュレーダー政権の混乱もあって、遠からず政権復帰が可能になるという期待が党内で高まったことも、真剣な過去の総括と党のあり方の見直しの動きを遠ざけることになった。

結局、コール体制の清算は、一九九九年晩秋にCDUを襲った闇献金スキャンダルという大きな危機の勃発を俟たねばならなかった。これによりCDU内の権力状況は一変する。権力リソースの多寡ではなく、清潔さが指導部に残る条件となった。闇献金が出し入れされた秘密口座の存在を認めたコールは責任を取って名誉党首職を辞し、また、政治資金報告書に未記載の献金があることが発覚したショイブレも党首辞任に追い込まれた。与党時代にコール批判を展開して注目を集め、その後ヘッセン州で政権交代を成し遂げた若手指導者の代表格ローラント・コッホも州党の献金問題で批判を受けていた。

こうした例外的状況の下で初めて実現したのがアンゲラ・メルケルの党首選出である。コール党首時代に副党首、そしてショイブレの下で幹事長を務めたメルケルであったが、「平時」であれば、彼女に党首の座が回ってくることはまずなかったであろう。何よりも東独出身のプロテスタントという彼女の経歴自体が、CDUの指導的政治家として非典型的なものであった。東独の民主化運動の担い手の一つであった「民主主義の出発」に参加することで政治的キャリアを開始させた彼女は、ベルリンの壁の崩壊後の同グループのCDUへの接近・合同に伴ってCDUに加わり、一九九〇年連邦議会選挙で当選した。その間、東独最後の政権であるデメジエール政権の副報道官を経験したことはあったが、政治的には未知数だったメルケルをコールはいきなり女性・青少年相および党幹部会メンバーに抜擢する。その後、彼女は環境相、副党首を歴任するが、ショイブレと同様に、有力な州党や組織的基盤を背後に持っておらず、しかも、ショイブレとは違って、党内で一目置かれるような政治的実績もなかった。年功序列的文化が色濃いブルジョア政党であるCDUにおいて、もっぱらコールの「庇護」の下で政治的キャリアを積み重ね、しかもまだ四五歳の女性であったメルケルの党首選出は、まさに異例中の異例であった。

メルケルが一躍党首候補に浮上したのは、献金問題発覚後、党内で最初に彼女がコールを正面から批判し、党の刷新の必要性を訴えたからであった。それは、彼女にいわばしがらみがなかったことにより可能になったものであった。党内の有力政治家たちは、それぞれに有力な組織的基盤と人的ネットワークを持っており、しかも、それらは、長年の間に党内の隅々に張り巡らされたコール支配体制との繋がりを何らかの形で持たざるを得なかった。しかし、メルケルは、たしかにコールの寵愛を受けて政治的経歴を積んできたが、彼女には、こうした組織的・人的ネットワークはなかった。それは平時であれば政治的な弱みとなるが、この危機に際しては逆に強みとなった。彼女は、党内の権力ネットワークの「アウトサイダー」であったからこそ、自由に批判を展開できたのであり、また、そのことによって彼女の発言には信頼性が付与されたのである。権力リソースの欠如が権力リソースとなったのである。

彼女を支えたのは、とりわけ一般党員たちであった。闇献金問題に動揺する一般党員たちは、スキャンダルに追われる状況からの一刻も早い解放をメルケルに期待したのである。ショイブレは、動揺し不安を抱える党員・活動家たちを落ち着かせる目的で、各地で一般党員との地域対話集会（Regionalkonferenz）を開催したが、この場は、まるで一般党員たちによるメルケル支持の決起集会のようになった。こうした声に押される形で、党の女性組織（Frauen Union）も青年組織（Junge Union）もメルケルを強力に支持し、これまでコールを批判してきた政治家に加えて、大都市部の支部、東ドイツや北ドイツの州支部もほとんどがメルケルを支持した（Schlieben 2007 : 56）。

こうしてメルケルは、二〇〇〇年四月に開かれた党大会で九五％という高い得票率でＣＤＵの第七代党首に選出されることになった。指導部の顔触れも一新され、議員団長には、メルケルと同い年のフリードリヒ・メルツが就任した。ちょうど第一の野党期と同様に、下野直後の与党期との連続性が色濃い過渡期がしばらく続いた後、大きな危機を経ることで、野党としての立場を真剣に受け止め、より根本的な人事の刷新が生じたのである。だが、メルケルの党指導の条件は、第一の野党期におけるコールのそれと比べて、良好とはいえなかった。

コールが、政党助成や党員の増大にも支えられて、党機構の拡大を推進し、多くのポストを配分することにより自らの権力を固めることができたのに対し、メルケルは、逆に党機構のリストラから始めなければならなかった。そもそもコール政権の末期、ＣＤＵの財政状況は悪化していた。党費収入や献金が減少し、また、政党助成金制度の改正により、そうした自己収入の減少は国庫助成金の減少をもたらしていた。州議会選挙での敗北も当然、国庫助成金の減少をもたらした。一九九〇年代末のＣＤＵは構造的赤字に陥っていたのである。フランク・ベッシュは、ＣＤＵの財政状態と選挙での強さの間には一定の相関関係が見られると述べているが（Bösch 2005：180）、軍資金が不足したＣＤＵは一九九八年選挙で敗北を喫し、八〇〇〇万マルクの赤字が残ることになった。こうした状況にさらに追い打ちをかけたのが、不正献金問題であった。政党法に基づき、助成金の停止や返納、罰金などの制裁が科された（Bösch 2005：182）。このような危機的な財政状況のため、メルケルは大幅な経費節減を行わなければならなかったのである。組織拡充どころか、党事務局の職員数は約三分の一減らされ、加えて、首都移転に伴う党本部のベルリン移転の結果、退職者も相次いだことで、職員の半数が新人という状態となり、事務局は統括者不在の素人集団となった（Bösch 2002：151）。もっとも、この献金問題をきっかけに党財政の透明化は進み、幹部会や幹事長による監査の強化、会計士によるチェック、現金による献金上限三〇〇〇マルク、一〇〇〇マルク以上の献金者に対する記名領収書の発行、「個人的利益からの献金」の拒否などが定められた（Bösch 2005：182f）。

コールのように党事務局を自らの権力資源に活用できず、党内にネットワークも組織的基盤も持たないメルケルが党指導のために依拠できたリソースは、結局、そのしがらみのなさから来る彼女の「信頼性」と、これに基づく一般党員の支持だけであった。そのため、メルケルは、当初から参加の拡大・強化に熱心な姿勢を示した。新しいコミュニケーション技術などを活用して、党員だけではなく市民と直接に繋がる「市民政党」（Bürgerpartei）というコンセプトを掲げる一方、一般党員の権限の強化や党のオープンな運営を目指した。具体的には、二〇〇一年四月に「活き活きとした国民政党」（Lebendige Volkspartei）と題する報告書を提出し、候補者選定や政策問題に関する党員意向調査の拡大、郡支部大会の全党員への開放、党内役職の兼任制限などを打ち出した。だが、この提案は、女性、青年、労働者、中間層といった各利益別に組織されている党内諸組織の反対に出会い、さしあたって棚上げされざるを得なかった（Bösch 2005：179）。

このことが示しているように、信頼性とか一般党員の支持といったものだけでは、党指導を継続的かつ成功裡に行うことは困難であった。メルケルは自信家の議員団長メルツと対立し、議員団を掌握できず、また幹事長人事にも失敗し、幹部会の運営でも、舞台裏での根回しを行わずに「自由な討議」に委ねようとするメルケルは、政権喪失後の一連の州議会選挙で発言権を強めた各州の代表や州首相らを統制できなかった。党内外でメルケルに対して指導力の欠如という批判がなされ、一時はSPDに並んだ支持率も下がり、メルケルでは次の連邦議会選挙は戦えないという声が州首相たちを中心に大きくなっていく。彼らは、姉妹党CSUの党首でバイエルン州首相をすでに九年間務めていたエドムント・シュトイバーを二〇〇二年選挙のCDU／CSUの首相候補に推した。メルケル支持派は一般党員の支持を期待して、予備選もしくは党員集会の開催を主張していたが、世論調査の結果、CDUの一般党員の間でも、その指導力を評価して、シュトイバー支持の方が多いことが判明すると、こうした提案は捨て去られた（Bösch 2002: 155）。党内世論の支持がいかに脆いものであるかをメルケルは思い知らなければならなかった。最終的にメルケルはシュトイバーに首相候補を譲らざるを得なかった。地元バイエルン州での実績から経済運営能力も評価されたシュトイバーを首相候補にするCDU／CSUは、景気後退もあって支持の低下するシュレーダー政権に対し有利に選挙戦を進め、政権交代は確実という情勢で選挙戦最終盤を迎えることになる。

しかし、二〇〇二年選挙でCDU／CSUは政権交代を実現することができなかった。選挙戦最終盤での大洪水とイラク戦争の危機という出来事をシュレーダー首相が最大限活用することで、SPDは巻き返しに成功し、辛うじて政権維持に成功したのである（野田 二〇〇四）。この「敗北」はCDU／CSUにとっては大きな不幸であったが、しかしメルケルにとっては逆に幸いとなった。首相候補とはならなかった彼女は、シュトイバーやCSU、あるいは彼を首相候補に強力に推したCDUの州首相たちと比べると、敗北にもかかわらず、政治的にはほとんど無傷であった。首相候補就任に最後まで執念を燃やしながらも、最終的には「党のために身を引く」恰好をとり、そして、そのあとは全力でシュトイバーを支え続けた彼女に対する責任追及の声は出ず、シュトイバーも彼女の努力を評価した（Langguth 2009: 387）。メルケルの党内での立場は相対的に改善した。

この機を捉えて、メルケルは、党内での指導権確立のために積極的に動き出した。まず、メルケルは、シュトイバーの支持を受けて、議員団長のメルツを辞めさせ、その後任に自分自身が就任することに成功する。選挙戦においてシュトイバーを全面的に支持したメルケルは、その見返りを得たのである。連邦議会ではＣＤＵとＣＳＵは統一会派を組んでおり、議員団長は両党の党首が共同で提案することになっているため、ＣＳＵ党首のシュトイバーの支持は決定的であった（Schwarz 2009：218）。メルケルは議員団長ポストを手に入れ、議員団を直接掌握し得る立場に就いた。続いて、選挙の余韻がまだ冷めておらず、党指導部への忠誠がなお持続している時期に党大会を開き、九七・三％という圧倒的な得票で党首再選を決める（Langguth 2009：388f.）。また、自らの政治的同盟者のネットワーク構築も進め、幹部会の運営もそうした同盟者と密接な連絡を取りつつ行うようになる（Bösch／Brandes 2005：60f.）。彼女の党指導の障害となってきた州首相たちの結束も、メルケルによる切り崩し（Schlieben 2007：78-80）や彼ら相互の競合によって揺らぎ、最高幹部会における彼女の立場は強化された。

　こうしてメルケルの党指導を妨げてきた圧力が大きく取り除かれたことで、メルケルは自らの立場を恐れることなく打ち出すようになった。政策面では「脱社民化」路線が推進された。その際、彼女は、政治プログラムの作成・検討を、党に設けられている既存の委員会ではなく、アドホックな諮問委員会を設けて、そこに委ねた。もちろん、これは行動の自由を得るためであった（Zolleis 2008：255）。これらの諮問委員会などの改革提案を束ねる形で、二〇〇三年秋、メルケルは「ドイツよ、どこへ行く」（Quo vadis Deutschland）というタイトルの演説を行った。そこでは個人の自己責任が前面に押し出され、所得比例ではなく定額保険料を導入する医療制度改革案、税率の刻みを三段階に簡素化する税制改正案、補助金の削減案などが謳われており、まさに新自由主義的な基調に立つ演説であった。この方針を正式に党の方針にすべく、メルケルは、二〇〇三年ライプツィヒ党大会に臨む。党首メルケルが自分自身と一体化する形で打ち出した改革パッケージを党大会は支持せざるを得なかった。それまで党首の指導力のなさを批判してきた者たちは沈黙せざるを得ず、ただ単に改革案取りまとめのプロセスを問題にするぐらいしかできなかった。改革案は全代議員一〇〇一人中たった四人だけの反対という圧倒的多数でＣＤＵの方針となった（Zolleis 2008：254-259）。組織改革についても、メルケルは自らの改革構想を貫徹させた。前述の二〇〇一年に提出後店晒しになっていた「市民政党」（Bürgerpartei）構想も、この党大会で「活き活きした国民政党に向けての改革プロジェクト」として採択された。二〇〇四年春の大統領選では、党内の有力な反対を退けて、ＩＭＦ（国際通貨基金）専務理事を務めるホルスト・ケーラーの擁立にも成功している。彼女の指導力への批判もなくなり、世論でも指導力ある党首という評価を得、二〇〇四年三月には党支持率も五〇％超を記録した（Schlieben 2007 : 88）。

しかし、シュレーダー政権が進める労働市場・社会保障改革（ハルツ改革）への反発が飛び火する形でとくに東部諸州の州議会選挙でＣＤＵが大幅に後退したことなどを背景に、党内で新自由主義路線への不満が大きくなり、メルケルは路線の一定の修正を行うことになる（Schlieben 2007 : 176–182）。しかし、このことで、ＣＤＵが最終的にどこへ向かおうとしているのかという点が曖昧になってしまい、シュレーダー首相による突然の議会解散で前倒しされた二〇〇五年選挙では、与党に恰好の攻撃材料を与えるとともに、支持者の動員の点でもマイナスに働いた。その結果、またもやＣＤＵは勝利が確実視されていた選挙で得票率を減らし、「敗北」を喫してしまった（野田 二〇〇六ａ）。ＣＤＵ／ＣＳＵの三五・二％という得票率は、歴史的大敗を喫した一九九八年の選挙と同じ数字である。だが、にもかかわらず、この選挙によってＣＤＵはＳＰＤとの大連立という形で政権復帰を果たした。成功なき成功である。

メルケルは二〇〇二年選挙後、指導力を身につけ、彼女の独自色を出す形で路線転換、組織改革などを実現させた。だが、これらの党改革は、ＣＤＵの選挙における勝利をもたらさなかった。ＳＰＤと同様の「成功した失敗」である。メルケルの党改革の問題は、一九九〇年代になぜＣＤＵが支持を減らしてきたか、そして、一九九八年の政権交代後、なぜＣＤＵは各州議会選挙で勢力を伸ばしてきたかという点について真剣な総括を行わずに、それとは関係なしに党改革を進めてきたことにあった。端的にいえば、ＣＤＵのこの間の好調は、ＣＤＵにとって非典型的な支持層による支持に負うところが実は大きかった（野田 二〇〇六ｂ：三二～三六）。それは、若年の非熟練労働者、「欲求不満を持つ労働者」たちによる支持であり、「ＣＤＵのプロレタリア化」と呼ばれている現象である。ＣＤＵの指導部は、こうした層をどのように支持層に組み込んでいくのかという問題について、ほとんど何も検討をしないで、新自由主義的方向に舵を切ったり、「市民政党」を議論し、インターネットの活用などを称揚したりしている。

かつてCDUが持っていた国民各層への浸透力がなくなっていることへの真剣な検討はなおざりにされた。

　もちろん、支持層の融解はコール時代からすでに始まっていた。しかしコールは利益政治的側面を出すとともに、自らの庶民的あるいは小市民的プロフィールを示すことで、これを辛うじて食い止めてきた。たしかにそうした方法が行き詰まり、改革を余儀なくされたことでコール政権は崩壊したのであるが、メルケルの場合、さらにそこから、改革を専門家的視点から語るような態度を前面に出したことで、彼女のメッセージは党の中核的支持層の心すら打たないものとなってしまった。その結果、党は変わったが、支持者は遠のいてしまったのである。こうした専門家的態度は、幹事長のロナルト・ポファーラや議員団第一事務局長のノルベルト・レットゲンなど、メルケル執行部の共通する特徴となっている。マッキンゼー社の社員をしばしば党の会議や諮問委員会などに同席させ、分析や助言をもらうメルケルの姿勢がその典型であるが、彼らは伝統的なCDU政治家のように人脈や組織を重視せず、問題解決志向的でクールである（Schlieben 2007 : 95-100）。かつてのような右翼的政治家も労働者出身の社会政策家もほとんどいなくなり、企業経営者や農民出身者も減少し、今やCDUの党内は、弁護士出身の改革志向の政策専門家的な政治家であふれている。党員参加や市民との対話が叫ばれる一方で、活動家のリクルート源でもある既存の党ネットワークはほとんど顧みられず、党の基盤はやせ細り、党員・支持者と党指導部の乖離が大きく拡大した（Schlieben 2007 : 184）。二〇〇九年選挙での得票率減はその結果だとも言える。

　ともあれ、メルケルは、SPDとの連立により七年ぶりの政権復帰を果たした。しかし、この「成功なき成功」は、メルケルに大きな教訓を与えた。それは、自分ひとりで突進していってはならないということであった。大連立政権の首相となった彼女は、以後、「統治しない首相」で通す。自分自身で方針を示すのではなく、他の者に提案を出させたうえで、世論の反応を見て、最終的に判断を下すという指導スタイルに彼女は転換した。これにより彼女はまったく傷つかず、世論に不人気な政策の責任も提案者に押し付けることができた。この政権運営もあって、SPDはどんどんと支持を失い、党の弱体化が進行したのに対し、メルケル自身の人気は上がり、そうした首相の人気にCDUはますます依拠していくようになる。CDUが得票率を減らしながら二〇〇九年選挙で第一党の座を獲得できたのも、このメルケル人気に負うところが大きいし、そして何より二〇一三年選挙の同党の「大勝」は彼女の人気なしには考えられなかった（野田 二〇一四）。「成功なき成功」の後のCDUの窮地をメルケルは指導スタイルの転換によって見事に救ったのだが、彼女が退場した後の同党は、はたしてどこへ向かうことになるのだろうか。

4　野党改革の時代の終焉？

ドイツの国民政党の第一の野党期はまさに野党改革の黄金時代であった。党員は大きく増え、党組織の近代化と綱領・路線の刷新が大きく進んだ。こうした果実のうえに、両党は政権復帰（奪還）を遂げたのである。

しかし、両党の第二の野党期は、第一の野党期とは相当様相が異なっている。党改革や路線・綱領の見直しはたしかに行われ、小さくない変化が見られた。しかし、こうした変化は、党の停滞からの脱却には必ずしも繫がらず、あるいは逆に党の混乱さえ引き起こした。しかし、にもかかわらず、両党は政権復帰を果たしている。

この点に関して突き放した言い方をすれば、そもそも政権交代というものは、大抵の場合、野党が勝ち取るものというよりは、与党の敗北によって生じるものであって、したがって、政権交代にとって実際に決定的なものは何よりも政府の力の枯渇である（Schlieben 2007: 158）。一九九八年の政権交代も、長期にわたったコール政権への国民の拒否の表現であった。その意味では、政権交代あるいは選挙での勝利にとって、野党改革や野党戦略といったものの意義それ自体はそれほど大きなものとはいえないのかもしれない。

他方で、野党改革がそもそも困難な時代にドイツの政党政治が突入していることも事実である。「政治化」の時代であった第一の野党期と比べれば明瞭だが、第二の野党期にあたる時代、とりわけ一九九〇年代以降になると、「政治倦怠」（Politikverdrossenheit）という言葉が一九九二年の流行語となったが、市民は（政党）政治に背を向け、政治参加を志向する場合でも市民運動への参加といった別の回路へと向かった。党員数の大幅な増加を望める時代ではもはやない。二大政党をこれまで支えてきた伝統的なミリューは弛緩するとともに、その人口規模自体を縮小させており、強い政党支持を示す人々の減少、浮動票の増大が生じている。いきおい各党の関心は、そうした浮動票あるいは中道的有権者の獲得へと向かい、グローバル化や欧州統合に伴う政策的選択肢の縮小とも相俟って、各党の政策的収斂が現実には進行している。その意味でも、第一の野党期のような市民を二分する「政治化の季節」の再来は望めない。他方、そうした国民政党がすくい取れない有権者の声は小政党への支持となって現れ、旧西ドイツ時代の三党制から今や五党制時代に突入している。この多党化状況にあって、二大政党の政治行動の焦点は、前回二〇一三年選挙ではCDU／CSUが四割台の得票率を挙げたとはいえ、かつてのように国民政党にふさわしいそうした四割台の得票を狙うことから、事実上、連立可能性の確保へと移ってきている。二〇〇二年のSPDの政権維持、二〇〇五年のCDUの政権復帰、二〇〇九年のCDUの政権維持のいずれも、得票率を減らす中での「成功なき成功」であったことが、この間の政党間競争の変化をよく示している。

こうした状況の中で、国民政党が党改革に以前ほど熱心になれないのも無理はない。もちろん、すでに述べたように、両党とも党改革を行わなかったわけではない。しかし、党員参加の拡大を目指す改革は、党の魅力の回復どころか、党の統合さえ必ずしも保障しなかった。たとえばSPDでは、党員参加によって逆に党指導のカオスが促進された。党基盤の衰退が進行する一方で、選挙において投票してくれる有権者の幅は拡大している。そもそも、そうした多様で異質な支持者を持続的・組織的に党に繋ぎとめることは、一九七〇年代以降のSPDの歩みを見れば分かるように、きわめて困難である。そうした様々な理由から、党それ自体の改革よりも、どのような戦略を取るかということの方が今や問題になっていると言えるのかもしれない。

今日もはや野党改革の時代ではないとすれば、それでは党改革は今なお問題なのかという問いが当然出てくるだろう。選挙での勝利、あるいは、政権の交代や維持のことだけを考えるのであれば、党員の減少や社会との直接的なリンケージの減少それ自体は必ずしも大きな問題ではないのかもしれない。個人化し流動性の高い社会においては、伝統的な党のネットワークを活用しなくとも、メディアなどを通じて得票を確保することは可能だからである。

また逆に、大衆的党組織は、党の行動の柔軟性を奪い、かえって政党間競争の足かせともなる。

だが、ドイツの二大政党の第二の野党期が教えてくれるもう一つのことは、たとえ、そうした政党との強い繋がりを持たない有権者の支持の獲得が選挙の帰趨を決めるとしても、彼らの投票判断において重要な材料となるのは、政策だけではなく、党がまとまって同じ目標を目指している姿であるということである。それがあって初めて政策への信頼性も高まる。九〇年代のＳＰＤの低迷は党の統合の欠如が最大の原因であり、これを克服して初めてＳＰＤは政権に復帰できた。第一の野党期のように、党改革それ自体が意味を持つ時代は終わったかもしれないが、党が結束し、明確なプロフィールを持っているというイメージを有権者に発信する重要性はまったく失われてはいない。さらにいえば、そのイメージが単なるイメージに留まるものであっても限界がある。ラフォンテーヌの政治指導によって回復されたＳＰＤの結束は、一九九八年のＳＰＤの勝利をもたらしはしたが、党指導によって単に表面を取り繕うことの限界は、その後のＳＰＤの危機的低迷を見れば明らかである。このようなことを見れば、党改革それだけではもちろん十分ではないが、党の結束と明確なプロフィールを確保するための党改革の意義は今日なお失われていないと言うべきであろう。とりわけ、二〇〇五年や二〇〇九年のＣＤＵのような「成功なき成功」に甘んじるのなら別だが、「本物の成功」を目指すのであれば、党員、活動家、伝統的支持層を十分に動員することが不可欠であり、そのためにはやはり、党を挙げて党のあり方に向かい合う党改革が重要になるだろう。単なる戦略レベルの議論だけで済む問題ではない。

さらに最後に付け加えるならば、市民の間でも、政治的打算を唯一の基準にするような政党間競争のあり方への不満は小さくない。国民政党への支持の低落自体がそのことを表わしているとも言えるし、また、第二次メルケル政権下の二〇一〇年六月の大統領選挙において、野党ＳＰＤ・緑の党が擁立した無所属候補で元市民運動家のヨアヒム・ガウクに対して世論の大きな支持が集まったという事実も、戦略志向の政治への市民の不満の表現であったと言えるだろう。(8) この大統領選自体は、議員による間接選挙のため、与党候補で現職のＣＤＵ州首相でもあったクリスティアン・ヴルフが勝利したが、(9) メルケルが進めたあまりにも露骨な党派的人選に対しては、与党陣営からも造反者が出たことはまだ記憶に新しい。市民の側も単なる戦略あるいは戦術ではない政治を求めているのだとすれば、国民政党が国民政党であり続けるためには、すなわち、これ以上有権者に見放されないためには、同じ目標を共有し、共同でこれを有権者に説得する集団として政党は自己を常に確認する必要がある。その意味で、党改革の必要性は依然としてなくなってはいないのである。

註

(1) ＣＤＵは連邦議会では、バイエルン州だけで展開するＣＳＵ（キリスト教社会同盟）と統一会派を組んでいる。両党の間には緊張関係は絶えずあるものの、共同歩調をとっており、両党は併せてUnion（同盟）あるいはUnionsparteien（同盟政党）と呼ばれている。

(2) ＳＰＤが政権獲得とその維持を賭けた一九六九年と一九七二年の選挙は、ＳＰＤへの大量入党の大きな呼び水となり、六九年には一〇万人、七二年には一五万人の新規入党者を数えた。この六九年と七二年の間に党員は約三分の一増え、一九六〇年に六五万人だった党員は、一九七六年末には一〇二万人を記録し、戦後のピークに達した（Walter 2009：178）。

(3) Christopher J. Peter, Schmalspur-Obama aus dem Westerwald, in：Spiegel-Online vom 13. 06. 2008.

(4) Ebd.

(5) 厳密な意味での、すなわち党大会での党首選出を拘束する「予備選挙」（Urwahl）は、党規約に反するとして最高幹部会で退けられ、また、全党員を対象に郵便投票を実施する案も、成りすまし投票やメディアによる影響、さらには費用の点から排除され、結局、党の末端の単位である小支部（Ortsverein）ごとに設けられる投票所での投票という形で行うこととした（Rosenbaum 1993）。

(6) 一九七七年に一〇〇万人を数えた党員数はその後下がり続け、二〇〇四年には六三万人弱となった。一九七五年の党員のうち、その半数が六九年以後の入党者であったが、それ以後、入党者はほとんどいなくなってしまい、その結果、一九七五年に一七・一％であった六〇歳以上の党員の比率が、二〇〇三年には四一・二三％にまで増える一方、三四歳未満の割合は三〇・三％から七・九九％にまで減少している。アレマンらは、ＳＰＤほど若者が「出て行った」党はないと述べ、このことによりＳＰＤはひじょうに深刻な組織上・リクルート上の問題を抱えているとしている（Alemann / Godewerth 2005 : 164）。

（7）二〇〇〇年にＳＰＤ党員を対象に行われた調査では、七四％が筆頭候補者（連邦議会選挙では首相候補）の予備選に肯定的な意見であった（Alemann / Godewerth 2005 : 160）。また、二〇〇九年連邦議会選挙の首相候補選出問題に関して行われた調査では、「ＳＰＤ投票者」（SPD- Wähler）の九一％がＳＰＤ首相候補の決定に際して予備選挙を行うべきだと回答している。これに対し、ＳＰＤの指導的政治家の間では、たとえば前党首（当時）のマティアス・プラツェックは「前回の予備選がどういう結果になったかは十分知られている」として予備選の実施に否定的な発言を行っているし、元連邦議会議長のヴォルフガング・ティールゼは、予備選という方法をまったく排除するつもりはないとしつつも、「当時のシャーピングの予備選での選出はＳＰＤを政府にはしなかった。予備選によってＳＰＤのすべての問題が解決するなどという誤った幻想を持つべきではないと思う」と述べている（Kanzlerkandidatur : SPD-Führung sperrt sich gegen Urwahl, in : Focus Online Nachrichten vom 25. 03. 2008）。

（8）Gustav Seibt, Der Erfolg des Kandidaten. Bürger Gauck, in : sueddeutsche. de vom 01. 07. 2010.

（9）なお、このような経緯で大統領に選出されたヴルフであるが、二〇一二年二月、大統領就任前の州首相時代の収賄スキャンダルにより辞任に追い込まれ、その後任にはガウクが今度はＣＤＵ／ＣＳＵおよびＦＤＰも推す形で選出された（二〇一二年三月）。

参考文献

ハインリヒ・Ａ・ヴィンクラー（後藤俊明ほか訳）（二〇〇八）『自由と統一への長い道Ⅱ　ドイツ近現代史　一九三三―一九九〇年』昭和堂。

小野一（二〇〇九）『ドイツにおける「赤と緑」の実験』御茶の水書房。

エヴァ・コリンスキー（清水望監訳）（一九九八）『西ヨーロッパの野党』行人社。

近藤潤三（二〇〇九）「現代ドイツにおける社会民主党の危機――SPDの党首交代に即して」『社会科学論集』（愛知教育大）四七号。

――（二〇一〇）「現代ドイツの社会国家改革とSPDの危機」『ドイツ研究』四四号。

住沢博紀ほか編著（一九九二）『EC経済統合とヨーロッパ政治の変容』河合文化教育研究所。

住沢博紀（一九九二）「新しい社会民主主義と改革政治の復権――ドイツ社会民主党・ベルリン綱領の成立過程と統合ヨーロッパにおける意義」住沢ほか編著。

中谷毅（二〇一〇）「ドイツにおける女性議員のクォータ制――ドイツ社会民主党の事例を中心に」日本政治学会編『ジェンダーと政治学　年報政治学二〇一〇(2)』木鐸社。

野田昌吾（一九九二）「もう一つの保守主義――（西）ドイツ・コール政権とキリスト教民主同盟」住沢ほか編著。

――（二〇〇四）「混迷からの脱出は見えてきたか?――二〇〇二年ドイツ総選挙とキリスト教民主・社会同盟（CDU／CSU）」『法学雑誌』五一巻一号。

――（二〇〇六a）「二〇〇五年ドイツ連邦議会選挙とメルケル大連合政権の成立――キリスト教民主・社会同盟（CDU／CSU）はなぜ『敗れた』か?」『法学雑誌』五三巻二号。

――（二〇〇六b）「ポスト新保守主義時代の保守政治」宮本太郎編『比較福祉政治』早稲田大学出版部。

――（二〇〇八）「ドイツ・キリスト教民主同盟（CDU）」田口晃・土倉莞爾編著『キリスト教民主主義と西ヨーロッパ政治』木鐸社。

――（二〇〇九）「ドイツ」網谷龍介・伊藤武・成廣孝編『ヨーロッパのデモクラシー』ナカニシヤ出版。

――（二〇一四）「二〇一三年ドイツ連邦議会選挙」『法学雑誌』六〇巻三・四号。

W・E・パターソン、D・ヴェッバー（一九九八）「ドイツ連邦共和国（西ドイツ）――野党の再出現か?」コリンスキー編。

T・マイヤー（一九九九）「ドイツ社会民主党の転換」ドナルド・サスーン編（細井雅夫・富山栄子訳）『現代ヨーロッパの社会

民主主義——自己改革と政権党への道』日本経済評論社。
安野正明（二〇〇四）『戦後ドイツ社会民主党史研究序説——組織改革とゴーデスベルク綱領への道』ミネルヴァ書房。
オスカー・ラフォンテーヌ（住沢博紀訳）（一九八九）『国境を超える社会民主主義——変貌する世界の改革政治』現代の理論社。
ゲルハルト・リッター（竹中亨監訳）（二〇一三）『ドイツ社会保障の危機——再統一の代償』ミネルヴァ書房。
ペーター・レッシェ、フランツ・ヴァルター（岡田浩平訳）（一九九六）『ドイツ社会民主党の戦後史——国民政党の実践と課題』三元社。
Alemann, Ulrich von / Godewerth, Thelse (2005) “Die Parteiorganisation der SPD. Erfolgreiches Scheitern ?”, in : Schmid / Zolleis.
Bösch, Frank (2002) *Macht und Machtverlust. Die Geschichte der CDU*, Stuttgart : DVA.
——— (2005) “Oppositionszeiten als Motor der Parteireform ? Die CDU nach 1969 und 1998 im Vergleich”, in : Schmid / Zolleis.
Bösch, Frank / Brandes, Ina (2005) “Die Vorsitzenden der CDU. Sozialisation und Führungsstil”, in : Forkmann / Schlieben.
Forkmann, Daniela / Schlieben, Michael (Hrsg.) (2005) *Die Parteivorsitzenden in der Bundesrepublik Deutschland 1949-2005*, Wiesbaden : Verlag für Sozialwissenschaften.
Gotto, Klaus (2005) “Sechzig Jahre Unionsparteien”, in : *Politische Meinung*, Nr. 422.
Kirchheimer, Otto (1964) “Germany : The Vanishing Opposition”, in : Robert A. Dahl (ed.), *Political Oppositions in Western Democracies*, Yale University Press.
Kleinert, Hubert (2007) “Abstieg der Parteiendemokratie”, in : *Aus Politik und Zeitgeschichte*, B35-36.
Langguth, Gerd (2009) *Kohl, Schröder, Merkel. Machtmenschen*, München : dtv.
Lösche, Peter (1993) „Lose verkoppelte Anarchie“. Zur aktuellen Situation von Volksparteien am Beispiel der SPD”, in : *Aus Politik und Zeitgeschichte*, B43.

Oeltzen, Anne-Kathrin / Forkmann, Daniela (2005) "Charismatiker, Kärrner und Hedonisten. Die Parteivorsitzenden der SPD", in : Forkmann / Schlieben.

Rosenbaum, Urlich, *Rudolf Scharping*, 1993, in : http : //www. ulrichrosenbaum. de/

Schlieben, Michael (2007) *Politische Führung in der Opposition. Die CDU nach dem Machtverlust 1998*, Wiesbaden : Verlag für Sozialwissenschaften.

Schmid, Josef / Zolleis, Udo (Hrsg.) (2005) *Zwischen Anarchie und Strategie. Der Erfolg von Parteiorganisationen*, Wiesbaden : Verlag für Sozialwissenschaften.

Schönbohm, Wulf (1985) *Die CDU wird moderne Volkspartei. Selbstverständnis, Mitglieder, Organisation und Apparat 1950–1980*, Stuttgart : Klett-Cotta.

Schwarz, Hans-Peter (2009) "Turblenzen : die zweite Oppositionszeit, 1998–2005", in : ders. (Hrsg.), *Die Fraktion als Machtfaktor. CDU/CSU im Deutschen Bundestag 1949 bis heute*, München : Pantheon.

Walter, Franz (2007) "Zerbröselnde Erfolgsgeschichte", in : Schlieben.

——— (2009) *Die SPD. Biographie einer Partei*, Berlin : Rowohlt Taschenbuch.

Zolleis, Udo (2008) *Die CDU. Das politische Leitbild im Wandel der Zeit*, Wiesbaden : Verlag für Sozialwissenschaften.

第3章　フランス二大政党の大統領制化

——動員様式をめぐる収斂？——

アンリ・レイ（Henri Rey）
吉田　徹

1　フランスの野党

長いゴーリスト支配

フランスの第五共和制（一九五八年～）は、その体制スタート時からド・ゴールが梃入れしたゴーリスト党（ＵＮＲ、新共和国連合）の長きにわたる一党支配に特徴づけられる。その後、ＵＤＲ（共和国防衛連合、一九六八年）、共和国民主連合（ＵＤＲ、一九七一年）、ＲＰＲ（共和国連合、一九七六年）、ＵＭＰ（国民運動連合、二〇〇二年）、共和党（二〇一五年）などと名称を変えながら、ゴーリスト勢力は政党システムの中心に位置し続けた。与党にあった期間は、通算四〇年以上にわたっている。ただ、その一党支配は、体制の正当性を獲得したド・ゴール大統領が作り上げた政党だから続いたわけではない。それは、第四共和制（一九四六年～）時の共産党に比することができるほどの党活動家（ミリタン）政党であり、その後の政権復帰と社会経済の発展に合わせる形で、巧みに「選挙民政党（parti d'electeur）」へと変貌を遂げることに成功したことの結果でもあった（Charlot 1970）。

他方で第五共和制は、それまでの「政党体制」と呼ばれたような議会中心の政治体制を、大統領ド・ゴールのカリスマ的指導と自律的な行政官僚制に置き換えることを企てたものであり、政党政治の地位が相対的に低められたことにも留意しなければならない。一般的にいって、フランスの政党は他西欧諸国で見られるほどの自律性や組織性を持っていない。その結果として、時間とともに政治全般における「大統領制化（présidentialisation）」が進み、これが政党組織にも大きな変化を促すようになった。以下に見る保革二大政党の組織改革や動員戦略の新たな展開もまた、この「大統領制化」の傾向と密接に結びついている。

フランス政治は一九八〇年代まで、「多数派―野党」の対決以上に、「右派―左派」および「共産党―非共産左派」の対立軸の占める比重が重かった[1]。しかし時代を追うにつれて、政治体制をめぐる争いでもあった「右派―左派」と「共産党―非共産党」は、「多数派―野党」の対立軸とオーバーラップしていくことになった。

「二極のカドリーユ」

二三年にもわたる野党経験から抜け出した社会党が一九八一年に実現した政権交代は、他の対立軸が「多数派―野党」の対立軸に重ねあわされていく一つの契機となった。すなわち、社会党のミッテラン大統領の選出と続く下院選での社会党の政権交代は、一九七〇年代から進んでいた社会党と共産党との選挙協力が実現したことで「左派」および「野党」陣営が完成し、これがその後の保革二大政党による政権交代が定着していくきっかけを提供した。八一年の政権交代以降、共産党はその得票率を大きく後退させていくとともに、中道政党は大統領候補を擁立しつつもゴーリスト政党との選挙協力へと転じ、「多数派―野党」および「右派―左派」対立軸の完成に貢献した。これがゴーリスト党と中道政党に対して社共陣営が対峙する、いわゆる「二極のカドリーユ（二極の四対）」（デュヴェルジェ）というフォーマットを形成することになった。

もっともこの二極化は八〇年代以降のその定着と同時に、緑の党や極右・国民戦線（FN）の政党システムへの参入を経験するようになる（Duhamel & Grunberg 2001）。九〇年代初頭からは、ゴーリスト党、中道政党、社会党のそれぞれで分裂が相次いだフランスで政党数は増加傾向にあり、実際下院選で「二極のカドリーユ」が獲得した票は一九八一年に九五％だったのに対し、二〇一二年には六五％までに低下している。

2　ハイブリッドな政治体制のもとの政党

小政党の自律性

大統領選・下院選における二回投票制という選挙制度の特性もあって、ゴーリスト政党と社会党ともに、とりわけ野党時にあっては、自陣営の他の政党とどのような協力関係を取り結ぶことができるのかが、選挙の趨勢を決める大きな要素となる。二大政党制をとるアングロサクソンに代表される国々と異なり、フランスでは多様な国内政治の潮流や経済社会のアクターを反映して、数多くの政党が存在してきた。小政党や急進的政治勢力の参入を許さない選挙制度をとる下院の分布を見ても、かなり幅のある六つの政治勢力が凌ぎを削っている。(2) もちろんこの中には「公党」と呼び得る支配的な政党が左右それぞれにあり、現在では左には社会党が、中道右派にはＵＭＰがそこに陣取る。もっともこの二つの極は最近完成したものであるゆえ、それなりの脆弱さを抱えているのも確かであり、ここから議席数に劣る政党も一定度の自律性を備え、存在感を保つことができているのである。

議席数と動員力のギャップ

政権交代の伴わない副次的な選挙として、たとえば欧州議会選挙を見た場合、二〇〇八年にＥＥＬＶ（緑の党）が社会党と並ぶスコアを記録しており、また、右派陣営でも一九九九年にフランスの主権維持を掲げるパスクワとド＝ヴィリエ両氏の率いる政党がゴーリスト政党ＲＰＲを上回る票を得ている。こうした事例から観察されるのは、議会での議席数と政党の動員能力との間に大きなギャップが存在しているということだ。つまり、院外政党であっても、総得票数の五分の一から三分の一の票を獲得できているという事実である。(3) それゆえ、欧州議会、上下両院、地方議会、県議会、市町村議会といった複数の選挙によって「与党」と「野党」の区分もかなりの程度、曖昧になる。なぜならある政党が仮に下院で議席を得られなくとも、欧州議会や地方議会に代表を送り込んで、議会内連合を組んだり、自治体の長の座を射止めることが可能になっているからである。

こうした政党システムは、独特の制度的特徴を反映したものと言える。フランスの政治体制は大統領が直接選挙で選ばれると同時に、議会議員団は政府に不信任を突きつけることができるような、準（半）大統領制ないし半議院内閣制と呼ばれるハイブリッドな性格を持っている。こうした制度上の特徴によってフランス政治は、アメリカのような大統領制とも、他の多くの国の議院内閣制とも異なった様相を見せる。

フランスでは政党一般が世論からあまり好意的に捉えられておらず、党員数も相対的に少ないものの、実際の政治の場面で果たしている役割は大きいということも特徴である。これまで大統領候補者は党の支持なしに候補者に任命されることがなかったし、そもそも大統領候補になるためには党首の地位に就いてなければならない。ミッテラン大統領（一九八一～九五年）、シラク大統領（一九九五～二〇〇七年）、サルコジ大統領（二〇〇七～一二年）のいずれも、所属政党の党首であったし、二〇一二年に大統領に選出されたオランド大統領も一〇年にわたって社会党党首（第一書記）を務めた人物という意味で、例外ではない。

3 政党類型の可能性と限界

「ミリタン政党」と「選挙民政党」

政党システムを構成する要素として、「大衆政党」と「幹部政党」の類型をデュヴェルジェが考案したのは、六〇年以上も前に遡る。一九世紀末から二〇世紀初頭にかけてのドイツ社民党（ＳＰＤ）を理念型とする大衆政党は、フランスではとりわけ共産党に当てはめられて論じられた。共産党は、議会外で誕生した集権的かつ規律ある政党であり、多数の党員をリクルートし物質的な政治的資源においても恵まれた存在だったからだ。

その反対の幹部政党は、流動的で緩やかな人的関係と脆弱な組織を持ち、相対的に議員集団の比重が高いのことを特徴としていた。フランスでは急進党や独立・リベラル政党（ＣＮＩＰやＵＤＦ）がこの類型に分類された。デュヴェルジェは時代とともに大衆政党が伸張し、幹部政党は消滅するだろうと予見していたが、それぞれの政党は実際にはもっと複雑な経路を辿ることになった（Seiler 2008）。

ジャン・シャルロに従えば、デュヴェルジェによる二類型は、実際にはさらに二つに分岐することになった（Charlot 1971）。大衆政党は、一九七〇〜七一年に再結成されて八一年に政権交代を果たすまで、党員数の少なさを党活動家で補う「ミリタン政党」としての社会党を生み、他方でこの類型の原型たる共産党は「集権的な政党」へと変化を遂げていった。他方の幹部政党は消滅することなく、その原型に近い「名望家政党」に加えて「選挙民政党」を生むことになった。「選挙民政党」とは、大衆政党に比するような党員数を抱える一方で、たとえばその政治資金を党員以外の所から調達するような政党のあり方を指す。デュヴェルジェの手による、オリジナルの政党類型を継承したこの新たな類型論は、成熟期を迎えたゴーリスト党に対してのみならず、その他のヨーロッパ諸国の政党についても当てはめることができた。

「大統領制化」による生存

一九七〇年代から二〇〇〇年代初頭に至るまで長きにわたって存在した「二極のカドリーユ」は、右派陣営に幹部政党としてのＵＤＦ（仏民主連合）と選挙民政党としてのゴーリスト党が位置し、左派陣営にはミリタン政党としての社会党、そして集権的政党としての共産党が陣取ることで形成された。しかし、二〇〇二年に発足したＵＭＰによって右派陣営の政治家と党員の多くが吸収され、左派陣営ではそれまでに共産党が消滅しないまでも周辺に追いやられていたことで、この見取り図も完全に過去のものとなった。ここで「二極のカドリーユ」は、まず左派の側で社会党が、続いて右派の側でともに強大な支配政党が誕生することで崩壊していった。これは、第五共和制で進展してきた「大統領制化」とこれを強化する選挙制度による影響が大きい。他方でこのことは、有意な大統領候補者を送り出すことができている政党を生存させることにもなった。つまり、国政の場で安定した基盤を持たず、政党間の連合と距離をとる極右ＦＮがもはや無視できるような存在でなくなることを意味し、また中道ではＵＭＰ

に抵抗できるだけの自律的な中道政党を生むことにもなっているのである。

それでは政党についての政治学の観点からは、どのような政党類型が成り立つことになるのか。これについては、たとえばカッツとメアーのいう「カルテル政党」がフランスでどの程度まで当てはまるのかといった点を含めて、数多く議論されてきている（Katz & Mair 1995）。カッツとメアーは、現代の西欧の政党は党員数の減少と選挙キャンペーン（より精緻な世論調査や広報手段）の比重が増したことで国家の資金源に依存するようになり、幹部や党員の人材供給の面を見ても、官僚機構を介して国家の影響力が強まっている、とした。つまり、人的側面から見ても政党間の差異はますます少なくなっており、政党間では共通項の方が多くなっているという。

たしかにこうした視角は、フランスのケースにも一定度までは当てはまる。公的資金は政党にとって欠かせないものとなり、これは党員が納める党費よりも重視されるようになってきている。また、社会党とUMPの幹部には多くの高級官僚が流れ込んでおり、欧州統合についても、一般世論とは異なり、両党ともこれを強く支持している。これから見ていくように、政党の組織運営の手法においても二大政党の間で、ある種の模倣が行われている。

もっとも、政党イデオロギーや組織の機能のあり方を見た場合、この二つの政党の間には依然として大きな違いが残っているのも確かである。これらは、それぞれの政党がこれまでに有した歴史から由来する党員の価値観や組織との関係性に規定されているのであって、その活動形態の体系はパーネビアンコのいう「遺伝的遺産」である限り、そう簡単に消え去るものではないからだ（パーネビアンコ 二〇〇五）。

4　社会党の組織

一般的特徴

社会党のルーツは、一九二〇年トゥール大会でのコミンテルン加盟方針への反対をきっかけに生まれ、一九六九年まで存在したＳＦＩＯ（労働者インターナショナルフランス支部、旧社会党）にある。トゥール大会での分裂で誕生したもう片方の共産党は、それまでの多様な政治的基盤を捨て去り、ソ連の圧力もあって前衛党へと脱皮を図り、一九七〇年代まで社会党の圧倒的なライバルとして君臨し続けた。

社会党の組織は共産党のそれと大きく異なっていた。共産党はきわめて中央集権的な政党だった（民主集中制を採用した）が、旧社会党では県連をはじめとする地方支部の自律性が高く、さらにその内部では環境に応じた幅広い社会的・文化的な多様性が存在した。党執行部の権限も限られていたことから、支部への支配も不完全で、政治家、とりわけ議会の代議士の自律性は高かった。党の方針が党大会で決定されても、党幹部あるいは代議士がこれをそのまま実行することも稀だった。

一九六〇年代末に存亡の危機に立たされた旧社会党は、派閥を結集して一九七一年のエピネー大会でミッテランを第一書記に選出するが、その組織は柔軟で分権的な特徴を維持し続けた。しかし、そこには二つの大きな変化が見られた。

一つは、党員の活発な活動によって支えられていた共産党との競合から、自党の影響力を増すため、ミリタン（党活動家）による活動が重要視されたことである。こうしたミリタンの動員によって社会党は一九七一年から八一年にかけて各地方での公職を得ることになり、市民団体や労働組合の支持を取り付けていくことになった。

もう一つの変化は、党内組織の階職と候補者公認の過程において、比例代表制が例外なく適用されたことだった。結果として派閥政治が誕生し、これがある種の「組織内議会主義（parlementarisme interne）」を形成するという、独特の形態を生むことになった。一九八一年の政権交代までの時代に、社会党の派閥は改良主義左派（「第二の左派」）、地方分権と自主管理を掲げるロカール派、急進的な共和主義とマルクス主義を掲げるＣＥＲＥＳ（シュヴェヌマン派）などに結実していき、七〇年代のミッテラン主義のもとで独特かつ多様な政策的立場と政治的価値を体現するようになった。

もっともこうした派閥政治は、政権を獲得した後にイデオロギー的一貫性に欠くようになり、派閥領袖にポストを提供することを目的とする「大統領選のための厩舎」へと変化していった。レンヌ党大会（一九九〇年）でミッテラン派の後継を争うファビウスとジョスパンの対立は、こうした派閥政治の変容の象徴でもあった。ただしこうした組織のあり方は、社会党が内部闘争を回避しない多元的かつ民主的な組織であるという、一般的なイメージを提供することにも繋がった。

社会党の組織構造を実際に解明するには、様々な「参加のサークル」(Duverger 1951) や「環 (couronnes)」(Kriegel 1968) を通じて、組織編制の原理や機能の様式がどのようなものであるのかを知る必要がある。ここでいう「参加のサークル」とは党の外的世界との関係を構築する有権者、党支持者、党員、党活動家(ミリタン)からなる党内部のシステムのことである。外的世界には「外部のサークル」が待っており、このサークルは決定的な役割を果たすとともに、最も組織化しにくい対象でもある。

有権者と支持者

社会党も、自党に忠実な支持者や投票者の票をもはや当てにすることはできなくなっているという点では他の政党と同様である。選挙での第一回投票と決選投票で投票する有権者の属性には違いが見られ、これはヨーロッパの他の社民政党と比較した場合、なお顕著に見える。たとえば、一九八六年から二〇〇六年までの時期で比較した場合、フランス社会党は一九％から三七％と、得票率をほぼ倍増させているが、この間のドイツＳＰＤの得票率増加は七ポイント(三三・五％から四〇・九％)、イギリスの労働党は一二ポイント(三〇・八％から四〇・七％)に留まっている。つまり、フランス社会党の場合、その潜在的な支持者は流動的な有権者であり、それゆえ支持構造が脆弱であることを意味しているのである。社会党支持者はその時々の選挙において質量ともに変化が著しく、その選挙の持つ意味合いに大きく左右されるということになる(表3-1参照)。

社会党のオランド候補が勝利した二〇一二年大統領選は、二〇〇二年と二〇〇七年の大統領選で社会党候補が敗退したことの反省が活かされた結果だが、過去二回の敗北はそれぞれ異なる性質のものだった。二〇〇二年の第一回投票でのジョスパン候補の敗退は、左派陣営内で候補者が乱立し、票が分散したことが原因だった。この選挙時

表3－1　社会党の候補者・候補者リストの得票率

（相対得票率，%）

	第一回投票	決選投票
2007年大統領選	25.9	46.9
2007年下院選	24.7	42.3
2009年欧州議会選	16.5	—
2010年地方議会選	23.5	46.4
2012年大統領選	28.6	51.6
2012年下院選	29.3	40.9

（出典）筆者作成。

に現職の首相だったジョスパン候補は、左派の有する固定票の四割しか集めることができなかった。反対に、二〇〇七年の大統領選ではロワイヤル候補は左派票の約三分の二を集約し、一九八一年時のミッテランのスコアに迫ったが、決選投票で票を上積みすることができず、敗北に至った。

すなわち、フランス政治でますます重みを増している大統領選における過去二つの事例から確認できるのは、左派陣営内で社会党の有するマージンの少なさである。二〇一二年選挙第一回投票でオランド候補は、他左派候補者を引き離して決選投票に進むことができたが、それは社会党非支持者層の票を集約することができたからだ。それでも現職サルコジ大統領との得票率差は僅差に留まり、勝利は大統領の不人気と一〇年以上にわたった政権交代の不在を味方につけた結果に過ぎなかった。

そもそも社会党と労働組合・市民団体の間には組織的で公式的な関係が存在しないため、党は様々なネットワークを通じて支持者との間の関係性を維持していかなければならない（Sawicki 1997）。「社会党の党派的ミリュー（層）」はこのネットワークを通じて形成されるが、たとえばライシテ（政教分離の原則）といった争点において、ここに結集するのはライシテを支持する市民や労組組合員・教員、思想集団である。社会党はこのミリューからの支持を取り付け、新たに獲得している党員の約四分の一も、このミリューから流れ込んできているものだ。もっとも、このミリューの団体や集団は多様であるばかりか、党に対して組織的な自律性を保つ。

社会党は、左派カトリックなどのミリューとのネットワーク形成も行う。このミリューは一九七〇年代に社会党が右派の地盤に食い込むことを可能にしたものでもあった。たしかに教員のリクルートや教育はかつてほど熱心なものでなくなり、カトリック信者の動員も以前ほどの勢いはないものの、とりわけ地方政治の場において、スムーズとは言えないまでも、組織的な結集や共闘、暗黙の示し合わせがこれらミリューとの間で行われ、これが社会党の組織を形作っている。デュヴェルジェの見取り図に従って、社会党の「内部サークル」に目を向けた場合、可視性が低くなっているとはいえ、そこには支持者、党員、ミリタンと内側に進むにつれて強力になるサークルがいまだ存在しており、これらは一般有権者と異なり、党との明示的かつ持続的な関係を保っていることが分かる。

他方で、党の支持者（sympathisants）は、物質的・経済的支援だけでなく、党の催し物（集会、ミーティング、デモ）への参加、選挙キャンペーン、その他一般的な党政策の広報などを通じて、党組織への影響力を行使しようとする存在である。こうした支持者はまた、党が大規模なリクルートメント活動を行う場合の重要な党員予備軍としての機能も担う。

一般的に支持者といった場合、中には様々な事情から党派性は変わらずとも活動への参加を止めてしまった者も含まれる。こう考えた場合、ここでいう「支持者」とは単に抽象的な意味で党派性を有している者というより、実際に党の活動に関わっているという意味だから、世論調査などで用いられる支持者の範囲よりは狭く捉えられる存在である。

党　員

政治的な関心を有する市民のうち、社会党の党員になる者も出てくる。社会党への加入は党員証の獲得と所得に応じた党費の納入を基準にするが、党組織への関わりを主体的に持つことで、市民はいくつかの権利を手に入れることができる。それが第一書記を含む党の責任者を選ぶ選挙で投票権を有したり、選挙区候補者の選定に参加することであり、場合によっては自らが立候補したり、党の政策指針や方針を策定する綱領や文書をめぐる討論や改訂、決定に参加することなどだ。そして、党の方針の中には、欧州憲法条約案に対する是非を問うものや、党首選出を公開予備選（オープン・プライマリ）によって行うかどうかといった、重要なものも含まれる。

もっとも、社会党の党員数は派閥間の規模の均衡を維持するため、抑制されているのが現状である。CEVIPOF（パリ政治学院政治研究センター）の三回の調査（一九八五、一九九八、二〇一一年）を通じた社会党員の属性、イデオロギー的志向、組織内での位置づけを確認してみると、その変化が確認できる（表3-2参照）。

この表からは、党活動の変化以上に、社会党員の社会的・人口構成が過去二〇年の間に大きく変化したことが解る。フランス社会の通時的な変化以上に、高学歴者層や中間層の比重が拡大している一方、党員で公務員や教員、

表3-2　社会党員の属性（1985～2011年）　（%）

	1985年	1998年	2011年
性　別			
男　性	79	72	70
女　性	20	26	30
年　齢			
30歳以下	7	5	10
30～39歳	26	9	13
40～49歳	28	19	16
50～59歳	18	27	23
60～69歳	14	23	28
70歳以上	7	17	10
最終学歴			
初等教育	13	10	4
中等教育	24	21	17
高　卒	16	19	15
大　卒	24	33	54
グランゼコール（高等専門教育学校）	15	7	10
職　業			
上級管理職	19	20	38
教員（高等教育機関）	9	14	11
教諭（中等教育機関）	17	9	7
中間管理職	22	25	18
従業員	10	11	14
労働者	10	5	3
その他	11	14	9

（出典）CEVIPOF 調査。

組合員の占める割合は減り、それまでのような党員の熱心なコミットメントも見られなくなった。もっとも、一九九八年から党員の平均年齢が二歳も下がったことからも分かるように、党員の高齢化には歯止めがかかっている。最近では、選挙戦や社会運動を通じた伝統的な党活動に加えてIT技術やSNSを利用した動員が、濃淡はあるものの、それぞれの世代で活用されるようになっている。ただし、社会党員は依然として年齢が高く、政治的関心の高い市民や安定した雇用を得ている者、さらに男性が多いといった一般的な特徴を有しており、他の大政党と同じく、この特徴もさほど変化していないということが、継続的な調査から見てとれる。

党活動家（ミリタン）

党員の中には、党活動に熱心なものとそうでない者がいるが、熱意を持って継続的に党の活動に参加する者を党活動家（ミリタン）という。党活動家とは、集団の大義のために継続的な形で参加・活動する個人のことを指す概念である。党活動への参加は時間的な基準だけで図られるようなものではなく、党活動家自身によって徐々に作られる政治シンボルの体系のもとに形成される部分社会への統合の度合いでも図られる。

こうした党活動主義（ミリタンティズム）は、政治参加を説明するうえで十分に説明されてこなかった事象である。そして、金銭的報酬でも、個人的なものでも、レクリエーションでもなく、奉仕的な活動を意味するこの党活動主義は、無私の活動はどのようにして生じ得るのかという、一つの難問に行き当たる。このような無私の活動が生まれる理由の一つは「党活動主義による再分配」、つまり直接的・間接的、明示的・暗示的かを問わず、個人が受け取ることのできる物質的・象徴的な再分配があるためだと解釈されるようになった（Gaxie 1977）。このような再分配には、公職やこれに関連した職に就くことができるといった、政治家が中心となる政党にあっては比較的解りやすいものも含まれるが、それ以外にも感情的・身体的・アイデンティティ上のもの、あるいは家庭・教会・コミュニティといった他集団との交流によって得られるものもあることを見逃してはならない。

もっとも、こうした解釈を施してみても党活動主義の全容は解明できておらず、党活動主義の現場では、むしろその危機が指摘されるようになっている。この危機は、リクルートの困難、党員人口構成の不均衡、党活動の強度の低下、組織への不満などを通じて確認されており、過去数十年にわたって党指導者と有権者を接合する役割を果たしていた党活動主義は、限界に直面しているように見える。

こうした党活動主義の限界は、党のインナーサークルの現場をも呑みこむようになった、次のような二つの一般的な傾向に起因していると言えるだろう。一つは、市民団体や労働組合の活動主義も減退している現実であり、もう一つは、集団的な決定を下す際には広範な個人的な参加が必要だという意識の広がりである。

党活動についての一九八五年と一九九八年の比較をすると、党員の党活動へのコミットメントは実際には「制限された党活動主義」であることが見てとれる（表3-3参照）。すなわち時間も限定されており、会合への出席も少なく、党員である期間も場合によっては短いということが解る（Rey & Subileau 1991）。党員のうち、自身を活発な活動家とみなしているのはその約半数に過ぎず、その割合は横ばいで推移しており、会合への出席頻度も特段高いわけではない。党員の約四分の一は、党の活動に最低でも週五時間を費やしているとしているものの、逆にいえば、残りの党員が活動に割いている時間はかなり少ないと言える。

表3-3　党活動主義の実態　（%）

	1985年	1998年	2011年
自己認識			
一般党員	18	19	20
散発的な活動家	27	23	26
熱心な活動家	52	57	53
回答なし	3	1	1
支部会合への出席			
定期的に出席する	72	71	66
たまに出席する	17	19	15
あまり出席しない	7	7	7
ほとんど出席しない	2	2	10
回答なし	2	2	2
活動時間（週のうち）			
1時間以下	18	22	18
1～3時間	23	34	26
3～5時間	9	18	16
5～10時間	10	12	12
10時間以上	7	10	12
回答なし	33	5	15

（出典）表3-2に同じ。

社会党は、フランスの大多数の地域議会と約半数の県議会、そしてかなりの多くの市町村議会で多数派を占めており、地方政治での存在感は相当のものである。二〇一二年の大統領選で勝利するまで、社会党は国政において劣勢ではあっても、党指導者たちの争いからくる中央での組織的負荷とは反対に、地方政治の場での影響力はきわめて大きかった。党員もまた、地方からの流入が大多数となっている（Juhem 2006）。一九九八年の時点で、同党党員の三三％が市町村議会の現職もしくは元議員としての経験を持ち、この割合は二〇一一年には二八％となっている。また、これら地方議員の約半数は一万人以下の市町村議会の代表である。ジュエムの言葉を借りれば、こうした小規模の自治体ではボランティア精神に溢れる「アマチュアと趣味の党活動家」が大半を占めているのであって、この規模以上の自治体の地方議員になると、逆に議員が「職業化」していくのが一般的である。

党活動家は、その活動を通じて得られる満足感に様々な理由を挙げる。党組織における議論の水準の高さや社会運動を党がリードしていること、組織化の効率性、民主的な組織運営、党勢の拡大（二〇〇八年の党大会で党主導権が二分された後であったことも影響している）など、いずれもきわめて具体的なものである。

積極的で持続的な党活動主義にコミットする党員は一握りだが、彼ら／彼女らへの影響力を行使するのは議員とその取り巻き達である。党活動家が組織の民主性に満足を求める点は昔から変わらず、それゆえ議員や党リーダーから軽んじられたり、彼らの間で内輪もめが起きることは極端に嫌われる。そして、そのことが以下に見るような組織改革に繋がっていくことになった。

5 組織改革と動員様式の変容

社会党は一九九〇年代に幾多の危機に襲われたことから、組織運営と有権者および支持者の動員様式をそのたびに改革してきた。九〇年のレンヌ党大会でのミッテラン派の分裂、二〇〇二年大統領選でのジョスパン首相の第一回投票での敗退、二〇〇七年大統領選でのロワイヤル候補の敗北、翌年のランス党大会でロワイヤルがオブリ第一書記とほぼ同数の支持票を集めて主導権争いが生じたことなどが、野党としての一連の改革の機運を高めることになった。

これらの改革の結果として、一般党員による第一書記選出、党員投票による政策の決定、二〇ユーロ党費の導入、大統領候補者指名のための党予備選（クローズド・プライマリ）などが実現していったが、なかでも二〇一一年に一般有権者による党大統領選候補者の指名制度（オープン・プライマリ）が導入されたことは、大きな効果をおよぼした。オープン・プライマリの実施は、アカデミックおよび政治的な観点から、党内部とその周辺、外部で大きな議論を巻き起こした。

オープン・プライマリは過去一〇年もの間、社会党が有意な政治リーダーシップを生み出せなかったことで国政選挙で負け続け、二〇〇五年欧州憲法条約案への国民投票では、これが左派支持層全体だけでなく自党員からも拒否されるといった党内外の苦境を打破するため、アメリカとイタリアの事例を範として導入されたものである。

中でもイタリアの事例は特別な意味を持つ。イタリアのプローディ元首相は左派連合「ルニオーネ」発足直後の二〇〇五年、社会党のルマン党大会に招かれて注目を集めた。イタリア左派陣営の経験は、それが持続的な政権維持に結びつかなかったにせよ、多数の一般市民を動員することで党勢が回復できることを印象づけるものだったからだ。オープン・プライマリは二〇〇八年夏から、左派系シンクタンク「テラノヴァ（Terra Nova）」によって提唱され、党の再生担当書記で統治機構改革（「第六共和制」）を訴えるアルノ・モントブールが同案に賛同、これに左派系メディアや知識人の賛意、市民の請願運動が続いたことから、党多数派は数カ月間の議論の後、プライマリの実施という基本方針を正式に決定した。

もっともオープン・プライマリ案が検討される過程では、これがそれまで党活動主義に立脚してきた社会党のあり方を大きく危険にさらすことになるとの指摘もあった。その指摘は「人格化（personnalisation）」、「政党政治の大統領制化」、「政党の弱体化」の進展の三つの点にわたった。まず「人格化」の進展は、大統領選が長期化し、メディアを中心に選挙キャンペーンが行われることで競馬レースのような人気取り合戦になるのでは、との懸念であった。「大統領制化」は、第五共和制固有の制度布置に、党構造そのものが吸収されていくことを意味した。また党の外にも価値伝達の使命を担っていた党活動家が、活動の代償として党首選出の過程に携わる権利を得ていたにもかかわらず、この権利が取り上げられてしまうことで、消滅しないとは言わずとも、党員数が減少して党が弱体化するのではないかとも心配された。つまり、リーダーの選出と人材の育成という伝統的な役割を剝奪されてしまった社会党組織は、党活動家ではなく、単なるサポーター集団からなる政党になってしまいかねない、と危惧されたのである。

プライマリ案の支持者たちは、こうした指摘はあまりにも誇張されたものだと反論した。まず政治の「人格化」は、現代の「映像支配（vidéocraties）」の流れの中、不可抗力的に進んでいるのであり、政治指導者自身によって政策を掲げることは党の政治方針の否定を意味せず、より良い競争のための前提条件でもあると主張した。またプライマリが実施されることで、候補者同士の意見交換が公の場でされることになり、その結果として人物イメージに応じて世論調査に振り回される「世論民主主義」の負の影響が抑制されるとも説いた。結論からいえば、派閥と派閥同士の連合によって統治される社会党の伝統的なあり方はもはや通用せず、それゆえに二〇〇二年以降に党内リーダーシップは確立も創出もされなくなっているのであるから、プライマリの実施でもってそのような条件は打破されることになる、というのが推進派の論拠だった。

もっともプライマリが実施されたからといって、旧態依然で閉鎖的、自己革新をも成し遂げられないという社会党のイメージが完全に払拭されたわけではなかった。二〇〇七年大統領選に際して二〇ユーロの党費を払って党員になったものの多くが、すぐに離党していった。しかし、オープン・プライマリ実施でもって党の近代化がどれ程成し遂げられたのかは、党活動主義の断続性、脱イデオロギー化、自律性の低下、リーダーの権威喪失といった要素を考慮して判断する必要がある。少なくとも、プライマリの実現は、これらに無視できない影響を及ぼした。

プライマリの結果は、ストロス＝カーン元財務相のような当選の確実視されたリーダーにお墨付きを与えるに過ぎないなどとする、多くの予想を裏切るものだった。むしろプライマリの各局面で活動家の積極的な関与（チラシ・

ポスター張り、投票所の設営、開票、テレビ討論の視聴、集会といった伝統的手段を用いた広報）を引き出し、これに考え抜かれた政策論議が加わったことで、党派性が再定義されるきっかけを生むことになった。党組織内で見られた、このような相対的な多元性がどこまで持続するかは未知数である。しかしいずれにせよ、党の候補者同士の対立関係が激化して、結果として右派に対する凝集性が損なわれるといった指摘は正しくないことが明らかになった。

その反対に、プライマリは候補者の政治的才能を開花させる働きを持った。プライマリでオランドが終始リードを保ったことや、ロワイヤル候補の早い脱落が投票行動に影響を与えたのは確実だが、どの程度の投票者が潜在的に投票するのかを事前に予想することは難しく、プライマリの結果は事前の世論調査とは異なるものだった。

プライマリで目立つことができたのは、とりわけテレビ討論の準備を怠らないような、政治コミュニケーションの定石に従った候補者だった。しかし、これはテレビで放映される党大会やミーティングなどの党主催の催しでも同じことである。プライマリ候補者の選出プロセスは、プライマリに相乗りした急進左派党候補者を除けば、党がコントロールしていたのであって、それは大統領選よりも高いハードルを設定するものだった。その結果、プライマリに名乗りをあげることができたのは、現職および元第一書記（オブリとオランド）、過去の大統領選候補者（ロワイヤル）、それに自らの力量を試そうとした野心溢れる若手（モントブールとヴァルス）のみだった。

二〇一一年のオープン・プライマリが社会党組織にもたらした影響は、以下のようにまとめることができるだろう。すなわち、プライマリは党主導の形で活動家に運営されたことで、組織の動員能力を高め（プライマリで投票したのは党員数の二〇倍以上）、結果として社会党の政策を広く知らしめる効果を持った。そして、これはランス党大会で決定的となった党内対立を克服して、内的な多元性を力へと変換することができるという、社会党イメージの刷新をもたらしたのである。

それだけではなく、プライマリは実施されたレベル、すなわち国政においてではなく、イタリアの事例と同様、地方レベルに与えた影響も大きい。社会党の主導する地方政治が、議員とその取り巻き達、議員候補者たちから成り立ち、議員団の組織内均衡が達成されている閉鎖的空間に風穴を開けることになったからだ。それゆえプライマりは社会党にだけでなく、その他の左派政党にとっても大きな影響を与えることになる。

6　ゴーリスト党の組織

一般的特徴

社会党と相対峙するフランス右派が「正統主義」「オルレアン主義」「ボナパルト主義」の三つを歴史的な源流としているというのは、提唱者であるルネ・レモンの分析以来、広く受け入れられてきた（Rémond 1992）。正統派は反革命、オルレアン派は自由主義、ボナパルト派は皇帝主義をそれぞれ体言した政治的潮流であり、そのうちゴーリストは政治指導者と民衆の結びつきを重視するボナパルト派の現代における再生であるというのがレモンの見立てだった。他の西欧諸国と異なって、キリスト教民主主義や自由主義政党が脆弱であり、これらの潮流がゴーリズムに取り込まれたことも、ゴーリスト政党による覇権が成り立った要因の一つである。

ボナパルト主義を源流に持つ限り、ゴーリスト党はそのリーダーを本位とするカリスマ政党でもあった。組織政党に分類され得る社会党と異なり、リーダーを支持し公職に就かせるための「集票マシン」としての側面が強かったと言えるだろう。「ゴーリズムとは人とその行動に準拠する」のであり、政党組織はリーダーにとっての手段に過ぎない（Berstein 1999）。これは一〇回近くも党の名称を変えつつ、ゴーリスト政党が一度も「党（parti）」と自らを名乗ったことがないことからも窺える。

それゆえ、ド・ゴール個人の影響力が後退し、ゴーリスト党のリーダーシップが六〇年代後半にポンピドゥー首相（当時、後に大統領）に移ってから、党組織が徐々に整備されていったのは必然でもあった。一九六七年のＵＮＲ党大会では、一般党員による中央委員会委員の選出が導入され、この委員会が幹事長職を指名すること、また地方組織の設置が決定された。「ド・ゴール後のゴーリズム」（Knapp 1994）の模索こそが、ゴーリスト政党近代化の道を準備したのである。

ゴーリスト党を単にド・ゴール大統領のカリスマだけに起因する政党とするのも正しくない。フランス国民は戦後のＲＰＦ（フランス国民連合）は共産主義に対する重要な防波堤だと捉えていたし、党の歴代の名称が示すように、共和主義の守護者としての自己規定があった。加えて、第五共和制のもとでの官僚制の整備を通じて、党は豊富な人材ネットワークを提供し、様々な国家装置と同化していった。

そのうえで、ポスト・ドゴール期のゴーリスト政党にとっての大きな分岐点は二つあった。一つは一九七六年にシラク前首相（当時）によってＲＰＲへと改組された時である。それ以前の一九七四年の大統領選で、党は公式候補のシャバン＝デルマスと、中道派をまとめたジスカール＝デスタン候補の間で分裂を経験していた。ジスカールが大統領選に勝利したことで、当時のゴーリスト党は下院第一党の地位を占めながら、中道派との協調を余儀なくされる「与党内野党」の地位にあった。ジスカールのもと首相に任命されていたシラクは辞職とともに党の掌握に乗り出し、これがＲＰＲの誕生に繋がった。第五共和制において政府と一体化したゴーリスト党は、ジスカール中道派との競合もあって、党組織や一般党員の関与を強め、さらなる組織化を行っていくことになった（Offerlé 1983）。

もう一つの分岐点は二〇〇二年にＲＰＲが今度はＵＭＰへと改組された際である。シラク大統領の再選がかかった同年選挙で、シラクは極右ＦＮのルペンとともに決選投票に進むことになったが、その混乱に乗じてシラクはＵＭＰ結党のイニシアティブをとった。大統領選後の下院選に向けてＵＭＰは、中道ＵＤＦの二割、ＤＬ（自由民主）の一五％の議員を自党公認とし、中道派議員団の吸収に成功した。ゴーリスト党と中道政党ＵＤＦは八〇年代半ばから選挙協力を結んできたものの、選挙区での競合や支持者の離反に悩んでいたため、中道派の取り組みはゴーリスト党にとっての長年の課題だった。

こうしてみるとゴーリスト党は、イデオロギー政党とも幹部政党とも規定しづらい、きわめてユニークな政党として位置づけることができるだろう。たしかにそれはド・ゴールというカリスマとともに誕生し、ド・ゴールの自主外交やナショナリズムの理念の継続性を保証したが、戦後フランスの大衆文化の変化とともに支持構造を柔軟に変化させ、リーダーシップの変更があっても生き永らえ、成功してきた政党組織なのである。

表3-4　大統領選右派上位候補者の得票率

（相対得票率，％）

	第一回投票	（決選投票）
1981年		
ジスカール＝デスタン（UDF・中道）	28.3	ミッテラン（社会党）51.8
ジャック・シラク（RPR）	18.0	シラク（RPR）48.2
1988年		
ジャック・シラク（RPR）	19.9	ミッテラン（社会党）54.0
レイモン・バール（中道）	16.5	シラク（RPR）46.0
1995年		
ジャック・シラク（RPR）	20.8	シラク（RPR）52.6
バラデュール（RPR）	18.6	ジョスパン（社会党）47.4
2002年		
ジャック・シラク（RPR）	19.9	シラク（UMP）82.2
ジャン＝マリ・ルペン（FN）	16.7	ルペン（FN）17.8
2007年		
ニコラ・サルコジ（UMP）	31.2	サルコジ（UMP）53.1
フランソワ・バイルー（Modem・中道）	18.6	ロワイヤル（社会党）46.9
2012年		
ニコラ・サルコジ（UMP）	27.2	オランド（社会党）51.6
フランソワ・バイルー（Modem・中道）	9.2	サルコジ（UMP）48.4

（出典）筆者作成。

有権者と支持者

こうした「選挙民政党」たるゴーリスト党はもともと包括政党としての特徴も備えていたが、支持者は高齢者層に偏り、中でもカトリック信者、自営業者・農民層に多いことを特徴としてきた。また、冒頭に記したように右派陣営で圧倒的なヘゲモニーを有し、キリスト教民主主義や自由主義の社会勢力の大半をまとめ上げることにも成功してきた。

しかし、その多様性は時として弱点となって表れる。社会党と比較して、ゴーリスト党は現職の再選時を除けば、選挙のたびに内部のリーダーシップ争いに悩まされてきた。大統領選での敗北は、陣営内での分裂に起因することも多い。すでに一九六五年の大統領選ではド・ゴールの対立候補として中道アラン・ポエールがいたが、一九九五年選挙ではRPR候補者同士（シラクとバラデュール）が競り合い、党外からも多くの保守政治家が大統領選に参戦するようになった。二〇〇二年の選挙では、シラクを含め八名が右派候補者となり、これが結果的にシラク候補の足を引っ張った（表3-4参照）。

つまり左派陣営の場合と同じく、大統領選に勝つためには陣営内の凝集力をいかに高めるのかが鍵になる。中道の支持者は決選投票で社会党候補よりゴーリスト党候補に投票するのが常だったが、その傾向は近年ますます弱まりつつあり、また八〇年代後半からFNも一〇％前後の票を獲得するようになった（Ysmal 1990）。下院選での右派陣営の候補者は増加の一途を辿り、その数は一九七三年には五六三名だったのに対し、一九九三年に一一〇八名、一九九七年には一五〇三名を数えた（ゴーリストと中道、諸派候補者の数。本土のみ）。一九八一年や八八年の大統領選の時のように陣営内での他有力候補の出馬、あるいは九五年のように党内で大統領候補の座をめぐって分裂が起きた場合、右派陣営は不利な状況に置かれることになる。一九九五年の大統領選では、当時閣僚を務めていたサルコジがバラデュール候補を支持するなど、党内が二分されたため、後のシラク大統領は政権を掌握するのに大きな困難を抱えることになった。

社会党政権が続いた一九八〇年代と九〇年代前半（八六～八八年と九三～九五年の保革共存期を除く）にゴーリスト党と中道UDFは下院選で「選挙カルテル」を形成し、右派政権のもと中道派の政治家も入閣を果たしていたが、巨大な保守政党を作る誘引は続き、これが二〇〇二年のUMPの結党に繋がった。その結果、中道ではゴーリスト党との関係を断ち切ったMoDem（民主運動）が結成され、ゴーリスト党に対抗する新たな中道政党も生まれることになった。

もっともUMP結党後、政権の不人気も手伝って、ゴーリスト党はかなりの逆風を受けることになった。二〇〇四年地方選挙ではほとんどの地域圏議会で多数派を失い、同年の欧州議会選挙でも右派陣営内全体が獲得した票のうち、UMPのそれは半分にも満たなかった。シラク大統領がイニシアティブを発揮した二〇〇五年の欧州憲法条約案の国民投票も否決されたことで、二〇〇七年の大統領選での敗北も予想された。

こうして二〇〇四年からUMP総裁を務めていたサルコジは、二〇〇七年の大統領選出馬に際して新たな戦略を模索することになる。それが極右FNの票田でもってUMP票を補完することにあった。この「右傾化路線」は成

表3-5　ゴーリスト候補者投票者（大統領選第1回投票）

（%）

	シラク（1988年）	シラク（1995年）	シラク※（2002年）	サルコジ（2007年）	サルコジ（2012年）
男　性	16	20	22	29	27
女　性	17	21	27	33	28
18-24歳	13	29	19	22	24
25-34歳	12	17	17	28	20
35-49歳	15	18	21	26	22
50-64歳	20	20	25	32	25
65歳以上	22	23	38	45	41
農　民	40	29	45	52	n.a
小売業	20	37	38	52	43
管理職	20	26	31	34	27
給与取得者	14	17	26	32	19
労働者	9	19	19	26	14
無　職	20	21	22	29	34
失業者	12	17	14	17	n.a

※他の右派候補支持者含む。
（出典）Strudel 2007：461およびIFOP2012より作成。

功し、同選挙でルペン候補は前回選挙と比べ約一〇〇万票を減らし、一〇・四％の過去最低の得票率に留まった。この際、FN支持者層の約四分の一がサルコジ候補に投票したとされる（Mayer 2007）。その反対に、決選投票でのサルコジの得票率はド・ゴール（六五年）、ジスカール＝デスタン（七四年）に次ぐ高さとなった。

二〇〇〇年代以降のゴーリスト党は、それまでに失った労働者層や失業者の支持をいかに回復させるかという、九五年の大統領選でシラクが着手した路線の継続を目標としてきた（Strudel 2007）。すでにゴーリスト党の右派陣営内での支配的地位は九〇年代にFN台頭でもって脅かされ、地方選挙では社会党に歯が立たず、九七年の解散総選挙では社会党の多数派誕生を許してしまったことで、大統領与党でありつつもその勢いは完全に失われていた。当時のRPR支持者のうち、ほぼ半数は大卒以下の学歴で、八〇～九〇年代の社会党政権に失望してFNへと流れ込んでいた層に移民規制・治安強化策や国家主義の明示的なアピールを行った。つまり、UMP結成に伴う中道派の取り込みに続いたのは、右傾化による陣営内でのヘゲモニー確立だった（表3-5参照）。

もっとも、この戦略は二〇一二年の大統領選では裏目に出た。前回の大統領選でも確認されていたように、UMPの右傾化は中道票を取りこぼすことになる。その中でFNの党首交代（ジャン＝マリ・ルペンからマリーヌ・ルペン）もあり、FN支持票にも食い込めなくなったことで現職サルコジ候補は「ダブル・バインド」（Cautrès & Strudel 2012 : 128）の状況に置かれることになり、結果的に敗退することになったのである。

党員

ゴーリスト党が「選挙民政党」とされるのは、六〇年代から労働者を含む党員を確保してきたためである。六〇年代後半のUDRと旧社会党での各支部の党員構成を比較しても、社会党員の二三％が労働者、五四％が中流階級、一六％が富裕層なのに対し、UDRは一六％が労働者、五七％が中流階級、二〇％が富裕層と、両党員の間に決定的な差は見られない（Kesselman 1972）。公共部門の従業員や高学歴の党員が相対的に少ないという特徴はあるにせよ、ゴーリスト党は各社会層からの支持調達と党員リクルートに成功していたのである。

この時期のゴーリスト党は旧社会党に次ぐ党員数（約八万人）を有しており（Charlot 1967）、その数はシラクのRPR創設（七六年）によって一時期、七〇万人にまで膨れ上がった。RPRは、戦後生まれの党員を多く獲得して世代交代を成し遂げ、執行部（中央委員会）メンバー選出の比例制を高めることで、より開かれた党組織を目指した。その結果、党員構成の基本的な比率に変化はないものの、若年層や高学歴者、農民の党員が増加、党員構成はよりバランスのとれたものになっていく（Guiol & Neveu 1983）。

もっとも、党員数だけで彼らの党での機能を推し量ることはできない。その点、政治学者ショーンフィルドによる七〇年代のRPRと社会党の「文化人類学的調査」は、興味深い視点を提供してくれる（Schonfield 1985）。彼は、組織内民主主義が徹底する一方、強い序列化でもって統制されている社会党に対し、ゴーリスト党は階等性が維持されつつ、より個々人の自律性が許されているという、真逆の組織的特性を有していることを発見した。また、一般党員が組織内のヒエラルキーを駆け上ることができる社会党に対して、ゴーリスト党では党幹部との個人的な関係によって上層部へと押し上げられることが多いとも指摘している。総体的に見れば、右派政党における党員資格は一般的に幹部の推薦を要し、誰もがなれるわけではないという意味で限定的なものだが、ゴーリスト党の場合、党員の範囲はきわめて緩やかであり、組織の一員というよりは個々人が党を自主的に支持するような構造になっている。

こうした観点からすると、ゴーリスト党の党員は、社会党のそれとは異なり、アクティブな党活動家のリクルート源として存在しているのではなく、党リーダー・幹部の決定を承認・追認するためのリザーブ源としての機能を果たしているといえよう。

もっとも、これから見ていくように、これら党員がリーダー・幹部選出に関わる余地は年々高まってきている。二〇〇二年のUMPへの改組は党員拡大と組織内の民主化の重要な契機でもあった。すなわち、それまでRPRの総裁候補者は例外時を除いて、事前に一名に絞られることが決められていたが、〇二年と〇四年に立候補者数はそれぞれ五名と三名となり、総裁は一般党員投票によって選出されるようになった。党員の機能が拡大したこともあり、UMP発足に伴い、党員数は二〇万人と空前の数となった（Bréchon 2011）。UMP結成を通じて増加した党員のうち、その半数近くはそれまでRPRを含め、いかなる党にも所属したことがなかった新規の党員であった。

これら新規の党員を社会階層別に見ると、社会党と比べて自営業者や給与所得者が依然として多く、また、民間セクターの党員がその過半数を占めている（表3-6参照）[4]。こうした構成はRPR時代の特徴を引きずっているものの、サルコジ総裁のもとでのUMPは、それまで地方議員や自営業者中心の政党というよりも、若年層と党活動の経験を持たない「一般党員」の数を増加させ、結果的に代表性をより高めることになった（Haegel 2012）。若返りの傾向は社会党よりも顕著で、社会党員のうち三〇歳以下は一〇％（二〇一一年）だったのに対して、UMPでは二〇％を占めている（二〇〇四年）。

党活動家

左派政党と比較して、保守政党の組織的活動についての研究調査は過少に留まるため、ゴーリスト党の党活動家とその活動の全貌を明らかにするのは難しい。もっとも、左派政党に対してゴーリスト党に活動家が存在しないとするのは間違いであり、一般的にその活動の可視性が低いのは単に党ミリタンの果たす機能が異なっているためである。

一九七〇年代後半に行われた調査では、ゴーリスト党の活動家は、党と国家を同一視する傾向がある一方、自らの参加を通じた政治活動よりも政治代表者に大きな役割を見出し、どちらかといえば熱心なサポーターに留まることを自らの使命と認識していることが確認されている（Lagroye et al. 1976)。実際の活動時間や熱心さでは社会党活動家と変わらないものの、たとえば党会合での主たる活動として重視されるのは、議論よりも党からの指示を伝達することであったり、組織運営よりも選挙活動をすることであったりするなど、活動の形式的側面というよりは実質的側面において、社会党の活動家と様相を大きく異にしている。加えて社会党と比べて大きく異なっているのは、党員が実際に党の役職に就くことのできる機会であり、これが希少であるために党活動家の貢

表3-6　UMP党員のプロフィール（2004年）

（%）

年　齢	
30歳以下	20
30～39歳	10
40～49歳	12
50～59歳	25
60～69歳	21
70歳以上	12
最終学歴	
中卒（バカロレア）以下	27
高　卒	18
大　卒	55
職業部門	
公共セクター	37
民間セクター	62
職　業	
農業，商業，自営業	12
自由業，上級管理職	43
中間職	18
従業員	26
労働者	2
宗　教	
カトリック（敬虔）	35
カトリック（非敬虔）	49
その他	6
無宗教	10

（出典）Haegel 2009.

献の度合いも低いとされている。同じ調査によると、社会党員で過去あるいは現在党の役職に就いた党員は四割以上に上ったのに対し、UDRでは三割弱に留まっていた。もっとも、だからといってUDRのミリタンの満足度が低いわけではなく、そもそも党活動家に期待され、彼らの果たす役割が両党の間で大きく異なっていることが、党活動家の地位の差を説明する。

先に見たようにRPRでは党員が党運営に関与する幅は広められたが、党員の積極的な貢献がさらに求められるようになるのは右派陣営内の競争が激しくなる九〇年代に党が「ミリタン的性格」の復興を目指すようになってからのことである。これは、他国の政党においても、党員を周縁化させるのではなく、エンパワーして自発的な参加を求めるような、保革を超えた傾向とも合致している（Scarrow 1994）。このロジックに従って、RPRは党員選出によるポストの数を増やし、それが党内の競争環境を激しくするというプロセスを辿ることになる。

この時代、RPRは党総裁と選挙区事務局長の選出を党員投票によるものと定め、両職が指名することのできる党執行機関（中央委員会および事務局）委員の割合を高める決定を下した。当時から党内ではクローズド・プライマリ実施の是非もすでに検討されていた。これは八八年の大統領選でシラクが破れて野党となった党の新たな原動力を見出すとともに、同時期の社会党の組織改革の成功にあやかろうとしたためでもあった。この時期から、ゴーリスト党では共産党に類するような「民主集中制」（RPR幹部セガン）を自己改革しなければならないとの認識が広がっていた。

社会党と同様、野党時代に組織内での競争が激化したことによってRPRは一般党員の動員だけでなく、ミリタンへの対応にも迫られるようになる。一九九〇年の党大会では、反シラク派の筆頭のパスクワとセガンを支持する議員と活動家からそれぞれ個別の動議が出され、一九九七年にはセガンが、党で初となる党員投票でRPR総裁に就任、その後通貨統合策をめぐってシラク大統領と対立、離党することになる。RPRの綱領では党内派閥が明確に禁止されているにもかかわらず、党内では実質的な派閥化が進むようになっていた。組織内の多極化は止めることができず、九七年の党大会ではミリタンを中心にまとめられた党内組織民主化の改革案が提出されるまでになる。

こうした党内組織の多元化から、新たに青少年を中核とした党活動家群も生まれていくことになった。たとえばUMP県連の青年部代表も、それまでのように県連の長からの指名ではなく、全国の青年部による間接選挙によって選出されるような規定の変更があり、その結果として、一般党員からキャリアをスタートさせて、専任の党職員を目指すようなミリタンも見られるようになった（Haegel 2001）。

組織改革と動員様式の変容

パーネビアンコのいう「選挙プロフェッショナル政党」、すなわちマーケティングを用いて戦い、専任の党職員によって党員を動員するような企業体として政党が見立てられるようになったのは比較的最近のことだが、最近では「ビジネスファーム政党」という名称までもが提出されるまでになっている（Hopkin & Paolucci 1999）。もっとも、その創成期からカリスマを頂点に頂いてきたゴーリスト党は、こうした政党のあり方と、もともと親和的であった点に留意する必要があるだろう。カッツとメアーの「カルテル政党」の概念も、最初から国家の資源に頼り、官僚・知事・地方議員のネットワークから成り立っていたゴーリスト党についてみれば、特に目新しいものともいえない。

しかし、党員の役割が軽んじられていたわけではない。反対に党リーダーシップの変更が見られたり、競争環境が激しくなった局面において、党員は路線選択の正当化の源泉としての役割を果たすことがより多く求められるようになっていっている。

以下ではこうした環境下で組織的な変容がどのようにもたらされたのかを、二〇〇〇年代のUMPを通じて見ることとする。RPRの時代と同じく、党リーダーの交代によって党組織は大きく改編されることになったからだ。

二〇〇七年に大統領に選出されるサルコジは二〇〇二年、ラファラン内閣の経済産業相の座にあったが、当時UMP総裁を務めていたアラン・ジュペのパリ市架空雇用事件の有罪判決を受けて、後継選への出馬を同年九月に表明、一一月に党員票の圧倒的多数（八五・一％）でもって選出された。その後、サルコジはシラクからの再三の圧力にもかかわらず、慣例に反して党総裁と政府閣僚を兼任し続けることになる。

サルコジ総裁のもとUMPは、〇七年の大統領選を前に党員による大統領候補者指名制を実現させた。二〇〇五年一二月、UMP執行部は党内の反対を押し切り「UMPの支持を受ける大統領候補者の選出は党員によって行われる」ことを党規約に盛り込むことを発表、〇七年一月にサルコジ候補は党員の九八％の信任を得て選挙に臨むことになった。たしかにRPR時代から党員による総裁選出はすでに定着していたが、総裁がそのまま大統領候補者になることが当然とされていたゴーリスト党にとって、党員が大統領候補指名にも投票権を持つことは、大きな組織的な変容だった。(5) これは、シラク大統領の後継を狙うサルコジが高い世論人気を背景にシラク派に対する対抗運動を作り上げること、また二〇〇六年に実施された社会党のクローズド・プライマリが大きな話題となっていたことを考慮した戦略でもあった。実際、二〇〇五年以降にUMP党員となった八割近くがその理由として「サルコジの人格と言説」に惹かれたことを挙げ、同じく九割弱が選挙でサルコジに投票するためだとしていた（Haegel 2009）。UMPは二〇〇四年から安価な党員資格制（一〇ユーロ）を導入、二〇〇六年夏からはインターネットや携帯電話のショートメールを利用して活発な党員リクルート運動「庶民の青年たち」を展開した。その成果あって、数カ月で八万人以上もの入党を実現し、党員数は三三万人と過去最大の数に達した（二〇〇六年三月一六日付『ル・モンド』）。

ただし、こうして増大した党員がリーダーシップ選出で果たすことのできる役割は、社会党のそれとかなり異なるものだった。二〇〇〇年代の社会党も、党組織の民主化と党員の増大をみたが、これは党活動に活発に参加することを前提としたもので、政策や公約に党員の意見を反映することも期待されていた。反対にUMPにおいては議員団、党執行部、党員を核に、その外部はサポーター制（『パートナー』と呼ばれた）をとり、投票資格を持つのは党員に限られた。しかも、党員は県連と直接的な関係を持たなくともよく、公約や政策についても単に、それらを承認する権利があっただけというのも、社会党と様相を異にした。

二〇〇〇年代のUMPのもう一つの変化は、こうした動員様式の変化とも関わる、党内組織の多元化にあった。すでに述べたようにUMPは中道政党の一部を取り込んだことにより、組織内にサブグループを抱えることになり、それまでタブーとされていた派閥を綱領に盛り込むことまで検討されるようになっていた。サブグループが制度化されることは避けられたものの、党内には複数の「議員クラブ（clubs parlementaires）」や多数の「運動（Mouvements）」といった「連携法人（personnes morales associés）」が生まれることになり、党の下部組織（選挙区委員会、各県連）は各勢力に応じて再編され、政治資金もこれに基づいて配分されるようになった。

こうした組織の多元化は党内の競争環境を激しいものにした。二〇〇四年の総裁選では、サルコジの対抗馬として党内右派およびキリスト教民主主義のサブグループの支援を受ける二名が立候補した。また二〇一二年の大統領選ではUMPから自律した政治運動「共和国よ立て」を率いたデュポン＝エニヤンが出馬した。つまり、UMPの多元化は党の内部と外部の競争を激化させる要因となったのである。そしてこうした環境変化が、リーダーの正当性をさらに党員に求める傾向を強める要因となっていく。九〇年代から続いた組織改革によって、フランス右派政党のカルチャーとしてはそれまで異質だった「参加・競争・熟議」の次元がもたらされるようになったのである（Haegel, Putz, Saugger 2003）。

たしかにこうした党組織の多元化の制度化の程度や地方支部の自律性は、社会党と比較すればなおのこと、きわめて低く、それは組織の民主化というより「財閥システム」の徹底に近い（Haegel 2012: 150）。サルコジ大統領が二〇一二年の大統領選で敗退、続く下院選でUMPが野党へと転落してリーダーの座が不在となると、このようなUMPの民主化・多元化した構造は組織に大きな亀裂を残した。すなわち、次期総裁選にフィヨン前首相とコペUMP幹事長がともに立候補し、後者がかろうじて党員票の過半数（五〇・〇三％）を獲得したものの、これを不服としてフィヨンが独自の議員グループを立ち上げるという内紛が生じることになった（『ル・モンド』二〇一二年一二月一八日付）。中道に位置するフィヨンは党の議員団の支持を固める一方、サルコジ大統領の「右傾化路線」を是認したコペは一般党員の支持を受け、各県連の票も割れた。さらに大統領選での不正資金疑惑もあってコペ総裁は辞任、結果として二〇一四年一一月にサルコジ前大統領が六四・六％の党員票でもって他二名の候補者を破り、総裁に再び選出された（その後、UMPは「共和党」へと名称を変更）。

UMP結成以来のこうした一連の経緯は、ゴーリスト党が過去とは異なる形で個人のカリスマに依存する政党であり、他方で新たなリーダーの選出には党員による正当性に依拠せざるを得なくなっていることを示していると言えるだろう。

7　「大統領制化」の中の共通点と差異

以上のように、社会党およびUMPの組織的な変革は、ともにリーダーシップの人格化と党員の関与拡大、党組織の民主化というトレンドに添っているという観点からは、共通点を見出すことができるだろう。社会党はオープン・プライマリの実施によってリーダーシップ争いに決着を付け、その過程で党員および党活動家（ミリタン）が果たす機能を高めることになった。UMPにおいても党員構成の刷新を実現しつつ、党内の多元化をコントロールする力量を持つリーダー選出に党員が関与するようになった。

こうした組織変革のきっかけとなるのは、九〇年代後半の社会党や二〇〇〇年代初めのゴーリスト党のように、政権与党から転落して有意なリーダーシップを野党時に見出せない場合であることが多い。これはまた、与野党を問わずフランス政党全般に及んでいる「大統領制化」の圧力と軌を一にしている。すなわち、二極化の圧力とともに政党は大統領候補者を輩出することをその使命とし、またその大統領を目指す候補者も党組織を掌握しなければ選挙に勝ち残れないという傾向が強まっている証でもあるのである。一九八〇年代までのように、外部から組織を掌握すること（ミッテランの場合）や、個人のカリスマだけを頼りに党組織を編成すること（シラクの場合）は、ますます難しくなっている。

もっとも両党でのトレンドは似通っていても、そのメカニズムにはそれぞれの組織的刻印が色濃く残っている。すなわち社会党は「人格化」の道を、UMPは反対に組織の「多元化」の道を歩んでいるものの、前者は党活動家が変革の契機となり、UMPの多元化は党リーダーを基点としたものである。党員の構成、彼らの心性や参加動員のあり方も両党では大きく異なっている。つまり、いかなる組織改革を目指そうとも、それぞれの党はまた粘着性を持った政党の「歴史的遺産」を資源としてこれを行うことを意味しているのである。

註

（1）フランスでは一般的に保守勢力は「保守」ではなく「右派（droite）」と称するため、本章でもその慣例に従っている。また「右派―左派」の対立軸を前提とする場合、「右派」には中道政党が含まれることになる。

（2）二〇一三年時点でみると社会党（二七六議席）、ＵＭＰ（一八五議席）、中道ＵＤＩ（三〇議席）、緑の党（一七議席）、急進派（一六議席）、共産党（一五議席）となっている。

（3）たとえば二〇一二年の大統領選の場合、議会外政党の候補者が集めることのできた票は計一九・九％、二〇〇七年大統領選では一八・六％にものぼっている。この割合は二〇〇二年には三二・九％と三分の一以上を占めた。

（4）ここでのＵＭＰ党員の数字は、社会党のそれと異なり党員アンケートではなく、Haegel 2012での二〇〇四年のＵＭＰ大会参加者へのアンケート結果（サンプル数七五六名）であることに留意する必要がある。もっとも現段階ではＵＭＰ党員・ミリタンへの大規模なアンケート調査はこれ以外に存在しないことから、以下では同調査に依拠する。

（5）ただし党員は「支持する」であって「指名する」とされていたわけではないことにも注意する必要があるだろう。

参考文献

アンジェロ・パーネビアンコ（村上信一郎訳）（二〇〇五）『政党』ミネルヴァ書房。

Berstein, Serge（1999）"De la Démocratie Plébiscitaire au Gaullisme : Naissance d'un Nouvelle Culture Politique Républicaine ?," in Do.（eds.）*Les Cultures Politiques en France*, Paris : Seuil.

Bréchon, Pierre（2011）"La Droite, entre Tradition Gaulliste et Recomposition Unitaire," in Do.（ed.）*Les Partis Politiques Français*, Paris : La Documentation Française.

Cautrès, Bruno and Sylvie Strudel（2012）, "Les Flux a l'Intérieur de la Droite : D'une victoire Centripète a la défaite Centrifuge," in Pascal Perrineau (ed.) *La Décision Electorale en 2012*, Paris : Armand Colin.

Charlot, Jean (1967) *L'UNR*, Paris : Presses de Sciences Po.

———(1970) *Le phénomène gaulliste*, Paris : Fayard.

———(1971) *Les Partis Politiques*, Paris : Armand Colin.

Duhamel, Olivier et Gérard Grunberg (2001) «Les Partis et la Ve République» in *Le Commentaire*, no. 95.

Duverger, Maurice (1951) *Les Partis Politiques*, Paris : Armand Colin.（岡野加穂留訳『政党社会学』潮出版社、一九七〇年）

Gaxie, Daniel (1977) "Economie des partis et Rétributions du militantisme," in *Revue française de science politique*, vol. 25.

Guiol, Patrik et Eric Neveu (1983) "Sociologie des Adhérents Gaullistes," in *Pouvoirs*, vol. 28.

Grunberg, Gérard et Florence Haegel (2007) *La France vers le Bipartisme ?* Paris : Presses de Sciences Po.

Haegel, Florence (2001) "A la Recherche de la «densité» des Phénomènes Organisationnels : l'Exemple du RPR," in Dominique Andolfatto et al. (eds.), *Les Partis Politiques. Quelles Perspectives ?*, Paris : L'Harmattan.

———, Christine Putz, Nicolas Sauger (2003) "Les Transformations de la Démocratie dans et par les Partis. L'Exemple de l'UDF et du RPR," in Pascal Perrineau (ed.) *Le Désenchantement Démocratique*, La Tour d'Aigues : Editions de l'Aube.

———(2009) "La Mobilisation Partisane à Droite," in *Revue Française de Science Politique*, vol. 59, no. 1.

———(2012) *Les Droites en Fusion*, Paris : Presses de Sciences Po.

Hopkin, Jonathan and Caterina Paolucci (1999) "The Business Firm Model of Party Organization," in *European Journal of Political Research*, vol. 35.

IFOP (2012) "Premier tour de l'Élection Présidentielle 2012 : Profil des électeurs et clés du scrutin," IFOP.

Juhem, Philippe (2006) "La Production Notabiliaire du Militantisme au PS," in *Revue française de science politique*, vol. 56, no. 6.

Katz, Richard S. and Peter Mair (1994) *How Parties Organize*, London : Sage.

———(1995) "Changing Models of Party Organizations and Party Democracy, the Emergence of the Cartel Party," in *Party*

Politics, vol. 1, no. 1.

Kesselman, Mark (1972) "Systèmes de Pouvoir et Cultures Politiques au sein des Partis Politique Français," in *Revue Française de Sociologie*, vol. 13, no. 4.

Knapp, Andrew (1994) *Gaullism since De Gaulle*, London : Dartmouth Publishing.

Kriegel, Annie (1968) *Les Communistes Français*, Paris : Le Seuil.

Lagroye, Jacques et al. (1976) *Les Militants Politiques dans Trois Partis Français*, Paris : Pedone.

Mayer, Nonna (2007) "Comment Nicolas Sarkozy a Rétréci l'Electorat Le Pen," in *Revue Française de Science Politique*, vol. 57, no. 3-4.

Offerlé, Michel (1983) "Transformation d'une Entreprise Politique : De l'UDR au RPR (1973-1977)," in *Pouvoirs*, vol. 28.

Rémond, René (1992) *Les Droites en France*, Paris : Montaigne-Aubier.

Rey, Henri et Françoise Subileau (1991), *Les Militants Socialistes à l'Epreuve du Pouvoir*, Presses de la FNSP.

Sawicki, Frédéric (1997) *Les Réseaux du Parti Socialiste*, Paris : Belin.

Scarrow, Suzan (1994) *Parties and Their Members*, Oxford University Press.

Schonfield, William R. (1985) *Ethnographie du PS et du RPR*, Paris : Economica.

Strudel, Sylvie (2007) "«Rupture Tranquille» ou Syncrétisme tourmente ?," in *Revue Françaises de Science Politique*, vol. 57, no. 3-4.

Seiler, Daniel-Louis, "Théorie des Partis et Systèmes Partisans," in, Yohann Aucante et Alexandre Dézé, *Les Systèmes de Partis dans les Démocraties Occidentales*, Paris, Presses de Sciences Po, 2008.

Ysmal, Colette (1990) "La Crise Electoral du RPR et du UDF," in *Revue Françaises de Science Politique*, vol. 40, no. 6.

第4章　野党なき政党の共和国イタリア
――二党制の希求、多元主義の現実――

池谷知明

1　第二次世界大戦後のイタリア政党政治

イタリア政治・政治学における政党

第二次世界大戦後のイタリア政治にとって政党は決定的に重要である。「政党の共和国」(Scoppola 1997) と称されるように、戦後の共和体制は政党主導でつくられ、運営されてきた。キリスト教民主党、イタリア社会党、イタリア共産党などの諸政党は国民解放委員会 (Comitato della liberazione nazionale : CLN) に結集して、ファシスト勢力とドイツ軍に対してレジスタンスで共闘し、北部を解放した。憲法制定議会では、これらの政党が中心となって憲法草案を審議し、戦後の共和体制を構築した。さらに官僚機構が弱いことも手伝って、政党支配体制 (partitocrazia) と呼ばれる政党中心の権力体制が築かれた。

政党はイタリア政治学にとっても重要であった。法学、哲学、歴史学に対して後進的な地位に置かれていた政治学は、これらの学問が主要な研究対象としない政党研究を通じて、そのアイデンティティを確立した (Panebianco 1989 : 107-108) からである。もっとも政党研究の比重が高かったとはいえ野党研究が盛んであったかと問われれば、答えは否定的なものとなろう。政党研究の中では共産党に対する関心が、とくに一九七〇年代に外国人研究者から寄せられた (Morlino, 1991 : 112-114)。しかし、本格的な政権交代が欠如する状況において、共産党は吉田が定義するような「政権交代によって与党の地位に与る潜在的可能性を持つ政党組織」としての野党ではあり得なかったし、[1]

場合によっては反体制政党ともみなされていた。

第一共和制・第二共和制

イタリア政治は一九九〇年代半ばに大きな政治変動を経験し、変動前を第一共和制、変動後を第二共和制と呼ぶことが一般的となっている。第一共和制の特徴は、キリスト教民主党を核とした恒常的な連立政権と本格的な政権交代の欠如にあった。政権交代の欠如は政権を担える野党の欠如を意味した。他方で、本格的な政権交代を目指した選挙制度が導入された第二共和制においては、選挙において競合する政党も大きく変わり、実際に政権交代が実現した。政権交代の実現は野党を生み出したのか。本章の課題は、この問いに対する解答を求めることにあろう。

以下では、第一共和制の創設時、つまり政党の共和国の成立時にまでに遡ってイタリア政党政治と野党を考察し、続いて第一共和制における政党政治と野党について検討する。第二共和制の政党政治と野党を考えるにあたって第一共和制に言及する理由は、選挙制度の変更、政党の交代にもかかわらず、大統領制、議院内閣制などの基本的な政治制度および政治文化、政治環境などに連続性が存在すると考えられるからである。

第二共和制における政党政治と野党に関しては、選挙制度の変更と政党の交代について概観し、次いで野党へと考察を進めるが、とくに二〇〇七年に結成された民主党に焦点を当てて議論を行う。民主党は単独で政権を担える政党として、また政権を獲得できなかった場合には建設的野党たるべく結党されたからである。その後、二〇一三年末までのイタリア政党政治を総括しながら、イタリア政党政治における野党について検討する。本章を通じて、政党政治と野党についてのイタリア的特徴あるいは特異性が明らかになろうが、まずは政党の共和国の成立時に遡って考察を行うこととする。

2　第一共和制の政党政治と野党

反ファシズムの共和国

第二次世界大戦末期、CLNに結集してファシストとドイツ軍に対してレジスタンスの共同戦線を張ったキリスト教民主党、社会党、共産党などの諸政党は反ファシズムの体制（ファシズムを生まない体制）をつくることを目指した。ファシズムでない、戦前の自由主義体制からファシズムが生まれたことを反省してのことであった。政体について、つまり君主制を存続させるか、共和制に移行するかについては、CLN内部でも意見の一致が見られなかったため、国民投票に委ねられた。一九四六年六月二日に行われた国民投票の結果、共和制への移行が決定された。同時に行われた憲法制定議会選挙では、キリスト教民主党、社会党、共産党がそれぞれ三五・二、二〇・七、一八・九％の得票率を獲得し、これら三党が中心となって憲法草案を審議した。戦前の自由主義指導層の後継政党である自由党はファシズムの台頭を許した点で、同様に戦前からの伝統を持つ共和党はCLNに加わらなかったことにより議席を伸ばせず、その後も両党は小政党に留まるところとなった。

ファシスト体制においてベニート・ムッソリーニを長とする少数者から構成されたファシスト大評議会に権力が一元的に集中した反省から、共和国憲法においては多元主義的な政治制度が定められた。

共和制に移行されたことによって置かれた大統領（第二章）は元首としての儀礼的、形式的役割だけでなく、議会の解散権を持つ（第八八条）ことなどによって政治状況次第で強い指導力を発揮できることとなった。大統領の指導力は、とくに第二共和制に入ってから大きな影響力を持ち、ときに政権の帰趨を左右するようになった。

大統領に一定の権限を認めつつ、内閣および首相権限を相対的に弱くする、議会中心主義の政治運営が基本となった。「立法権能は、両議院が共同して行使する」（第七〇条）と定められているように、上下両院は対等で、両院議員選挙についても多元性を保証するために比例代表制が採用された。厳密に言えば、上院に関しては小選挙区と比例代表の混合選挙制度であったが、小選挙区で当選するためには六五％以上の得票率が必要であり、実質的には比例代表制であった。

多元主義的な制度設計は主要政党の妥協の産物でもあった[2]が、その政党については、すべての市民が「国政を決定するために民主的に競合する政党に自由に加わる権利をもつ」（第四九条）ことが保障され、他方で「どんな形態であろうと解散を命じられたファシスト党の再組織化は禁じる」（追加条項一二条）ことが定められた。

憲法草案は一九四七年一二月に圧倒的多数（賛成四五三、反対八二）で可決された。しかし、憲法制定議会発足時において成立していたキリスト教民主党、共産党、社会党による大連立政権はすでに崩壊し、共産党と社会党は閣外に去っていた。両党は単独ではもちろん、選挙協力を結んでも政権交代を起こすことは不可能であった。その意味で、反ファシストの共和国として成立した政党の共和国は、野党を欠く共和国として出発したと言ってよいであろう。

他方で、第一党であるキリスト教民主党も一九四八年両院議員選挙こそ過半数議席を獲得できた[3]ものの、その後は連立政権が不可避であり、自由党、共和党、社会民主党といった中道小政党を連立のパートナーとすることになった。野党の不在とともに、単独の与党もまた存在しなかったのである。

聖俗・南北・左右の対立軸

比例代表制がもたらす多党化に起因する不安定な連立政権と、本格的な政権交代の欠如およびその結果としての政治腐敗がイタリア第一共和制を特徴づけることに異論を挟むものはいないであろう。しかし、多党化の理由は、一八六一年のイタリア統一によってつくられた聖俗・南北・左右という多元的な対立が、比例代表制によって議会に反映された結果と言える。

聖俗の対立はイタリア王国が自由主義国家として成立したことに起因し、さらに同王国が一八七〇年に教皇領であったローマを併合したことによって決定的になった。反発したカトリック教会は教会が指導する「実在の国」における選挙つまり地方選挙に参加することは認めたが、イタリア王国は「法定の国」であるとして信徒に対して下院選挙への参加を禁じた。その結果、一九世紀を通じてカトリック政党はおろかカトリックの国会議員が誕生することもなかった。聖俗の対立は、共和制に移行した第二次世界大戦後も、離婚、妊娠中絶をめぐって存続した。これらの問題は、キリスト教民主党と世俗小政党から成る連立政権内では結論を出せず、国民投票で決するところとなった(4)。後述するように、この対立軸は、第二共和制においても同性愛などを認めるか否か等で残存している。

南北の対立も多様な地域、異なる国家・社会がイタリア王国に統一されたことによって生じた。誕生した新国家を中央集権国家として一つにまとめることが当時の政治指導者の課題であったが、とくに南部については、その後進性およびマフィアをはじめとする組織犯罪の存在と、それらに由来する差別・蔑視が加わって南部問題と認識された。いかにして南部を発展させるかという問題は、統一直後からイタリア王国の最重要の政策課題の一つであった。第二次世界大戦後は南部開発をめぐる補助金がキリスト教民主党の資金源となり、政治腐敗の温床として批判されたが、政党間の対立軸として顕在化することはなかった。しかし、一九八〇年代半ば以降、ロンバルディア同盟（のちに北部同盟）がイタリアへの連邦制の導入を主張して北部で台頭すると、政党間の対立軸として可視化されるようになった。

以上の二つのイタリア独自の対立軸に加え、ヨーロッパに共通する左右の対立軸が存在した。第二次世界大戦後は共和体制の構築に大きな役割を果たした共産党が西欧最大の勢力を誇り、他方でキリスト教民主党が反共キャンペーンで対抗した。さらに、一九四六年にはネオファシスト政党であるイタリア社会運動が結成され(5)、一九五〇年代には社会党に次ぐ第四党の地位を占めるに至ったが、このことはファシズムと反ファシズムという対立軸が消え去っていないことを意味し、言わば二重の左右の対立軸が存在したことを意味する。

体制選択の問題であった左右の対立はベルリンの壁の崩壊に伴って消えたが、平等や自由をめぐる左右の対立はなお存在し（Bobbio 1994）、第二共和制に継続している。左右の価値が何であるか、またそれぞれの価値観を忠実に反映しているかはともかくとして、また、それぞれを構成する政党、政治グループが変化しているとしても、第二共和制においても左と右の対立を基本的な対立軸として、政党間競合が展開している。

極端な多元主義・不完全な二党制・政党支配体制

南北、聖俗、二重の左右の対立軸に起因するイタリア政治社会の多元性は、比例代表制により議会に反映され、イタリア政党政治の多党化をもたらした。ジョヴァンニ・サルトーリによれば、イタリアの多党制は西ドイツ（当時）の穏健な多元主義（限定的多党制）とは異なる極端な多元主義（分極的多党制）と呼ぶべきものであった。全体として政党数が多く、イデオロギー距離が大きいことに加えて、左右両極に位置して遠心的競合を展開する共産党とイタリア社会運動は、野党というよりも反体制政党であった（Sartori 1976）。他方でジョルジョ・ガッリは二党制をモデルにしつつ、第一党のキリスト教民主党と第二党の共産党との間に政権交代はなく、またその可能性もないことから、不完全な二党制論を展開した（Galli 1966）。政権担当の可能性がない以上、共産党は不完全な野党であった。もっとも共産党を反体制政党、政権を担えない野党と片付けてよいかについては、議論の余地があろう。一つは共産党が政党支配体制の一角を占めていたことにある。官僚機構が歴史的に弱いこともあり、政党は、第二次世界大戦後、政治運営のみならず、公共部門、民間部門を実質的に支配する一種の権力機構となっていた。政党の支配は様々な部門に及んでいた。中央官僚、地方公務員が政治的に任命され、全国各地にある貯蓄銀行の頭取も政党別に色分けされていた。国営放送が持っていたチャンネルさえも政党と結びつき、第一チャンネルがキリスト教民主党、第二チャンネルが社会党、そして第三チャンネルが共産党に系列化された。

共産党は政権に対して対決する姿勢を見せていたが、他方で法案の成立については協力的であったことや、一九七六年に成立したジュリオ・アンドレオッティ内閣が、共産党が棄権したことによって成立したことから、サルトーリが指摘した遠心的競合は薄れ、求心的多党制へ変化しているという考察も行われるようになった（Farneti : 1983）。

地方政治に目を向ければ、ボローニャ、フィレンツェといった北部・中部イタリアは、レジスタンスを通じて共産党が強い影響力を持っており、「赤い地帯」と呼ばれていた。共産党はこれら地域の多くのコムーネ（市町村に相当する基礎自治体）で与党として市政を担っていたのである。

野党なき第一共和制の終わり

共産党は一九七〇年代にエンリコ・ベルリングェルの指導下で党勢を拡大したものの、一九八〇年代に入ると退潮する。共産党が政権に就く可能性は低下した。

他方で第一党のキリスト教民主党の党勢にも陰りが見られ、共和党のジョヴァンニ・スパドリーニや社会党のベッティーノ・クラクシなどが首相を務めるようになった。しかし、キリスト教民主党が政権の座を降りることはなかった。共産党とイタリア社会運動を除く五党（キリスト教民主党、社会党、社会民主党、共和党、自由党）体制が築かれたからである。しかし、堅固と思われていた五党体制も一九九〇年代初頭の政治変動によってもろくも崩れ去り、第一共和制は本格的な政権交代を欠いた、野党不在の政党の共和国として幕を閉じることになる。

3　第二共和制の政党政治

選挙制度改革——ゲームのルールの変更

一九八〇年代末からの政治改革運動と九〇年代初頭の汚職捜査によってもたらされた政治変動によって、憲法の全面的改正がなかったにもかかわらず、イタリアは第二共和制に移行したと考えられるようになった。[6]それは、選挙制度が変更されたことと、何よりも戦後の共和体制をつくり、政権を担ってきた伝統政党の多くが政治の舞台から消え、代わって新たな政党が登場したことによる。

選挙制度の変更は一九九三年になされた。本格的な政権交代を実現し、機能するデモクラシーを求める政治改革運動の帰結として、九一年六月に下院選挙法の優先投票に関するレファレンダムが実現していた。[7]九三年四月には上院選挙法の小選挙区における阻止条項の廃止に関するレファレンダムが実現し、これを受けて、議会は早くも同年八月に上院の選挙法を改正し、さらにレファレンダムの対象になっていなかった下院の選挙法をも改正するに至った。

新選挙制度は、上下両院ともに議席の七五％を小選挙区相対多数代表で、残りの二五％を比例代表制で選出する混合選挙制度となった。小選挙区相対多数代表制の採用は、二党化は不可能にせよ、複数の政党が選挙連合を結成することにより、それら選挙連合が二極に収斂し、政権をめぐる競合が展開することが期待されたためであった。他方で、小政党を保護する観点から比例代表制が残された。

政党の交代

新選挙制度による最初の両院選挙は一九九四年三月に行われたが、この選挙制度をつくった伝統政党の多くは、選挙を戦うことはなかった。選挙制度改革の動きと前後して、政党を取り囲む状況も変化し、伝統政党が消え、新たな政党が登場したからである。

政党交代のきっかけは、一九九二年にミラノで発覚した（イタリアでは日常的な）些細な汚職事件の摘発であった。汚職の摘発は各地に連鎖し、タンジェントポリ（賄賂都市）と呼ばれる全国的な汚職事件へと発展した。「マーニ・プリーテ（清潔な手）」作戦と呼ばれた司法捜査は、連立政権と政党支配体制の中枢にあったキリスト教民主党、社会党らの議員に及んだ。折からの政治改革運動の中で伝統政党は激しい批判にさらされ、一九九四年一月にはキリスト教民主党が解散に追い込まれた。政治変動を生き残ったのは、左右の両極に位置していた政党であったが、共産党はベルリンの壁の崩壊を受け、すでに一九九一年に政治方針と党名を変更し左翼民主党に発展的解消を遂げていた。イタリア社会運動も国民同盟として選挙に臨むことになった。

キリスト教民主党が占めていた中道の政治空間は言わば真空状態にあったが、その間隙を埋めるかのように新党フォルツァ・イタリアを立ち上げて政界入りしたのが、メディアの帝王と呼ばれていたシルヴィオ・ベルルスコーニであった。さらに八〇年代末から北部の自治を唱えながら台頭してきたロンバルディア同盟も、同様の自治運動組織と合同し、北部同盟として新選挙制度の下で選挙を戦うことになった。

政権交代・二極化と野党の不在

比例代表制から小選挙区相対多数代表制を主とする混合選挙制度への移行によって、選挙競合の様式が変化した。複数の政党が形成する選挙連合が政党に代わって選挙競合の中心となった。一九九四年両院選挙こそ中道・左翼、中道、中道・右翼の三つの選挙連合が選挙競合を展開したが、同選挙で中道連合が埋没することにより、九六年、二〇〇一年選挙では中道左翼、中道右翼の二極の競合が展開するようになった(8)。また、三回の選挙で勝利した選挙連合が、中道・右翼、中道左翼、中道右翼と変わり、政権交代も実現した。だからといって、次の政権を目指す野党が生まれることはなかった。

そもそも多党化状況に変わりはなかった。たしかに諸政党が中道左翼、中道右翼の二つの選挙連合に収斂した結果、二極化が進行した。他方で、それぞれの選挙連合を形成する政党に注目すれば、政治変動の過程で政党の離合集散が繰り返されており、政党の破片化が進み、それはとくに小選挙区で顕著であった。たとえば二〇〇一年下院選挙では、比例代表で四%の阻止条項を突破して議席を獲得した政党はわずか五党に過ぎなかったが、小選挙区で議席を獲得した政党は一五に上った。より大きな選挙連合を形成するために両選挙連合は小政党を連合内に引き入れたが、その際に小政党の候補者を当選しやすい選挙区から擁立することができるように、政党間で票の交換・配分などの取引が行われたからである。比例代表で議席を獲得できない小政党も小選挙区で議席が保証されることになり、かくして選挙連合が二極化したが、そのことによって逆に政党の破片化が促進されたのである(池谷 二〇〇三)。

選挙競合の単位が選挙連合であったことの問題は他にも存在した。大小様々な政党を中心に結成される選挙連合は政党の集合体に過ぎず、単一の政治組織でもなければ、恒常的な政治単位でもない。政党に比べると、はるかに凝集性が低い。勝利した選挙連合が樹立するのは連立政権であり、単独政権ではない。連立に参加していた政党が政権を離脱することによって政権が危機に陥ったり、崩壊したりする危険性が存在し、また現実のものとなった。さらに敗北した選挙連合が一つの院内会派にまとまって野党連合として政権に対決することもなく、したがって、次の選挙に備えることもなかった。選挙のたびに選挙連合がつくられたから選挙連合の名称も変わった。一九九六年選挙と二〇〇一年選挙の中道左翼連合オリーブの木のように同じ名称を用いていたとしても、選挙連合を構成する政党は異なっていた。

二〇〇五年選挙法と政党破片化

二〇〇五年に選挙法が改正されて比例代表制が復活したが、選挙競合の様式に変化はなかった。上下両院ともに諸政党が選挙連合を結成することが前提とされたからである。ただし有権者が政権を選択できるように首相候補を掲げて選挙を戦うことが定められた。また、政権の安定性を確保することを目的として、議席は単純に比例配分されずにプレミアム制が導入された。下院では六三〇議席中の三四〇議席が最多得票連合に保証され、残りの議席を比例配分する。上院では州を単位とする選挙区ごとに五五%の議席がプレミアムとして付与されることとなったが、そのため上院全体で安定多数が保証されるわけでなく、したがって下院と異なる多数派を成立させる可能性もあり、両院で信任される政権が生まれるのか不安視された。他方で小政党に対しては、選挙連合に加わることによって阻止条項が引き下げられるという（隠れた）プレミアムが存在した。選挙連合形成を促進することが目的であったが、逆に政党の破片化を維持、促進する結果をもたらし、また、小政党が政権連合、つまり政権を獲得した選挙連合に対する脅迫政党として機能することも可能にした。二〇〇五年選挙法は、一方で選挙連合形成による安定性をつくりだそうとしつつ、他方で政党破片化による不安定性がもたらされる矛盾をはらんでいた。

選挙法改正後初の両院選挙である二〇〇六年選挙で勝利したのは中道左翼連合であったが、はたして不安は現実のものとなった。下院ではプレミアムによって安定多数を確保できたものの、上院では過半数をわずか二議席上回ることしかできなかったからである。政党破片化状況の変化もなかった。選挙後に成立したロマーノ・プローディ政権は一〇を超える政党から構成されていた。

連立政権の不安定性とそれに起因する政治危機を回避するために、政党の連合体である選挙連合を一つの政党にすることが求められた。とくにベルルスコーニといういわば絶対的な指導者がいる中道右翼勢力に対して、そのようなリーダーを欠き、選挙連合内により多くの小政党を抱える中道左翼勢力にとって、その必要性は高かった。こうして民主党が結党されることになる。この動きに対抗する形で中道右翼勢力も自由の国民という一つの政党にまとまろうとし、イタリア政党政治は二党化へ動き出し、野党も誕生するかに思われた。

4　民主党

オリーブの木から民主党へ

中道左翼勢力を単一政党にまとめる構想は、一九九六年選挙でオリーブの木連合が勝利し、リーダーであったプローディが政権を率いた頃から存在したものの、立ち消え状態にあった。構想が現実味を帯びるようになった契機は、二〇〇四年欧州議会選挙であった。プローディの提唱によって左翼民主主義者と中道政党のマルゲリータを中心とした統一リストであるオリーブの木がつくられ、同選挙で得票率三一・一％を獲得し、二五人の当選者を出したのであった。

左翼民主主義者とマルゲリータは二〇〇六年上下両院選挙に際しても下院でオリーブの木として統一リストを提出し、中道、左翼の諸政党とともに選挙連合ルニオーネ（l'Unione、「連合」の意）を結成することとなった。二〇〇五年一〇月には同連合の首相候補を選ぶ予備選挙(9)を実施し、プローディを首相候補とした。二〇〇六年四月に実施された選挙では、ベルルスコーニを首相候補とする中道右翼連合に勝利し、プローディが再び政権に就いた。

民主党のためのマニフェスト

プローディ内閣の発足とともに左翼民主主義者とマルゲリータの合同の動きも加速した。プローディが指名した有識者委員会が発足し、同委員会が起草した「民主党のためのマニフェスト（Manifesto per il partito democratico）」が二〇〇七年二月に発表された。「我ら、民主主義者はイタリアを愛する」という宣言で始まるマニフェストは、「我ら、民主主義者」、「イタリア、ヨーロッパの国」、「オリーブの木、我らが政党」の三部で構成されていた。

「我ら、民主主義者」では、イタリアの文化、歴史に対する誇りを表明する。他方で、現在の苦境、とりわけ政治面での問題認識として、指導階級が高齢男性で占められていること、女性の政治代表が排除されていること、若年層が社会において不遇な状態に置かれていることを指摘する。こうした苦境を乗り越えるために、新たな政党として民主党は結成されるが、それは一〇年前に始まったオリーブの木の完成を意味する。また、欧州社会党および他の改良主義政党とともにヨーロッパ政治の革新に貢献すること、ヨーロッパの歴史の中で確立され、共和国憲法においても定められている自由、平等、連帯、平和、個人の尊厳という諸価値を認識し、イタリアを革新し、統一ヨーロッパを構築することを宣言する。

「イタリア、ヨーロッパの国」では、一つのヨーロッパを強調しつつ、ヨーロッパを構成する一国であるイタリアの北部と南部の均衡的な発展・繁栄を、機会の平等の保障、市場競争力の向上、公共セクターの効率化を通じて目指す。また、労働と教育の重要性を説き、社会国家の再建を行うとする。制度改革にも言及し、進行中の連邦制改革を完成させ、権威のある安定した政府が必要であると述べる。議会改革については、定数を削減し、二院の役割を見直すことを挙げる。他方で、政治には限界があり、国家の全能性を否定するとともに、その世俗性を擁護する。世俗性は反宗教的なイデオロギーとしてではなく、文化多元主義の尊重と価値化として認識される。国家とカトリック教会の関係は憲法によって正当に定められており、今後もこの定めに従う。

「我ら、民主主義者」、「イタリア、ヨーロッパの国」で述べた計画は、すでにオリーブの木という共通のシンボルの下で行われてきたとマニフェストは述べ、その延長線上に二〇〇八年末までに民主主義者から成る新党を立ち上げるとする。新党の理念は、「オリーブの木、我らが政党」に記されている。すなわち、新党は多元主義を尊重し、市民の参加に開かれた政党である。それゆえ、リーダー、候補者、役職者を予備選挙で選出する。目指すのは、参加と関与において多様な機会を用意したネットワーク的な政党であり、州および地域についての広範な自治に従った連邦的な基盤に立って組織された政党である。一九世紀的なイデオロギーを打倒し、政治文化と社会セクター間、両性間、世代間を架橋することに着手する。とくに両性のうち一方の性の少なくとも四〇％が代表されることを課す。イタリアの「未来への新しい道を切り開く」ことを宣言して、マニフェストは終わる。

民主党の結党

民主党の具体的理念、政策、組織に関しては、不明朗な部分がなお多々存在していたが、二〇〇七年のマニフェスト発表後、結党の動きは早まった。同年四月には、党首に当たる書記長選挙を一〇月に行うことが決定され、五月には四五名からなる発起人委員会（Comitato promotore）が発足し、書記長に加え、全国結党大会代議員、州結党大会代議員を選出する予備選挙の様式を定めた。他方で、左翼民主主義者、マルゲリータは、同年四月にそれぞれ党大会を開催し、解党と民主党への合流を決定した。

党首選の期日は一〇月一四日とされたが、その日は二年前にプローディを中道・左翼連合の首相候補に選出した日でもあった。党首選には民主党の結成過程に参加する意思を表明し、五ユーロ（二五歳以下は一ユーロ）の寄付をすれば、一六歳以上のイタリア市民、イタリアに居住しているヨーロッパ市民および滞在許可証を所持している外国人が参加することができた。(10)

六人が立候補した党首選挙には三五五万四一六九人が投票し、七五・八％の得票率で、左翼民主主義者に所属し、ローマ市長（当時）であったヴァルテル・ヴェルトローニが当選した。一〇月二七日に結党大会がミラノで開催され、ヴェルトローニが書記長に就任し、首相であったプローディが議長職に就くことになった。さらに一一月に入って本部とシンボルが定められた。

民主党の動きに中道・右翼勢力も対抗し、やはり一一月にベルルスコーニが自由の国民を立ち上げることを表明し、フォルツァ・イタリアとともに国民同盟が合流することとなった。多党化状況は二極化という過程を経て、二党化へと移行し始めたかに思われた。

二〇〇八年選挙と民主党

誕生したばかりの民主党は与党としてプローディ政権を支えることになったが、同政権の運営は不安定であった。下院ではプレミアムの恩恵を受けて安定多数を確保していたが、上院での優位は二議席に過ぎず、小政党を多く抱えるがゆえに政権危機を内包していた。はたして危機は二〇〇八年一月に現実のものとなった。上院でわずか三議席しか有していなかった欧州民主同盟が連立を離脱したからである。政権への信任投票は下院では可決されたものの、上院で否決され、内閣は総辞職を余儀なくされた。ジョルジョ・ナポリターノ大統領による後継首相の調整は失敗し、議会は解散され、四月に両院選挙が行われることとなった。

二〇〇八年両院選挙は、それまでの選挙戦と異なる様相を見せた。中道左派、中道右派それぞれで選挙連合を形成する政党が激減したからである。中道左派連合は民主党と価値あるイタリアの二党のみで形成された。対抗する中道右派連合は、フォルツァ・イタリアと国民同盟が自由の国民として統一リストを提出し、これに北部同盟、自治のための運動が加わった。

中道・左翼連合が二党で構成されたのは、民主党の党首であり、中道左派連合の首相候補となったヴェルトローニの決断によるものであった。政党の破片化が進んだイタリア政治の単純化、簡素化を目指してヴェルトローニは「単独で選挙を戦う」ことを宣言した。この言わば単独戦略は勇敢な行為と言われたが、他方で絶望的なギャンブル、自殺行為とも評された（Corbetta 2009 : 75-77 ; Newell 2009 : 98 ; Pasquino 2009 : 27）。

民主党の敗因

選挙は上下両院ともに中道右派連合が過半数議席を占めて勝利し、ベルルスコーニが政権に復帰した。民主党はヴェルトローニを首相候補とすることで、若さと新しさを強調したが及ばず、政権の座を降りることになった。

民主党の敗因は「単独」で戦おうとしたこと、すなわち左翼小政党を選挙連合から排除したことにあったとされる。二〇〇六年下院選挙で合計得票率一〇・二%を獲得した左翼小政党は、選挙連合の単純化、簡素化の影響を受け、二〇〇八年選挙では同四・一%まで下げた。左翼小政党はいずれも阻止条項を突破できず、議会から左翼政党が消えることになった。民主党にとっての問題は、左翼小政党が失った票を獲得することができなかったことにある。民主党の下院選挙での得票率は三三・二%で、二〇〇六年下院選挙でのオリーブの木の得票率をわずか一・九ポイント上回るに留まった。この数字は、一九七六年選挙でエンリコ・ベルリングェル書記長の下で共産党が獲得した三四・四%の得票率を下回るものであった。左翼小政党の支持者の票は民主党に流れたものもあるが、価値あるイタリア（得票率は二〇〇六年下院選挙での二・三%から四・四%に上昇）や北部同盟（同四・五%から八・三%に上昇）に流れたり、棄権に回った（投票率は八三・六二%から八〇・五一%に低下）りしたとされる（Pasquino 2009 : 27–28）。

党首と代議員の選出に党員だけでなく、一般市民も参加可能にした点に他のヨーロッパ諸国の政党でも類を見ない民主党の革新性があったとしても（Venturino 2010 : 9–10）、結局は二つの政党が合同したに過ぎず、そこから新たな熱狂や付加的な要素は生み出されなかったと評されることとなった（Pasquino 2009 : 21）。

二党化の観点からすれば、二〇〇八年下院選挙で二大政党の得票率の合計は七〇・六%まで高まり、二〇〇六年下院選挙の左翼民主主義者とフォルツァ・イタリアの合計得票率四三・一%をはるかに上回った。この数字は一九七六年選挙時のキリスト教民主党と共産党の合計得票率に匹敵する。イタリア政党政治は単純化され、二極主義から二党化へ歩を進めたかに思えた。[11] その後の経過は、この見方を否定することになるが、たとえ二党化へ進みつつあったとしても、二〇〇八年選挙の結果は与党として誕生した民主党を野党に転落させるものであった（Corbetta 2009 : 91）。

野党戦略の失敗

ヴェルトローニの「単独で選挙を戦う」という決断は、選挙で敗れた場合には「建設的な」野党となる覚悟を示していたが、実際には価値あるイタリアと選挙連合を組むことによって反古にされていた。選挙後に同党と統一院内会派をつくることもできなかったため、民主党は「単独で」影の内閣を組織して、次の政権を担える野党としてベルルスコーニ政権と対決姿勢を見せた。ただし、影の内閣は公式の制度ではなかったし、また、非国会議員も含まれていた（De Giorgi 2011：117-118）。

ヴェルトローニの野党戦略は要するに成功しなかった。選挙での敗北によってヴェルトローニの立場が弱くなり、路線をめぐる対立も生まれた。ヴェルトローニの側近は、問題を含む政党と連合を組むよりも単独のままであるべきだという考えを持っていた。他方で首相経験者のマッシモ・ダレーマらはより広範な連合をつくる戦略を進めるべきだと主張し、北部同盟との対話も視野に入れていた。これら二つの考えに与せず、既成政党モデルを超え、中道左翼の全勢力を統一するオリーブの木構想を再び立ち上げるべきだとする、プローディに近いアルトゥーロ・パリージの主張もあった。反ベルルスコーニを旗印として政府に挑むためには民主党を軸にした連合が必要であったが、こうした考えは建設的野党を目指したヴェルトローニによって捨て去られた（Newell 2009：102-105, 114）。

民主党の党勢は思わしくなかった。単独で政権を獲得できる野党であるためには支持を拡大しなければいけなかった。しかし、民主党の支持率は二〇〇八年選挙での得票率を上回ることなく、二二～二五％ほどまでに落ち込んだ。いくつかの州選挙での結果もネガティブなもので、最終的にサルデーニャ州選挙の結果を受けて、二〇〇九年二月にヴェルトローニは書記長職を辞することになった。暫定党首の座にダリオ・フランチェスキーニが就くと、ヴェルトローニが組織した影の内閣も崩壊した。

二〇〇九年六月の欧州議会選挙の残念な結果を受けて、党首選が行われた。フランチェスキーニ、ピエル・ルイージ・ベルサーニ、イニャーツィオ・マリーノの三名が党首の座を争い、ベルサーニが当選した。しかし、左派が力を持っていることについて不満を持ったフランチェスコ・ルッテリなどが党を去ることになった。

民主党の限界と課題

路線対立に示されたように、民主党の問題点は凝集性、一体性の欠如にあった。共産党の流れを汲む左翼民主主義者と中道政党であったマルゲリータに路線の違いがあった。そもそもマルゲリータ自体がキリスト教民主党解体後に結成されたイタリア人民党をはじめとした複数の小政党が合流して結成された政党で、キリスト教左派の立場から自由主義者、環境主義者まで幅広い政治家から構成されていた。

党の主導権をめぐる対立もあった。異なる思想、理念、政策目標を掲げていた勢力が民主党の結党に加わるときに重要であったのは、プローディのリーダーとしての役割と、彼が主導したオリーブの木連合の経験であった。しかし、オリーブの木は選挙連合であり、プローディを党首とする政党ではなかった。プローディは自らの政党を組織することができなかった。他方で、左翼民主党・左翼民主主義者はオリーブの木を支えたが、選挙連合内の最大政党でありながら、一九九六年、二〇〇一年、二〇〇六年の三度の選挙で首相候補を擁立できなかった（Pasquino 2009 : 25）。

民主党内には三つの対立軸が存在することが指摘されている。一つは左右の対立であり、二つ目は倫理的価値に関する対立であり、第三は中央と地方との対立である。左右の対立は経済政策において顕著である。右派が成長を強調し、そのうえで生活水準の改善を目指そうとするのに対し、左派は再分配と平等の実現を優先課題とする。倫理的価値に関する対立は、カトリック教会に近い立場と非宗教・世俗的な立場の違いに起因するが、前者は数的には少数者であっても強硬な立場をとり、同性愛などをめぐる争点に関しては、躊躇なく中道右翼勢力と提携する。中央と地方との対立は、地方組織の自立性の高さを物語るが、（分権的である点で）封建社会的な政党と民主党を皮肉る論者もいた。ベルサーニ当選後に党を出たのは、経済的には右派かつ倫理面で保守的なグループであった（Hanretty e Wilson 2010 : 98-105, 114-115）。イタリア統一とともに生まれた三つの対立軸は、内容・性質を異にしながらも、なおも民主党内に存在していると見ることができよう。

ベルサーニが書記長に就任してからは、他党と連立を組む戦略や新たなオリーブの木の構想が提示されたが、要するに民主党は単独で政権を獲得できる状況になかった。はたして、二〇一三年選挙も選挙連合を組んで戦うことになる。もっとも民主党は選挙を待たずに「与党」に復帰した。二〇一一年秋に経済政策の失敗の責任をとってベルルスコーニが首相を辞し、後任に非国会議員のマリオ・モンティを首班とするテクノクラート内閣(governo tecnico)が成立したからである。

5 野党なき第二共和制

テクノクラート内閣――政党なき大連立

テクノクラート内閣の成立は、イギリスや日本と異なる議院内閣制のあり方に由来する。内閣が議会の信任の上に成立する点でイタリアは議院内閣制の国である。しかし、イタリアの議院内閣制は、以下のような特徴をもつ。第一に、上下両院は対等であり、内閣が成立するためには両院の信任が必要な点である。周知のように、二〇一三年選挙では下院で中道左派連合が過半数議席を獲得したものの上院では多数派を形成できなかったため、選挙後ただちに新内閣を発足させることができなかった。

第二の特徴は、大統領が首相を任命してから組閣が行われ、その後、両院で信任されて内閣が成立する点である。両院選挙で勝利した政党ないし政党連合が存在すれば大統領の任命は形式的な行為となるが、連立内閣を構成していた政党間に不協和音が生じたり、政策の失敗等により首相が辞任したりして政権危機に陥った場合、大統領の任命はきわめて重要な政治的意味を持つ。大統領が諸政党の指導者と協議、調整を行ったうえで、後継首相を任命するからである。調整に失敗した場合には両院は解散されるが、解散権を持つのも大統領であり、大統領が政局を左右することになる。

第三の特徴は、ランベルト・ディーニ内閣に示されるように首相(正式名称は大臣会議の長〔presidente del consiglio dei ministri〕)をはじめとして、国務大臣も国会議員である必要はない点である。第二共和制に入ってからカルロ・

アゼーリオ・チャンピ、ディーニ、ジュリオ・アマート、モンティと四人の非国会議員首相が誕生した。ディーニ、モンティの両内閣は全閣僚が国会に議席を持たないテクノクラート内閣であった。[12]

テクノクラート内閣も上下両院の信任を得て成立している。しかし、内閣には政党に所属する国会議員はいない。与党・野党の観点からテクノクラート内閣はどのように考えるべきであろうか。ディーニ内閣の場合、信任しなかったフォルツァ・イタリアは明確に反対党の立場をとったが、信任に回った左翼民主党をはじめとする諸政党ははたして与党と言えるのか。ベルルスコーニ内閣の後を襲ったモンティ内閣は、選挙で競合した自由の国民と民主党の二大政党が信任して成立したから大連立内閣と考えることもできるが、両党の議員は内閣にいない。自由の国民はなお与党なのか、民主党は与党に復帰したのか。あるいは閣僚を輩出せず、次期選挙で政権獲得（ないし奪還）を目指している点で、野党と考えるべきなのか。政党（に所属する国会議員）なき（大）連立内閣とも言えるテクノクラート内閣の成立は、イタリア政党政治における野党の考察をいっそう複雑かつ難解にしているのである。

再び「不完全な二党制」

二〇〇八年下院選挙で七〇・六％に高まった自由の国民と民主党の合計得票率は、二〇〇九年欧州議会選挙では同六一・九％に低下し、二〇一〇年地方選挙では同五五・七％にまで落ち込んだ。民主党にせよ、自由の国民にせよ、単独では政権獲得を目指せないという意味で、「不完全な二党制」状態にあるとの指摘も出てきた（Ceccarini, Diamanti e Lazar 2012 : 66）。

その後のイタリア政治の動きは、不完全な二党制はおろか、二極化の崩壊をも示す。それは五つ星運動の台頭に示される。まずは経過を簡単に振り返っておこう。

6　二〇一三年選挙と五つ星運動

二〇一三年選挙

二〇一二年末に自由の国民がモンティ内閣に対する支持を取り下げることによって同内閣は総辞職を余儀なくされ、議会は解散されることになった。翌一三年二月に行われた両院選挙では、民主党、自由の国民をそれぞれ核として中道左派、中道右派の選挙連合が形成された。さらにモンティが独自の政党を率いて参入し、また、地方選挙で躍進していた五つ星運動が候補者を擁立したため、二〇〇八年選挙で見られた二党化はおろか、一九九六年選挙以降定着した二極による選挙競合も崩れたが、はたして選挙結果も二極化と異なるものとなった。

下院では中道左派連合が最多得票を獲得し、選挙法の規定によりプレミアムを獲得し、六三〇議席中の三四〇議席を獲得することができた。しかし、上院では過半数議席を獲得する政党が存在しない事態が生じ、中道左派内閣の成立は困難となった。

五つ星運動

予想外の選挙結果は、五つ星運動の台頭による。五つ星運動はコメディアンであるベッペ・グリッロが中心となって設立した反政党主義に立つ政治組織・運動である。グリッロは二〇〇五年から政治運動を行っていたが、二〇〇九年に仲間と五つ星運動を起こした。一般の政党の党則に当たる「非・党則」を承認すれば誰でも参加でき、地方組織の自律性も高い点で民主的な運動である。他方で、グリッロが党首かつ党代表であり、また党のシンボルマークを所有し、さらに党員の除名権を有している点で民主的とは言えない個人政党的な側面を持つ。

五つ星運動は二〇一二年春の地方選挙で予想を超えて躍進し、とくにパルマなどの四都市の市長選に勝利したことで注目が集まった。同年秋のシチリア議会選挙でも存在感を示した。初の国政選挙となる二〇一三年選挙では、下院で二五・五五％の得票率を獲得し、民主党の二五・四二％をわずかながらも上回る第一党となった。上院では二七・四三％を獲得した民主党の後塵を拝したものの、二三・七九％の得票率で、二二・三〇％の自由の国民よりも高い支持を集めた。選挙前の予想を一〇ポイントほど上回る高い支持率であった。

大統領選挙

状況を複雑にしたのは、大統領の任期が五月で満了になることであった。議会を再び解散することは憲法の規定によりできない（第八八条二項）。任期間近の大統領が調停者役を務めることも適切でないという判断から、新内閣の発足は大統領選後に先送りされることになった。

大統領は上下両院議員に各州代表が加わった会議で選出されるから諸政党が一致して推す候補者でなければならない。結局、現職大統領のジョルジョ・ナポリターノが再選され、共和国史上初めて二期務める高齢の大統領が誕生した。ナポリターノは民主党のエンリコ・レッタを首相に任命し、自由の国民を含む大連立政権が誕生した。レッタ政権は、経済改革に加え、制度改革（政治制度に関する憲法改正と選挙制度改革）を目指した。

大連立政権と高まる政党の流動性

大連立政権が成立したことで二党化および与野党対決の構図は遠ざかったが、他方で連立を構成する政党の状況も混沌としたものになった。

民主党は両院選挙で勝利できなかったことと大統領選挙での候補者擁立に失敗したことでベルサーニ書記長が辞職し、グリエルモ・エピファーニを暫定書記長とした。

自由の国民の動向も夏から慌ただしくなった。所有企業メディアセットの脱税容疑で、ベルルスコーニに対して禁固一年の有罪判決が八月に下ったからである。この判決を受け、九月に入って議会がベルルスコーニの議員資格停止に動き始めると、ベルルスコーニは自党出身の閣僚を引き上げ、内閣不信任で対抗しようとした。しかし、一部議員が造反し、不信任は失敗する。一一月に入るとベルルスコーニは、自由の国民を彼が政界入りしたときの党名フォルツァ・イタリアに戻して起死回生を図ろうとしたが、逆に反対派が離党し、新中道右派という政党を結成した。求心力の衰えたベルルスコーニに追い打ちをかけるように、同月末に上院が議員資格の剝奪を決定した。こうしてフォルツァ・イタリアは非国会議員の党首に率いられることになった。

二〇一三年年末からは民主党の動きが再び慌ただしくなった。一二月に入って党首選挙が行われ、党の刷新を訴えていた三九歳のマッテオ・レンツィが選出された。レンツィはフィレンツェ市長であったが国会議員ではなく、民主党もまた非国会議員の党首に率いられることになった。議会に議席を持たない若いレンツィの書記長就任はダレーマ、ヴェルトローニ、ベルサーニら旧共産党時代からの政治階級に対する批判と、レンツィの行動力への期待に由来するが、前述の民主党内における中央対地方の対立の証左でもあった。

年が明けると、レンツィは選挙制度改革案を発表し、ベルルスコーニと直接会談を行って合意を取りつけるという大胆な行動に出た。さらに党内をまとめ上げてレッタに辞職を求めるに至った。党内の支持を喪失したレッタ内閣は二月に入って総辞職に追い込まれた。ナポリターノ大統領は後継首相にレンツィを任命し、前内閣同様、民主党を中心に、新中道右派などから支持された連立内閣が発足した。

7　特異なイタリア政党政治

多元的なイタリア政治社会

第二共和制移行後、諸政党が中道左翼（中道左派）、中道右翼（中道右派）の二極に収斂した選挙競合が展開するとともに、政権交代が実現し、二党化の動きと期待も高まった。しかし、二〇一一年のモンティ内閣以降、二党化はおろか二極化も崩れ、イタリア政党政治は再び混沌とした状況にある。

こうした状況をつくりだしている要因の一つにイタリア政治社会の多元性があろう。統一によって生じた聖俗、南北、左右の対立軸は、内実の変容はあるものの第二共和制においてもなお残存する。左右の対立は選挙競合の基本的対立軸である。同性愛をめぐる問題はなお宗教的対立をつくりだす。連邦制や経済格差などに関連した地域問題も大きな政策課題である。加えて、五つ星運動に見られるような既存の利益・価値観とそれへの批判が新たな対立軸を形成しつつあるように思われる。

一九九三年選挙法にせよ、二〇〇五年選挙法にせよ、第一共和制で採用されていた単純な比例代表制を排除し、選挙連合形成を促進させる制度的工夫を行った。それは多元的な対立軸を政党システムに直接的に反映させないことを目指したものであったように思える。実際、第二共和制に移行後、二〇〇八年選挙まで諸政党は二極に収斂して選挙競合を行い、政治改革運動が一九八〇年代末から希求していた政権交代を実現させた。他方で、選挙連合を前提とした選挙制度は小政党を残存させることになった。政党の破片化とそれに起因する政党の離合集散は止まない。

モンティ内閣から続く連立内閣の成立と政党の流動性の高さは、一九世紀末に生まれたトラスフォルミズモ(13)を想起させる。イタリア政党政治がトラスフォルミズモを脱却し得ないとする見方は短絡的に過ぎよう。しかし、政党と政治リーダーに注目すれば、その特異性は看過できないであろう。

フォルツァ・イタリアはベルルスコーニの個人政党（Calise 2010）であり、企業グループを活用し、マーケティングを行い、所有するメディアを利用した政治運動を展開した（Poli 2001）。上院議員資格剥奪後、ベルルスコーニは民間人として党を指導する。台頭著しい五つ星運動もシンボルマークの権利をグリッロが所有するなど、フォルツァ・イタリアとは違った意味で個人的な政党である。グリッロも国会には議席を持たない「党首」である。両党とは異なる民主党もフィレンツェ市長ではあったが国会議員ではない党首を選出した。主要三政党の党首がいずれも非国会議員が指導する状況が生まれたのである。

民主党が結党に際して目指したのは、二極主義の強化によるイタリア政治システムの合理化であった。二党制をつくることによって、世論が期待する政治運営の効率化を果たし、イタリア現代デモクラシーの深刻な機能不全に対応しようとした（Lazar 2008 : 67-68）。

不安定な政治状況が続く中で、政治の安定化、効率化を望む声は、民主党のみならず他の政党からも世論からも強い。とくに急がれているのが選挙制度と上院の二つの改革である。前者については安定政権をつくるためにプレミアム制と決戦投票制を導入した選挙制度改革が進行し、また、下院の信任のみで内閣を成立させるために、上院の権能を見直す議論が併せて進んでいる。政治改革の方向性はウェストミンスター型デモクラシー的な制度構築に向かっているようである。しかし、議論されている選挙制度は選挙連合を前提とし、二党化を指向していない。実現するのは一つの与党と建設的な一つの野党の対決政治ではなく、今と変わらない連立政権と諸野党が対峙する状況である。

選挙制度と議会において多元性を排除できたとして、政治文化、政治リーダーの多元性は解決されない。他方で、レファレンダムを強化すべきという意見もある(14)。一九七四年の離婚法廃止を嚆矢として、社会的、政治的争点に関してレファレンダムが活発に行われてきたが、このことは政策決定を議会外に求めた（委ねた）ことを意味する。イタリアは決定においても多元性が担保されてきたと言ってよい。

現状の混沌とした政党状況は、イタリア社会の多元性と希求するウェストミンスター・モデルとの相克の結果とも捉えられるが、はたして多元的な政治社会においてウェストミンスター型デモクラシーが実践されるのか、あるいは新たな政治モデルが構築されるのか。解答を得るにはまだまだ時間がかかることが予想されるが、そうだとするならばイタリア政党政治の混沌状況は続き、野党の誕生も先のことになろう。

註

(1) とくに断らない限り、以下の記述では野党を吉田の定義（序章参照）に基づいて使用する。

(2) 前文を欠く憲法は一条で「イタリアは労働に基礎を置く民主的共和国である」と規定する。将来的な社会主義への移行をも想起させるこの条文には、社会党、共産党の影響が強く窺える。他方で、カトリックに特別な地位を認めるラテラノ条約を挿入（第七条）した（社会党は反対したが、共産党が賛成した）ことや、家族の権利を定める（第二九条）条文などにカトリックの影響が垣間見える。

(3) 一九四八年選挙でキリスト教民主党は下院（全五四七議席）で得票率四八・五％、三〇五議席、上院（全二三七議席）で得票率四八・一％、一三〇議席を獲得したが、単独で組閣せず、自由党、共和党などと連立内閣をつくった。

(4) 憲法第七五条は、法律の一部または全部を廃止する国民投票を定める。離婚法については一九七四年に、妊娠中絶法については一九八一年に、それぞれ廃止案が否決され、離婚、妊娠中絶が認められることとなった。

(5) イタリア社会運動は、ナチスの傀儡政権として第二次世界大戦末期に建国されたイタリア社会共和国の再建を目的として、一九四六年に結成された。

(6) 一九九七年から九九年にかけて、バッサニーニ法と呼ばれる一連の法律によって地方自治体へのコントロール、干渉の軽減、行政事務の合理化、簡素化が推進されるとともに、国の権能の多くが州へ委譲されることになった。一九九九年には州の権能と州知事の権限が強化される憲法改正が実現し、州政府の形態を独自に定められるようになった。また、財政連邦主義が推進され、州、県、コムーネの財政規模も拡大した。これらは二〇〇一年の憲法第二部第五章の改正で確認された。中央集権主義から連邦主義への移行は、第二共和制の一つの特徴と言える。

(7) 一九九一年のレファレンダムは、下院選挙における三ないし四人の（選挙区の規模によって異なる）候補者への優先投票の規定を削除し、優先投票を一つに減らすとともに、政党名簿に付されている候補者の番号を記してもよいという補足規定の廃止に関して行われた。これによって、実名を書くという本来の制度を機能させることが求められた。補足規定がとくに南部での政治腐敗と結びついていると考えられたためである。キリスト教民主党、社会党など与党が棄権を呼びかけたものの、投票率六二・五％、賛成九五・六％で成立し、レファレンダムが政治改革に有効な手段と認識されるようになった。一九九三年のレファレンダムは、上院選挙における小選挙区での六五％条項を削除することについての賛否を問うた。投票率七七・七％、賛成八二・七％で成立した。

（8）中道・左翼、中道・右翼については、それぞれ当初 centro-sinistra、centro-destra と表記されていたが、一九九六年選挙で競合を展開した両連合の凝集性が高まったことにより、centrosinistra、centrodestra と表記されるようになった。本章では一九九四年選挙については中道・左翼、中道・右翼、一九九六年選挙、二〇〇一年選挙、二〇〇五年選挙については中道左翼、中道右翼と表記する。なお、二〇〇七年の民主党の結成および二〇〇八年選挙で左翼政党が議会から消失したことに伴い、イタリア語表記は centrosinistra、centrodestra と変わらないものの、二〇〇七年以降は中道左派、中道右派と表記する。

（9）この選挙が予備選挙（elezione primaria）と呼称されたことにより、民主党結党後も党首である書記長選出選挙が予備選挙と誤って呼ばれている。

（10）投票率の低下を恐れて、九月九日にすべての参加者に対して一ユーロとした（Lazar 2008 : 77）。

（11）しかしながら、二〇〇八年選挙で示された公約はプローディ政権の政策と多くの点で異なっていた（Pasquino 2009 : 24）。

（12）アマートは社会党の国会議員であったときに首相となった（一九九二〜九三年）が、二〇〇〇年に第二次内閣を率いたときは国会に議席を持っていなかった。モンティは首相任命四日前の一一月九日に終身上院議員に任命されていたが、実質的には非国会議員と言ってよいであろう。

（13）一八八二年選挙に際して、左派の指導者デプレーティスが呼びかけた多数派工作に端を発する。党派、個人の利害を超えて、政府の指導のもとでの安定多数を確保しようとするこの試みにより右派と左派との区別はなくなり、いわば総与党化体制が成立することになった。自由主義指導層は第一次世界大戦前まで政党組織をつくることはなかった（馬場 二〇一〇）。

（14）憲法改革委員会（有識者委員会）最終報告書（Commissione per le riforme costituzionali. Relazione finale）二〇一三年九

月一七日第六章「国民参加の諸制度（Capitolo Sesto. Istituti di partecipazione popolare）」。

参考文献

池谷知明（二〇〇三）「二極化と破片化——二〇〇一年イタリア上下両院選挙」『選挙研究』第一八号。

馬場康男（二〇一〇）「トラスフォルミズモ再考——予備的試論」北村暁夫・小谷眞夫編『イタリア国民国家の形成——自由主義期の国家と社会』日本経済評論社。

Calise, Mauro (2010) Il partito personale: I due corpi del leader, Laterza.（マウロ・カリーゼ、村上信一郎訳『政党支配の終焉——カリスマなき指導者の時代』法政大学出版局、二〇一二年）

Bobbio, Norberto (1994) *Destra e sinistra: ragioni e significati di una distinzione politica*, Donzelli.

De Giorgi, Elisabetta (2011) Opposizione, in Almagisti, Marco. e Piana, Daniela., (a cura di), *Le parole chiave della politica italiana*, Carocci editore.

Farneti, Paolo (1983) *Il sistema dei partiti in Italia* (1946-1979), Il Mulino.

Lazar, Marc (2008) La nascita del Partito democratico, in Donovan, Mark., e Onofri, Paolo. (a cura di), *Politica in Italia. Edizione 2008*, Il Mulino.

Corbetta, Piergiorgio (2009) Cronaca di una vittoria annunciate. Le elezioni politiche del 13-14 aprile, in Baldini, Gianfranco., e Cento Bull, Anua., (a cura di), *Politica in Italia. Edizione 2009*, Il Mulino.

Newell, James. L. (2009) Centro-sinistra, sinistra radicale, antipolitica e centro: quattro opposizioni in cerca di rivincita, in Baldini, Gianfranco., e Cento Bull, Anua., (a cura di), *Politica in Italia. Edizione 2009*, Il Mulino.

Hanretty, C. (2010) e Wilson, A., Il Partito democratico: un inizio tormentato, in Giuliani, Marco. e Jones, Eric., (a cura di), *Politica in Italia. Edizione 2010*, Il Mulino.

Braghiroli Stefano e Verzichelli Luigi (2011) Condannati all'inefficacia? Pd e Idv tra opposizione parlamentare e strategie di coalizione, di in Gualmini, Elisabetta. e Pasotti, Elenora. (a cura di), *Politica in Italia. Edizione 2011*, Il Mulino.

Ceccarini, Lnigi. Diamanti Ilvo. e Lazar, Marc (2012) Fine di un ciclo : la destrutturazione del sistema partitico italiano, in Bosco, Anua. e McDonnle, Duncan, (a cura di), *Politica in Italia. Edizione 2012*, Il Mulino.

Galli, Giorgio (1966) *Il bipartitismo imperfetto*, Il Mulino.

Morlino, L. (1991) La scienza politica italiana : Tradizione e realtà, in «Rivista italiana di scienza politica», 1, XXI.

Panebianco, Augelo (1989) Le strutture di rappresentanza, in Morlino, Leonard., (a cura di), *Scienza politica*, Edizione della Fondazione Giovanni Agnelli.

Pasquino, Gianfranco (a cura di) (2009) *Il partito democratico. Elezione del segretario, organizzazione e potere*, Bononia University Press.

——— (2011) Primary Elections in Italy. An Episode in Institutional Imitation, in *Journal of Modern Italian Studies*, 16(5).

Pasquino, Gianfranco e Venturino, Fulvio., (a cura di), (2009) *Il partito democratico di Bersani. Persone, profilo e prospettive, 2010*, Bononia University Press.

——— (2009) The Democratic Party and the Restructuring of the Italian Party System, *Journal of Modern Italian Studies*.

Poli, Emanuela (2001) *Forza Italia. Strutture, leadership e radicamento territoriale*, Il Mulino.

Sartori, Giovanni (1976) *Parties an Party Systems. A Framework for Analysis. Volume I*, Cambridge University Press.

———. (1982) *Teoria dei partiti e caso italiano*, Sugarco Edizioni.

Scoppola, Pietro (1997) *La repubblica dei partiti. Evoluzione e crisi di un sistema politico 1945-1996*, Nuova edizone, il Mulino.

Venturino, Fulvio (2010) Introduzione, in Pasquino, Gianfranco. e Venturino, Fulvio., (a cura di), *Il partito democratico di Bersani. Persone, profilo e prospettive*, 2010, Bononia University Press.

第5章　ベルギー分裂危機への道
――フランデレン・キリスト教民主主義政党の党改革――

松尾秀哉

1　党改革と分裂危機

ベルギーは一八三〇年にオランダから独立した王国である。面積は約三万平方キロ、つまり日本の関東地方に相当する小国で、連邦制を導入している。首都ブリュッセルには欧州連合（ＥＵ）の本部が置かれるなど、「ヨーロッパの首都」として知られている。しかしこのベルギーがおよそ二〇〇七年以降、政治的に不安定な状況にある。

ベルギーは主に、オランダ語を語るフランデレン民族とフランス語を語るワロン民族とによって構成されている。双方の対立によってベルギーは一九九三年にそれぞれの言語・民族の自治を認めた連邦制を導入したのであるが、その後の二〇〇七年の連邦選挙以降、二つの民族の間の合意形成が困難で、約半年の間新政権が成立しなかった。さらに二〇一〇年の選挙ではベルギー分裂も辞さないと主張する地域主義政党、新フランデレン同盟（Nieuw-Vlaams Alliantie. 以下Ｎ－ＶＡ）が第一党となり、連立政権形成にいっそう手間取り、新政権成立までおよそ一年半もの時間を要し、この間「ベルギーはもう分裂するのではないか」と騒がれた。本章ではこの一連の「分裂危機」の要因を「野党改革」という視点から検討する。

というのも最初の二〇〇七年の政治空白では、八年間野党の地位に甘んじていたフランデレンのキリスト教民主主義政党である「キリスト教民主フランデレン党（Christen-Democratisch en Vlaams. 以下ＣＤＶ）」が、先のＮ－ＶＡと選挙連合を組み与党に返り咲いたことが重要な要因になっていると考えられるからである。ＣＤＶ（野党転落前は

「キリスト教人民党（Christelijke Volkspartij. 以下ＣＶＰ）」）は、現在のベルギーが独立して以来ほとんどの政権において与党であり、ベルギー政治のかなめであった。しかし、そのＣＶＰは一九九九年の選挙で、党改革に成功した自由党に惜敗し、野党に転落することになった。そして自由党政権下における約八年の野党時代の改革を経て、党名をＣＤＶと変更し、さらに地域主義政党Ｎ－ＶＡと連合し選挙を戦った。党首イヴ・ルテルムは「フランス語話者にはオランダ語を理解できない」など過激なアピールによって勝利し、そしてベルギーは分裂危機に陥った。

分裂危機の要因を考える限り、ＣＶＰからＣＤＶへの変化は重要である。この時期に「…一九九九年の野党への転落後から…Ｎ－ＶＡとのカルテルにまで至ってしまい、まるでキリスト教民主党とは言えなくなってしまった感があった」（武居 二〇一二：三八六）と言われることもある。そこで本章では、キリスト教民主主義政党の変化、改革の過程に注目して分裂危機の要因を探る。

本章が本書において有する意義は、ベルギーが多極共存型民主主義国であることに存する。これらの国家では、政党エリートたちが相互に異なる利害を妥協し合意することで、民族・宗教・言語などによる深遠な社会的亀裂から派生する対立を回避してきた（Lijphart 1977）。すなわち、エリート間の水平的協調関係に特徴がある。常に多党連立政権が模索されるこれらの国家群では、二大政党制に見られるような政党間の競合関係のみならず、政党間の協調関係も政治的安定を担保するために重要な鍵になっている。こうした政党間の協調を余儀なくされる国家における「野党」の意義を、ベルギーという事例を通じて考察することも、本章の目的である。

以下ではまずベルギー政治の概要と、対象としているキリスト教民主主義政党の歴史的概要を説明する。さらにベルギー分裂危機を扱う先行研究を整理すると同時に、本章の問題意識、本章が扱う「党改革」の定義、分析視角などを説明する。以降、ベルギーの党改革の過程を追い、その要因を探り、その後その帰結として生じた分裂危機の過程を簡単に見ながら、ベルギーにおける「野党」の意義について検討する。

本章の主な結論は、第一に、ベルギーのキリスト教民主主義政党の改革自体は九〇年代以降に政党間競合が激しくなるなか、先立つ自由党の改革の成功が「伝染」したことを動機として進められたこと、第二に、その結果九〇年代初頭に組織改革はなされたものの成果を生まず野党に転落し、党の「顔」であるリーダー、そして綱領を変えていく方向に改革が進んだこと、そして第三に、この野党時代の改革は、従来からの党の「強み」であった「地域」を重視するものでしかなく、党は「地域主義化」するに至り、分裂危機を引き起こす要因となった、というものである。

2　ベルギー政治の概要

ベルギー政治の概要

ベルギーは一八三〇年にオランダから独立したが、その時点で主として北方のオランダ語を話すフランデレン民族と、南方のフランス語を話すワロン民族によって構成されていた。建国当初は独立革命を主導し経済的に豊かであったワロンが国家形成の中心となり、フランス語による国民形成が進んだが、その後フランデレンの人々によるオランダ語の公用化運動が激しくなった。双方の対立を一般に言語問題という。

言語問題によって第二次世界大戦後のベルギー政治は大きく左右され、一九七〇年以降、漸進的な分権化改革が進み一九九三年に連邦制を導入することになった。すなわち、フランデレン、ワロンそれぞれ一定の政治的、経済的自治を認めることによって民族共存の途を探ったわけである。

ベルギーが九三年に導入した連邦制は、地理的単位である「地域」と別に「言語」という属人的単位によっても構成された、複雑な三層の統治構造を有している。まずベルギー（中央）連邦政府、そしてフランデレン、ワロン、ブリュッセルという三つの「地域」、さらに属人的な言語——オランダ語、フランス語、ドイツ語（人口の約〇・七％といわれる）——によって区分された「共同体」という構成体が設定されている。

また先に「三層」とは述べたものの、連邦政府、共同体政府、地域政府の間に明確な上下関係の規定はなく、担当する政策領域が異なるだけである。九三年の時点で、主に連邦政府が安全保障や外交、社会保障権限を有する。

共同体政府は教育、文化、言語に関わる政策の権限を有し、地域政府は域内の公共事業など経済政策を担当する。その後、二〇〇一年にはさらに分権化が進められた（若林 二〇〇七：津田 二〇〇八）。

なお九三年以前にも共同体政府・議会、地域政府・議会は規定されていたが、これらの議会が直接選挙によって選出されるようになったのは九三年の連邦化以降である。以上のようにこの連邦制度は複雑に構成されているが、成立当初はこれを「多極共存型連邦制」（Deschouwer 1999：103-104）と高く評価する向きもあった。

しかし連邦化後およそ二〇年を経た二〇〇七年六月の連邦選挙後、フランデレン諸政党とワロン諸政党との連立合意形成は困難で、約半年の政治空白をベルギーは経験した。この間しばしば「ベルギー分裂危機」が騒がれていた。(1)

その後、ヒー・ヴェルホフスタットによる暫定政権（二〇〇七年一二月〜二〇〇八年三月）、イヴ・ルテルム政権（二〇〇八年三〜一二月）、ヘルマン・ファン＝ロンパイ政権（二〇〇八年一二月〜二〇〇九年一一月）、第二次ルテルム政権（二〇〇九年一一月〜二〇一〇年三月）と矢継ぎ早に政権交代を繰り返したベルギーは、第二次ルテルム政権の辞職を受けて二〇一〇年六月一三日に再び総選挙を行った。この選挙では、二〇〇三年の選挙ではわずか一議席しか獲得できなかった、フランデレンの分離・独立も辞さないと主張するフランデレン地域主義政党N－VAが第一党となり、連立形成はいっそう困難となった。フランデレンとワロンの連立合意のための交渉は平行線を辿り、結局新政権が成立したのは二〇一一年一二月である。約一年半もの新政権不在は、政治空白の史上最長記録（過去はイラク戦争後のイラクにおける二九八日）をはるかに更新するものであった。

ベルギーが一九九三年に連邦制を採用した当時は、「地域的一言語主義の採用と言語境界線の確定により、独立後生じた主要な問題は一応の解決が与えられ、今日では言語境界線沿いの少数者保護措置を巡る問題に収斂した」と（武居 二〇〇二：五二）、すなわちこれでベルギーの言語問題も解決に向かうと期待されていた。要は、それぞれの民族・地域の領域的区分を明確にし、それぞれの連邦構成体に自律的な政策決定の権限を付与すること（分権化）によって言語マイノリティの保護を制度化して、対立を解消しようと考えたわけである。これはアレンド・レイプハルトのいう多極共存型民主主義を制度化、徹底したとも言える（レイプハルト 二〇〇五）。しかし、そこまで分権化を徹底した後に、長い政治空白が生じたのである。本章は、その要因をキリスト教民主主義政党の党改革という視点から考察する。以下では、ベルギーにおけるキリスト教民主主義政党の動向について概要を述べる。

ベルギーにおけるキリスト教民主主義政党

ベルギーのキリスト教民主主義政党は、一八八四年に当時の自由党政権の反教権主義的政策（カトリック系私立学校への補助削減等）に対抗して「カトリック党（parti Catholique）」として結成され、おおよそ第一次世界大戦後まで単独政権を維持し、その後もほとんどの政権で連立の一角を占めてきた。

同党のイデオロギーについて簡単に触れておこう。おおよそ第二次世界大戦の頃からベルギーのキリスト教民主主義政党が打ち出していたのは「人格主義（personalism）」である。「人格主義」とはフランスのカトリック思想家、ジャック・マリタンなどによってまとめられた戦後キリスト教民主主義思想の中核をなす用語である。本来原罪を抱える人間は、超越者との関係形成において「全き存在」となり得る。すなわち人格主義とは、人間の原初的共同体としての家族、共同体の形成を通じた「人格」の成長を謳う。単なる個人主義とも全体主義とも異なり、個人と社会の相互作用的な結合を是とし、具体的な政策面では家族政策を重視するものである(2)。

他方で第二次世界大戦の前後には、フランデレン主義およびワロン主義運動が高揚した。一九六〇年代には双方の対立（言語問題）が激しくなり、当時の「キリスト教人民党／キリスト教社会党（Christelijke Volkspartij／Parti Social Chrétien、以下ＣＶＰ／ＰＳＣ）」は二つの地域政党（フランデレン：ＣＶＰ／ワロン：ＰＳＣ）へと分裂するに至る。当時からキリスト教民主主義政党の選挙パフォーマンスは低下していたが、それでもフランデレンにおけるＣＶＰの支持率は相対的に高く、その後もキリスト教民主主義政党は連立与党（首相輩出政党）の地位を維持してきた。この間、第二次世界大戦後の一時期を除いて、キリスト教民主主義政党が野に下ったのは、一九五四年からの四年間だけであった。

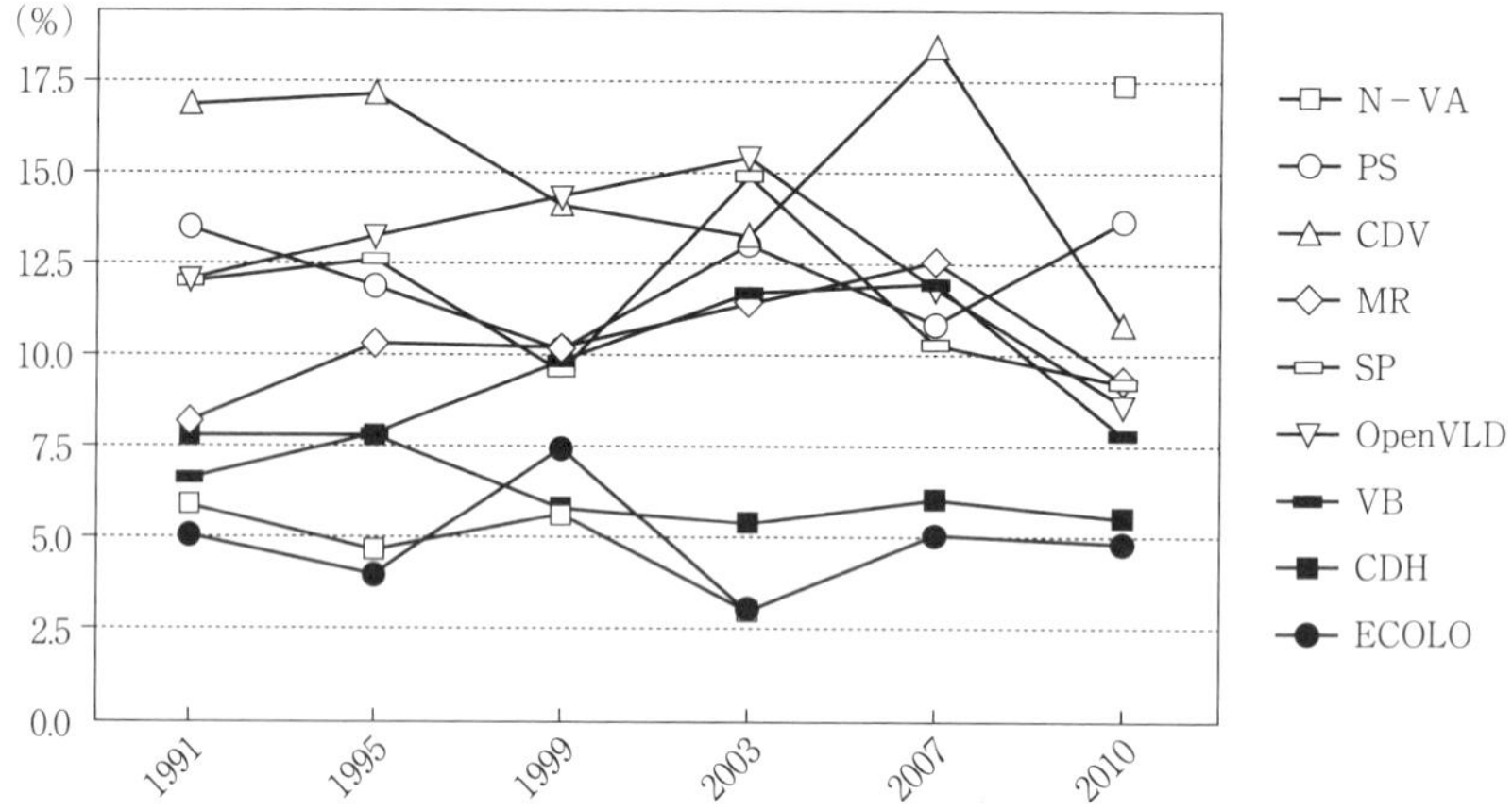

図５－１　得票率の推移

（出典）　NSD : European Election Database-Belgium
（http://www.nsd.uib.no/european_election_database/country/belgium/）

しかし上の図５－１に見る通り、ついに一九九九年、フランデレンでＣＶＰは第一党の座を自由党に奪われ、連立にも加わらず、その後八年野党の地位に留まることになる。

この間、ベルギーは九三年に連邦制度を正式に導入する。また、二〇〇一年以降にはＣＶＰとＰＳＣはそれぞれＣＤＶとＣＤＨ（人道的民主センター：Centre Démocrate Humaniste）とに党名を改称する。

その後行われた二〇〇四年の地域議会選挙でＣＤＶはフランデレン地域主義政党Ｎ－ＶＡと選挙カルテルを組み勝利し、さらに分権化論議がいっそう高まっていくなかで行われた二〇〇七年の連邦選挙では、やはりＮ－ＶＡとカルテルを形成して勝利し、与党の座に返り咲くことになる。しかし前述のように、この選挙の後ベルギーは連立合意交渉が進まず、約半年の間政権を組むことができず、いわゆる「分裂危機」に陥る。さらに二〇〇八年三月から発足したルテルムによるＣＤＶ連立政権は短命で終わり、その後紆余曲折を経て二〇一〇年六月に再び連邦選挙が行われた。ここではＮ－ＶＡが躍進し単独で勝利し、他方でＣＤＶの支持は凋落し、さらにその後の政権合意交渉には一年半もの時間を要した。ベルギーの各紙はこれを「政治危機」と評し報道した。

この二〇一〇年以降の政治危機で公式に交渉のイニシアテ

ィヴを採ったのはフランデレン、ワロンそれぞれで勝利したN－VAとPS（ワロン社会党：Parti Socialiste）[3]である。しかし二〇〇七年の選挙においてN－VAは単独で四議席しか確保していない。つまり野党時代に党改革を進めたCDVと連携しなければ、N－VAは国政の中心に登場しなかったと言えるだろう。

かつてキリスト教民主主義政党は、長くベルギー政治を与党として支えてきた。換言すれば、一九世紀末の民主化から戦後復興、福祉国家の建設等、ベルギー政治の民主化、近代化を推進する中心的アクターであった。しかしCDVはN－VAとカルテルを組みフランデレン主義化し、「分裂危機」の推進者と化してしまったかのようである。人格主義の政党は、いかなる経緯を経て変わっていったのか。本章では、この点に注目してCVPないしCDVの党改革を検討する。

3　先行研究と方法論

以下では、近年のベルギー政治をめぐる先行研究を整理し、さらに本章の分析視角について簡単に説明する。

先行研究と問題の所在――多極共存型民主主義における野党の意義

ベルギーの二〇〇七年以降の政治危機については、政権形成交渉アクターとしての政党行動の変化に注目する成果が多い（Detterbeck 2010; Swenden 2012; 松尾 二〇一二a、二〇一二b）。先に記したように一九九九年から八年間野党だったCVPないしCDVが二〇〇七年の選挙時N－VAと選挙カルテルを形成し、過激な地域主義的アピールによって勝利したことがきっかけになっていると考えられているからである。この一方的な地域主義的アピールによって選挙後ワロン諸政党との合意形成がいっそう困難に陥ったことは否めまい。

この時期のフランデレン諸政党の変化を分析する方法は多様だが、たとえばレジス・ダンドイらは、政党綱領のテキスト分析を通時的に行い、CVPないしCDVのイデオロギー的変化（地域主義化）を明らかにしているし

(Dandoy 2009, 2011)、やはりテキスト分析を通じて地域主義政党の成功による「汚染(contamination)」、すなわちフランデレン諸政党の全般的な地域主義的傾向を実証的に明らかにしたものもある(Sinardet and Morsink 2011)。しかし、綱領のテキストに表現されるものは変化の帰結に過ぎない。その過程、すなわち変化に至る党改革の過程がわからなければ、その意味を十分には把握できないだろう。つまり分裂危機の要因をアクターの変化に求めるならば、変化の過程、背景を考慮しなければ、その要因を明らかにすることはできないと言える。そこで本章では、キリスト教民主主義政党がどのような党改革の過程を経て地域主義的政党に変貌したのか、そしてその要因は何に求められるのか、という問いを検討してみたい。

同時に、重要なのは党改革の帰結である。たとえば党改革から直截的に期待されるものは選挙におけるパフォーマンスの改善であろう。パフォーマンスが改善しなければ、その政党は野党であり続ける。すなわち改革は失敗に終わったと一時的には評価されることになる。ただしベルギーのような多極共存型民主主義国の場合、話はやや複雑である。

多極共存型民主主義とはベルギー、オランダ、スイスなどの西欧小国に特徴的な民主主義形態といわれる。こうした小国は歴史上、時の大国に支配された結果、宗教、言語、階級など国内に深遠な社会的亀裂を有することになった。いわゆる分断社会である。従来、こうした国家ではイモビリズムに陥り、場合によっては内戦に陥る可能性もあるといわれていた。しかし、それでもベルギーやオランダは長く民主主義体制を維持し続けてきた。それゆえ特徴的な民主主義形態であるとされるわけである。

そしてその鍵は、それぞれの分断区画を代表する政治的エリートたちが相互に異なる利害を妥協することにある。つまりこれらの国家群では連立政権形成交渉が余儀なくされ、その交渉如何で連立組み合わせが変化する。換言すれば、パフォーマンスの改善如何、改革の成否にかかわらず、交渉次第で政党は与党になり得るわけである。すなわち、この国で与党と野党の別を決するのは、選挙パフォーマンスだけではなく、その後の交渉でもある。

交渉において野党であるかどうかが決まるのだとすれば、本章の扱う事例は、単に「選挙パフォーマンスの改善」

だけでは測れない、党改革の意義、そして野党であることの意味を問う事例であるとも言えるだろう。すなわちベルギーのような多極共存型民主主義国家は、野党性を再考する好事例でもあると言える。よって本章では分裂危機における交渉過程にも目を向けることになるが、とくに二〇一〇年以降の一年半にわたる政権交渉過程に注目してこの国における野党の定義を考えてみたい。次節では、ここで扱う「党改革」の定義についてもう少し焦点を定めたい。

党改革の類型

「党改革と党の変化は複雑な現象であり、その全容を解明することは難しい」(Coffé and Stouthuysen 2006 : 4)。しかし、少なくともベルギーの政党研究をもとにすれば、党改革をおおよそ四つに類型化することができる。

第一に党首の選出方法である。ブラム・ウォータスによれば、党首は党の内的組織においても、交渉におけるスポークスマンとしても、そして閣僚の任命役として責任を持つ。野党の場合、主要政党のリーダーは将来の新首相候補者でもあり、小政党の場合でも、将来の政府において重要な役割を果たすと期待される(Wauters 2012 : 11)。多極共存型民主主義国の場合、とくにこれらの党首は、いずれも政権形成交渉の交渉役として重要な役割を果たす(De Winter 1990 : 8)。この党首の選出方法は、一般的には党執行部など限られた範囲のエリートで決定する(寡頭制〔oligarchy〕)か、全党員参加による決定(民主制〔democracy〕)か、もしくは前者によって絞られた候補者に対する党員の投票によって決まる中間型(指導的民主制〔guided democracy〕)に大別される(Fiers and Pilet 2006)。

第二に、選挙に提出する候補者名簿の決定権限をめぐる改革がある。すなわち比例代表制を採る国における、比例区候補者名簿に掲載される候補者の順位決定をめぐる問題である。そして、やはりこれも、決定に関与する人の数が問題となる(Rahat and Hazen 2001)。近年の政党は、党員の支持を強固にしようとして閉鎖的な密室での決定を廃止し、議論と投票に基づく、オープンで民主的な決定方法を導入する傾向にある(Mair 1997 ; Scarrow, Webb and Farrell 2000)。

また、本章では十分に取り扱えないが、法案に対する党の意思決定、すなわち法案への賛否もしくは棄権する等の決定についても、執行部や党首のみが判断を下すのか、それとも広く党員の意見を反映して民主的に決定するのかが区別される。第四に、以上のような、党の組織的な規約に抵触する改革とは別に、イデオロギーや綱領の変更という改革も、党改革の重要な側面として挙げられる場合がある。

こうした様々な党改革の諸側面のいずれかが優先されるかは一概に定められるわけではない。実際には同時並行的に進む場合が多い。また、あらゆる党改革がすべて必ず野党時代にのみ行われるとは限らない。党改革の要因、背景は様々である。しかし分裂危機の要因をアクターの行動変化を通じて明らかにしようとする場合、党改革の要因を無視するわけにはいかないので、以下では節を改めて党改革の背景をめぐる研究成果を検討しよう。

党改革の背景

党改革は必ずしも野党時代に限って行われるわけではない。要因や時期は多岐にわたる。たとえばアンジェロ・パーネビアンコは、マクロな視点から、党が十分に制度化されていない状況や、人的世代交代などの内的変化に直面している状況では、外的環境の変化に対応できず、党が改革を余儀なくされると指摘している（パーネビアンコ 一九八八＝二〇〇五）。また党改革があくまで党内の現象であることから、より内生的要因を重視した研究が蓄積されているが、この点では派閥対立の影響を重視するものが見られる（Belloni and Beller 1978）。逆に、たとえばカリスマ性のあるリーダーの下で党改革が進められるなど（Wilson 1994）、リーダーシップを党改革の要因として挙げる場合もある（Verstraete 2003）。この点についてパーネビアンコは、ある程度制度化された党組織においては、党（執行部）が派閥をコントロールし利害を調整する必要があるため、党改革が進むと述べる。

政党システムレベルについて注目すれば、ケイ・ローソンは、野党のほうが改革に着手しやすい傾向にあることを指摘しているし（Lawson 1994）、また直近の選挙で勝利した政党は改革しないとの指摘もある（Frantzich 1989）。この点では、単に与野党というわけではなく、得票数の低下を党改革の重要な要因として挙げるものも多い（パーネビ

アンコ 一九八八＝二〇〇五：Harmel and Janda 1994）。

前述のウォータスは、こうした要因を以下のように整理している（Wauters 2011：4-8）。⑴選挙での敗北、⑵他の政党の改革による「伝染効果」、⑶党員数の低下、⑷現代の政党のカルテル化（Mair 1994）のなかで、政党が逆に草の根レベルの意見を吸い上げる必要が生じてきたことによる「党内上下間のコミュニケーションの促進」、⑸トマス・ポグントケらが指摘するように、近年の先進諸国の政治においては「首相の大統領制化」が進行し、選挙では党首のパーソナリティーが重視される（Poguntke and Webb 2005）。この状況においては、党首の地位の正統性を高めるために党改革が進められる。すなわち「リーダーの個人化および地位の強化」、⑹「政治文化の変容」、つまりポスト物質主義時代に至り、マスメディアが発展し、コミュニケーション・ツールが進歩している現代社会において、一定の教育を受け情報を収集できる市民が政治に関わるべきであるという考え方が広まっており、またそれを促す機能を政党が担うべきであるとする考えから、党改革が進む。

こうした成果は、それぞれがそれぞれの事例や理論に即して導き出したものであり、また複合的でもあり得るから、一概にどれが適当であるかを演繹的に決定できるものではない。そこで本章では大きく「一九九〇年代（与党時代）の党改革」と「野党時代の党改革」とに分けてベルギーのＣＶＰないしＣＤＶの党改革の過程を追い、その要因を明らかにしたい。

4　党改革の過程

以下では、ベルギーの政党の改革過程を検討する。まず既成政党のなかで率先して党改革に乗り出した自由党を見る。自由党の党改革とその成功が、他の政党、とくにＣＶＰを党改革へ促したと考えられるからである。

前提としての自由党の党改革

一九九一年の選挙において移民排斥、フランデレン独立を謳うフラームス・ブロック（Vlaams Blok. 以下ＶＢ）が伸長し、その前後から各政党の改革が本格化していく。真っ先に本格的な改革に乗り出したのはフランデレン自由党であった。自由党は当時キリスト教民主主義政党、社会党勢力に及ばない第三勢力以下の政党だった。

選挙の翌年、当時の党首ヴェルホフスタットは、「市民と政治の乖離」の克服を課題と掲げる綱領『政治改革の道』を発表した。この「乖離」は、まさに前年の選挙でＶＢが既存のベルギー政治に向けた、つまりカトリック、社会党を中心とした既成政党に向けた、批判の言説であった。この新しい綱領では、自由党が「市民の政党（Partij van de Burger）」であること、そして意思決定過程がより透明で、市民にわかりやすく民主的な政党へ改革することが謳われ、市民に開かれた自由民主（ＶＬＤ）党となることが目指された。

翌九三年には、それに沿った大規模な組織改革が進められた。その内容は以下の通りである。⑴党大会において登録した党員が綱領に対する発言権を持つ、⑵比例名簿作成に関して党員が票を投ずることができる、⑶クォータ制と定年制の導入（*De Standaard* 27/03/1993）、⑷法案への賛否に関して党員の事前投票を導入、⑸党要職の兼職を禁止する（*Knack* 24/03/1993）、⑹党首選を党員による直接選挙で行う、である。全般的な党の民主化と、それを通じた「中間層の取り込み」（Wauters 2012: 12）が進められたわけである。

興味深いのは、これほど大規模な改革であるにもかかわらず大きな反対はなかったことである。法案への賛否決定は、従来党内派閥を通じて圧力団体が実質的な決定権を有していた。また党内ポストも従来は派閥の利権が交錯する案件であり、兼職の禁止については反対もあった。もちろん議論はあったが、ヴェルホフスタットは圧力団体との結びつきを弱めて党の独立性を高めることで「得票率の改善と将来的な政権参加（De weg naar politieke vernieuwing）」を主張し続けた。そして、彼は改革が成功したことで「私たちははっきりとした選択をした。独自の選択によって階級や社会集団との強い結びつきのために政治的に身動きがとれないＣＶＰやＳＰ（フランデレン社会党：Socialistische Partij）との差別化ができた。われわれの選択は市民にとって重要だ」（*De Standaard* 29/03/1993）と宣言

している。(4)

その後自由党の得票率は上昇し、九九年に勝利するに至る。党改革だけがそのすべての要因ではないものの、ヴェルホフスタットが強調した、圧力団体との結びつきを改善し、民主的で開かれた党を目指すという点が当時のベルギー既成政党にとって課題であったことを窺い知ることができる。では、キリスト教民主主義政党はどのような対応を採ったのだろうか。

CVPの党改革――進展と停滞の二側面

CVPの本格的な党改革は、やはり一九九一年の選挙でのパフォーマンス低下後、自由党から少し遅れ、一九九三年の『国民目線の政治へ（Politiek dicht bij de mensen）』と題された党大会で掲げられた（Beke 2004 : 140-141）。ここでは、政権を維持し続けていることによって逆に支持者がCVPに投票しなくなる傾向があることも指摘され（De Winter 1990 : 21）、そして「近年の政治の動向に対するキリスト教民主主義者の応答」として、一九九四年〔地域および欧州議会選挙〕と一九九五年〔連邦選挙〕に行われる選挙に備え、将来の政治に向けた党の挑戦について、幅広く議論する」ことが意図された（*De Standaard* 14/11/1993）。

この党大会の議論の最大の焦点は、自由主義者への対応にあった。当時改革の任に当たった、九二年から党首となった後の首相ファン＝ロンパイは「自由主義者は綱領と制度構造の全面的改革、そしてその結果世論調査におけるパフォーマンスの改善に成功した」（*De Standaard* 5/6/1993）と述べ、自由党に対する対抗策、パフォーマンス改善のための改革を訴えた。

ファン＝ロンパイは、後のインタビューで「自由党の〔世論調査における〕パフォーマンスの良さ、〔当時の〕ジャン・リュク・デハーネ〔前首相〕（CVP）政権に対する不支持」によって、「個人的にはこの改革に懐疑的ではあったが、〔党内の〕改革を進めようとする圧力を感じていた」と同時に、「改革に失敗したとき、ヴェルホフスタットに圧倒されることへの恐怖」も感じていた（Coffé and Stouthuysen 2006 : 15 によるインタビュー。以下同）。改革の背景として、自由党に対する脅威があったこと、しかし与党であり続けていることから、失敗した場合を懸念し思い切った改革ができなかったことを含意する。

さらに具体的に見れば、第一に候補者名簿の決定については民主的な決定方法が導入された。ベルギーにおいては一九六〇年代以降言語問題によって既成政党の地域政党化、分裂が進んだが、それ以来CVPでは反動的に党の意思決定について中央集権化が進んでいた。候補者の順位決定は、最終的に排他的な派閥リーダーによる話し合い（De Winter 1990 : 11 ; Obler 1974）によって決定され、またその後一九八九年には、戦前に導入されていた意見聴取（poll）が廃止された（De Winter 1988 : 25）。

しかし九三年の党大会では、執行部から提示された候補者名簿順位の最終的決定に「党員による承認」が必要とされ、さらに党員には投票の義務が課せられるようになった。つまり戦後の言語問題の影響から一貫して「寡頭化」（Fiers and Pilet 2006）していた候補者名簿の順位決定方式に、九〇年代以降、完全とはいえないものの民主的決定方法が導入されたのである。

第二に、党首の選出方法である。一九八〇年代までCVPは幹部会によって作られた候補者リストに基づき、党大会で党執行部のみが投票して党首を決定していた。この決定は、リーヴン・デ・ウィンテルによれば実質的に派閥力学によってなされており、主要派閥に属していない党首が選ばれることはほとんどなかった。現職が立候補した場合に対抗馬が出たのは六八年以降三度だけであり、圧倒的多数で現職が再任された（De Winter 1990 : 6-7）。こうした密室性は多極共存型民主主義の特徴とも言えるが（松尾 二〇一〇）、柔軟性を欠き、非民主的な決定方法であると若手から不満がたびたび表明され、ときに連立形成を困難にしていた。換言すれば、リーダーシップの低下という問題が生じていたのである（De Winter 1990 : 19）。その克服のため、この党大会では党首の直接選挙、六五歳定年の導入が決定された。きわめて重要な党改革ではあるが、ウォータスによれば、この改革の背景には、自由党が民主的な改革を成功させたことが「規範化」（Wauters 2012 : 12）したことがあった。つまりCVPの党改革は、自らの選挙パフォーマンスの低下を背景に、自由党の改革の「伝染」効果があったと言えよう。

党改革の停滞

他方で、ＣＶＰでは改革が停滞した面も見られた。たとえば自由党が最も力を注いだ圧力団体との関係については、その希薄化を目指して、党の要職にある人物が圧力団体の代表を兼職することが禁止された（*De Standaard* 7/7/1993）。しかし、ファン＝ロンパイは「党内の異なる派閥間の競合は存続させ、主要なキリスト教系団体との密接な関係は維持しよう。数多くの市長と地方の要職を占めているＡＣＷ〔Algemeen Christelijk Werknemersverbond〈キリスト教労働組合〉〕…は党のリーダーシップに関する議論に加わることを望んでいない〔「改革を支持しない」の意〕」（Coffé and Stouthuysen 2006 : 15-16）として曖昧な態度を採り、自由党ほど急進的な改革は試みられなかった。

また女性議員による「女性と社会（Vrouw en Maatschappij）」、すなわち党議員の男女比を同数にとするクォータ制の導入提案についても、当時最も急進的な改革派とされたヨハン・ヴァンヘッケでさえ「党内に〔性別や世代の〕亀裂は存在しない。…女性が相当数の数になってから〔クォータ制を〕導入すればよい」として反対し、派閥政治の擁護者として女性と若手から反発された（*De Standaard* 7/6/1993）。こうした党執行部の動向は、「一九九一年一一月（ＶＢ台頭の選挙）以来の政治と有権者の乖離をめぐる議論に、逆方向の光を照らす」（*De Morgen* 7/7/1993）と批判された。

結局この党大会で確認したものは、「我々の政党の権力の源泉は、市民により近い、広範な地方レベルの代表にある」こと、つまりＣＶＰが地方・地域の政党であるという点であった。そして「地方に開かれた政府」を目指し、各地方支部会を毎年開催することが義務化された。この点は後述する。しかし当時、この改革は「もともと相当弱いマニフェストが明確ではっきりした、重要な決定に到達した」と評価された（*De Standaard* 7/7/1993）。他方でファン＝ロンパイは、「誰も党が変わったとは感じていない。しかし義務は果たした。…与党であったため、急進的な改革はできなかった」（Coffé and Stouthuysen 2006 : 17）と述べている。つまり与党であることに縛られて、より本質的な、たとえば圧力団体ないし派閥政治の改革には手をつけることはできなかったのである。

その後の九九年の選挙では、ＣＶＰ執行部は「欧州通貨同盟（ＥＭＵ）加入の成果によって選挙に勝利できると考えていた」（Beke 2004 : 142）。しかし、そうしたなかで生じたのが「ダイオキシン問題」である[5]。これによって与党であったＣＶＰと社会党は得票率を減らし、自由党、ＶＢと環境政党が議席を伸ばすことによって、ＣＶＰは政権を追われることになった。それ以降ＣＶＰはさらに改革を進めていくことになる。

野党時代の党改革――「顔」の交代から綱領の刷新へ？

二〇一〇年一二月以降に党首となったウォーター・ベーケによれば、九九年の選挙で敗北したＣＶＰは、「一九九九年まで国を統治することにとらわれてきたが、一九九九年の後、自分自身〔の改革〕にとらわれた」(Beke 2004 : 133)。換言すれば、野党に転落したからこそ抜本的改革に乗り出し得た。先に「ＣＶＰはさらに改革を進めていくことになる」と記したが、しかし彼らがこのとき着手したのは「人」の刷新 (Coffé and Stouthuysen 2006 : 18) である。あえて記しておくが「組織」ではなかったのである。すでに党首の決定方法など組織的改革は進めていた。しかし自由党に負けた。そこでＣＶＰが考えたことは「顔」の刷新であった。

九九年選挙での敗北を受けてデハーネ前首相は失脚し、党首はステファン・デ・クレルクとなった。彼は就任時「私は新しい人材、とくに若手に強く期待している。…候補者名簿を作り上げるとき新しい名を持ち込むことができるだろう」(Coffé and Stouthuysen 2006 : 18) と述べていた。

ただし、当時のデ・クレルクの地位が党内で安定していたわけではない。ルテルムはこの点を後の対談において以下のように述べている。

インタビュアー：「『ステファン・デ・クレルクは、安全網も張らず、綱渡りしている』と、あるキリスト教民主主義政治家が言っていましたが…」

ルテルム：「そのとおり。そういうイメージは私も抱いていた。実際にそうだった。…」(Leterme 2006 : 67)。

ヴァンヘッケによれば、デハーネら伝統的リーダーが選挙敗北の引責で失脚後、党内は混乱し (Beke 2004 : 142-143)、一〇年で六人の党首交代を繰り返していた（Van Hecke 2013 : 36）。こうした流動的な時期に台頭したのがルテルムであった。ルテルムは一九六〇年生まれの若手（当時）である。ルーヴェン大学、ヘント大学で学び、フランデレンのCVP青年部で活躍し、一九八三年に青年部の議長、会計検査院での要職を経て、八七年にフランデレン地域政府の閣僚に抜擢される。後のフランデレン地域政府首相在任時には、財政赤字解消に成功し評価された。そして二〇〇二年の党首選挙で、単独で立候補して党首となる。下野した時期のCVPについて、彼は以下のように述べている。

「私は〔ヴェルホフスタットによる自由党・社会党連立（いわゆる「紫」）〕新政権が少なくとも四年間は存続すると確信していた。…CVPの多くが、一九九九年に生じた新しい政治状況のもつ心理的側面を軽視していた。紫連合は新鮮で、新しい。しかもわれわれが入っていないのだ。…さらに二〇〇〇年と二〇〇一年には著しい経済成長があった。CVPはこれに勝てないだろう」（Leterme 2006 : 67）。

このルテルムの発言から、当時のCVPのリーダーの多くが自由党、「紫新政権」は短命であると考えていたことが推測される。党内は改革に向けて混乱していた。同時に、そのなかで状況を冷静に見て戦略を立てていたのがルテルムであった、とも映る。彼は冷静なだけではなく、野心的でもあった。ルテルムは「現状維持を容認することはできない」（Leterme 2006 : 108）と訴え、二〇〇〇年から、デ・クレルクと毎週コルトレイクを中心とした地方キャンペーンを張る。そこで見たのが「ステファン〔デ・クレルク〕は今なお人気がある唯一の人」（ibid.）であった。

そして二〇〇〇年の地方選（三二％獲得）を経て、二〇〇一年の九月二八・二九日、コルトレイクにおける会議にて、デ・クレルクとルテルムは、「CVPの根源」として「世界に通用するフランデレン」を打ち出し、CVPをCDVへと改称することを決定する。つまり党名に「フランデレン」の冠を付した。同時に彼らはN－VAとの連携を進めていった。

フランデレン主義に傾く政党

N－VAは、第二次世界大戦後から台頭していた地域主義政党であった「人民同盟（Volksunie. 以下VU）」が二〇〇三年に分裂してできた地域主義政党である。一九九九年以降のヴェルホフスタット自由党＝社会党連立政権下においては、CDV、N－VAはともに野党であり与党に対抗する勢力であった。さらに二〇〇三年の選挙でともに敗北しており、両者は互いの勢力を二〇〇四年地域・欧州議会選挙で利用するため、公式に選挙カルテル（共通の名簿と共同の選挙公約）を結成した（Van Hecke 2012: 6）。

さらにこのカルテル形成については、二〇〇二年から始められた選挙区改革の影響も見過ごすわけにはいかない(6)。当時のヴェルホフスタット政権は主に地域主義的極右政党、VBの台頭に対処するため（各選挙区の）五％の阻止条項を導入しようとした。これは他の小政党にも大きな影響を与えた。たとえばやはりVUから分裂したSpirit（N－VAと比べて穏健な地域主義政党）は、この阻止条項の導入に「阻止条項はあらゆる新しい社会運動の台頭を妨げる。きわめて非民主的だ」（*le Soir* 16/04/2002）と声明を発している。他方でN－VAは、「『ベルギー分裂』、『フランデレン国の独立』というほど先鋭化したビジョンは提示せず、『自治の促進』程度にとどめる」（*le Soir* 04/05/2002）とし、そして若手のバルト・デ・ウェーヴェルを党首として、「N－VAは明確に自らを民主主義陣営に位置づけた」（ibid.）。つまり、小政党N－VAは他の既成政党が連携することを拒む反体制的な「ベルギー分裂」を主張する政党から、連携可能な「自治の拡大」を主張する政党へと、この時、変わったのである。

他方で既成政党の側では、ルテルムによれば、「とくにフランデレンの政党はVUからの離党者を取り込み始めた。社会党はSpirit、自由党は他のVU出身者、〔フランデレン環境政党の〕Groen!までも抱え込み始めた」（Leterme 2006: 118）。こうした傾向はワロンでも同様である。ワロン社会党（PS）のエリオ・ディ・ルポはPSCやワロンの環境政党に「左派連合」の形成を呼び掛けた（*le Soir* 02/05/2002）。この連合は結局成立することがなかったが、阻止条項の導入で、ベルギーの政党アリーナはあたかも小政党の草狩場になっていた。

ルテルムは、なぜ選挙連携のパートナーがN－VAだったのかと問われたときに、「フランデレン主義者との対話を避けるべきではない」と答えている。なぜなら地域主義者は常に、どの政党にも存在しており、対話を避けることなどできないからである（Leterme 2006: 118）。そしてすでに草狩場と化していたベルギーの政党アリーナにおいて、残った、最も適した対話可能なターゲットが、「民主的」と称していたフランデレン地域主義政党、N－VAであった。

こうしたなかでCDVでは、「徐々に一貫した、かつ包括的な、党・社会・国家のイメージが育まれていた」（Leterme 2006: 9）。ルテルムによればそれは「キリスト教民主主義とフランデレン・ナショナリズムを結びつける」ものであり、「フランデレン・キリスト教民主主義」ともいうべきものであった。彼は「今以上にフランデレン政府が重責を担っているときはない」、「国家は第一にフランデレンのためにあり、それからおそらくベルギーのためにある」（Leterm 2006: 118）とまで述べている。こうしてCDVは文字通り「フランデレン」を掲げる、「フランデレン・キリスト教民主主義」化していったのである。

ただし、この「フランデレン」化の過程が単線的なものではなかったことも補足しておきたい。CDVは二〇〇三年選挙では、「虹連合（自由党・社会党・環境政党の連合）〔による〕世界の水準から見ればきわめて例外的な法（安楽死、同性愛者の結婚）」に対抗し、「行き過ぎた個人主義」を批判して、「家族の擁護」を綱領として掲げた（Rogiers 2006: 81）。なお「人格主義」を擁護する勢力は強かった。ルテルム自身も「人格主義」等のキリスト教的価値を否定はしていない。しかし中絶、安楽死、同性愛者の結婚などのイシューはすでに「古臭い」（Beke 2004: 149）ものであり、もはや重要な政治的イシューとならなかった（Van Hecke 2012: 7）。こうしてCDVは二〇〇三年の選挙では再び敗北し、フランデレン選挙区では第三党にまで落ちた。この二〇〇三年の敗北が、翌年のN－VAとの連携と「フランデレン」重視を加速化させたのである。

こうしてCVPは一九九九年の選挙における敗北後CDVへと変化し、さらにN－VAと連携を進めながら、フランデレン・キリスト教民主主義を掲げる政党へ化した。そしてN－VAと連携を組んだ二〇〇四年の地方選挙で、このカルテルは勝利する。さらに翌二〇〇五年には、「党員は党に従わなければならない。党からみて逸脱した行動や交流は禁止する。できる限り地方の活動に参加し、それを最優先とせよ」（傍点筆者。*De standaard* 6/5/2005）と通達し、「地方」「地域」の重視と規律の強化、徹底を図る。二〇〇四年の地方選における勝利が、これまで不安定だった党首の地位を強化したと言える。

そして二〇〇七年の選挙でやはりN−VAと連携し勝利し、ベルギーは正式な政権が成立しない長い政治空白の時期に突入する。この分裂危機という帰結については節を改めて論じることとし、いったんここまでのCVPの改革について小括しておきたい。

野党時代の党改革

ここまでベルギー、フランデレンのキリスト教民主主義政党の党改革を見てきたが、その特徴は、第一に、党改革自体の最大の要因が、九〇年代以降の政党間競合の激化を背景にした、自由党の改革成功による「伝染」効果にあったという点である。自由党の改革と世論調査での良好なパフォーマンスが「規範」となって、CVPは党首の選出方法、比例名簿順位の決定方法など、大きな改革に着手した。しかし、強固に根を生やす圧力団体に由来する党内派閥構造の抜本的改革には（今もなお）至らなかった。従来党首決定や綱領の決定に大きな影響を及ぼしていた派閥は、それらが集票能力を有するため、まだ与党であったCVPには手をつけることができなかった。この意味で当時のCVPにとっての「組織改革」とはうわべだけのものに過ぎなかった、と評価できるかもしれない。

第二に、その後九九年の選挙で敗北したCVPは、ここまでの改革を見直したり、新たな組織の抜本的改革に着手し直したりすることもなく、「顔」を変えていく「改革」を進めることになる。それは綱領の見直しに繋がり、その結果、「フランデレン・キリスト教民主主義」を打ち出す。それは続く地方選、そして二〇〇七年の連邦選挙で成果を出したと言える。

しかし、第三に、実はこの綱領の刷新について検討するならば、真の意味で「刷新」と言えるかどうかは疑わしい。というのも、ここでの「フランデレン」、すなわち「地方」や「地域」の重視は、九三年の党大会で確認されたように、またルテルムらが地方遊説で確認したように、CVPの従来からの「強み」であったからだ。

結局のところ、この野党時代の党改革は、デ・デッケルが指摘するように、一九九九年の野党転落がトラウマとなった結果（De Decker 2008）であり、政権に返り咲くためのものであった。そして、その目的は達したが、党改革という点から見れば「刷新」というほどのものではなく、従来の「強み」である「地方」「地域」を再強調したに過ぎなかった。では、それがどのような帰結を及ぼしたのだろうか。以下では分裂危機の過程におけるCVPの動向を振り返りたい。

5　帰結としての分裂危機

すでに記したように、二〇〇七年の選挙でCDVの党首ルテルムは「フランス語話者にはオランダ語は理解できない」などと地域主義的な言説によってキャンペーンを展開し勝利した。しかし、その後の政権形成交渉でルテルムは調停に失敗し続け、ヴェルホフスタット暫定政権の成立まで約半年を要した。さらに二〇〇八年三月に成立した第一次ルテルム政権は国家改革を進めることができず、わずか九カ月で辞職する。その後成立した第二次政権でもルテルムは改革を進めることができず、二〇一〇年三月に辞職し、同年六月に再び選挙が行われることになった。

実はこの間のフランデレン地域議会選挙（二〇〇九年）においても――地域議会選挙ゆえ当然ではあるが――CDVは選挙で「フランデレンのために」を打ち出している。しかし、この二〇一〇年六月の国政選挙では、CDVは綱領として「フランデレン」を強く打ち出していない（CDVウェブサイト）[7]。そしてこの選挙ではN－VAが単独で勝利し、他方でCDVの得票率は過去最低を更新した[8]。

連立形成交渉の当初、CDVは、フランデレン側の交渉の代表とされフランデレンの自治強化を強固に主張するN－VAに同調していた。そしてワロンが主張する妥協案に、強固に反対し続けた。また交渉が長引くなかでN－VAに対する批判が高まったときも、N－VAが政権参加すべきであると主張し続け、N－VAをはずした交渉の場には加わらなかった。しかし度重なる交渉の失敗により政治空白の世界記録を更新し、徐々に「CDVはN－VAの後ろに隠れていたことを批判されるようになってきた」（*De Standaard* 20/07/2011）。

こうしたなかで新しい党首であるベーケは、条件さえそろえば交渉の席に着くことを明言する。[9] N－VAは「CDVが説得されないことを希望している」と主張し、妥協案を拒絶する（VRT 14/07/2011）。しかしベーケは当初とは態度を変えて、政権形成に向けた交渉に参加する（*De Standaard* 26/07/2011）。N－VAはCDVの態度の変化を批判し政権からの離脱を表明して、結局政権交渉は、フランデレン、ワロンそれぞれのキリスト教民主主義、社会、自由の六党を中心に進み、最終的にN－VAをはずした政権が形成された。

二〇一〇年以降の交渉過程においては、CDV、とくにベーケが果たした役割は決定的であった。当初はN－VAに同調していたが、ワロンとの合意形成が難航する中で、フランデレンとワロンとの繋ぎ役へと態度を変えた。

ここでのCDVの行動について、党首であるベーケは、後に「政権に参加することは我々にとって良いことであると信じている。その結果は共同体、地域レベルにも我々のメッセージを伝えることになろう」（Beke 07/01/2012）と述べていた。すなわち、CDVは一九九九年以降野党であり、二〇〇七年の選挙でN－VAとの連合による「フランデレン・キリスト教民主主義」化によって政権に返り咲いた。しかし後に混乱を招いたためN－VAとの関係を断った。にもかかわらず二〇一〇年六月の選挙では敗北した。そこで政権参入することによって、今後の不利を覆そうと方向転換したわけである。

こうして簡単に分裂危機の動向を見てきたが、CVPからCDVへ党改革は、とくに野党時代に「顔」を替え、さらに綱領において、従来の「強み」である「フランデレン」を打ち出すことへと帰結した。その結果二〇〇七年の選挙に勝利したが、「フランデレン」の強調は、それ自体が「ワロン」との意思の乖離を示唆しよう。つまり選挙後の連立政権交渉を困難にする一因となった。さらに党改革の過程で、二〇〇三年の選挙では一議席しか獲得できなかったN－VAという地域主義政党を、連立政権交渉の場に引き連れてきてしまった。それは政権交渉を複雑にした。自由党の党改革の「伝染」から始まった党改革は、以上の意味で分裂危機を招く要因となっていたと言っていいだろう。

ここで改めて一つの疑問が提示されよう。少なくとも二〇一〇年の選挙における限り、CDVは敗北した。先の図5-1に見る通り、得票率は自己最低である。「刷新」とは呼べぬ改革は、この点では失敗したと言える。しかし一年半の交渉の結果、彼らは連立与党に加わった。では、何のための党改革であったのだろうか。そしてベルギーにおける野党とは何か。最後にこの点を考え、本章を終えることにしたい。

6　野党であることの「自己定義」

以上のようにベルギーのキリスト教民主主義政党の党改革を見てきたが、その党改革の背景には、先行する自由党の改革成功という要因があった。いわば「伝染」であった。しかし当時与党であったCVPは抜本的な改革を採れないでいた。結局CVPは敗北し野党に転落する。敗北した結果、彼らは「顔」と「綱領」とを「改革」した。ただしそれは従来からの「強み」を強調したものに過ぎない。それが「フランデレン」であった。そして、それが分裂危機を招く要因になっていた。

さらに本章の知見を記すならば、ベルギーの場合、政権形成交渉が政党にとってきわめて重要である。二〇一〇年の選挙では得票率を激減させ敗北したはずのCDVが、長期の交渉の結果、与党に加わっていることがそれを示している。ベルギーのような、小党分裂化し選挙後の交渉が必要な国家においては、野党の定義づけに選挙が果たす役割は曖昧である。選挙結果にかかわらず、交渉において他党の出方、主張の変化、交渉中の有権者の意識の流動的変化などに左右されて、先にベーケが「政権に参加することは我々にとって良いことであると信じている。その結果は共同体、地域レベルにも我々のメッセージを伝えることになろう」と宣言し与党に加わったように、自らが選択する余地がある。すなわち、この国で「野党」であることとは、得票数や議席数には相対的に左右されず、最終的には党自らが選択することによって決定されるのである。

もちろんこうした国家が民主主義として是であるか非であるかという論点は残る。レイプハルトの多極共存型民主主義モデルはまもなく「権力分有（power-sharing）モデル」として南アフリカ共和国（暫定憲法）、ルワンダ（アルーシャ和平合意）などにそのエッセンスが導入されているが、紛争後社会への制度移植を考察する際にしばしば批判されることが、多極共存型民主主義に「対抗者（opponent）」が不在であるという点である。すなわち本来連立形成によって多党連合を指向して少数者の利益を保護しようとする多極共存型民主主義は、すべてが与党になり得るため妥協的で、健全な「議論」を欠き、民主主義を危うくするというわけである（Traniello 2008）。

今回の長期の交渉におけるCDVの動向、そしてベルギーの政党政治の様相は、選挙結果によってただちに政権が決まらないという特徴、換言すれば「野党の不在」という多極共存型民主主義の悪弊を示しているとも言える。選挙が民意を反映するものであり、その結果に従ってただちに政権が決まるべきだと考えるのであれば、これはたしかに理想的な民主主義とはいえないのかもしれない。

しかし、二〇一〇年以降の交渉過程で示唆されるように、今のベルギーにおいては、あらゆる政党に、政策やイデオロギーを差異化して打ち出すことによって選挙に勝つことを至上命題としなくとも、政権に加わる機会が常にある。だからこそ政権形成のための長い「議論」が生まれたことも考慮しなければならないだろう。「議論」に重きをおく限り、この交渉過程は実に民主的な、建設的な過程とも言えるのである。与党となる機会、ゆえに野党を選択する機会は常にある。いかなる政党でも自由に色を変え得るし、自由に連立し得る。そこに議論が生まれ、結果的に過激な地域主義を排除する可能性が生じる。この可能性こそが、ベルギー政党政治の有する健全さなのかもしれない。

追記　その後二〇一四年の選挙では、再び地域主義政党N－VAが第一党となり、約半年の交渉後、緊縮財政政策を遂行しようとする、N－VAを含む新（フランデレン政党が三つとワロン政党一つによる）連立政権が誕生した。しかし緊縮財政政策に反発する（ワロンを中心とした）労組のストライキやデモが頻発しており、この対立の行方が懸念される。

註

（1）この間、前政権が、暫定的に行政を担当した。しかしこの政権には正式な予算決定権もない、単なる「事務管理」内閣でしかない。

（2）マリタンについては、Maritain, Jacques (1942) *Les droits de l'homme et la loi naturelle*, New York : Éditions de la Maison Française : Maritain, Jacques (1936) *Humanisme Intégral : Problèmes Temporels et spirituels d'une nouvelle chrétienté*, Paris : Fernand Aubier を参照した。

（3）二〇一〇年選挙でのワロンでの第一党。全体でも第二党で、二〇一〇年連邦選挙後の一年半の交渉を経て、ＰＳの当時の党首、エリオ・ディ・ルポ（Di Rupo, Elio）が首相となった。

（4）さらに自由党はいわゆる「大きな政府」を批判する。経済的な新自由主義的政策を主張したことは言うまでもないが、興味深いことに、ベルギーの場合、こうした新自由主義的主張は「大きな連邦政府」への批判へと読み替えられ、フランデレンの自治を強めようとする地域主義的主張と化していく。

（5）一九九九年に、ベルギーでは、鶏の飼料にダイオキシンが含まれており、そのため鶏肉や鶏卵が基準値を超えるダイオキシンに汚染されていたことが発覚した。与党による隠蔽工作がなされたと言われ、当時の閣僚辞任が相次いだ。これが投票日の2週間前だったことから、与党であるＣＶＰは得票を激減させたと言われている。

（6）この時期の選挙区改革は一九九三年の連邦制導入の残務処理というべき改革で、連邦の導入によって選挙区の見直しが余儀なくされていた。詳しくは松尾（二〇一一）を参照のこと。

（7）もちろん国家改革などの論点は述べられているが、少なくとも見出し、キャッチフレーズのレベルでは記されていない。

（8）これは、ヴァンヘッケが述べる「この〔二〇〇七年の〕成功の大部分はフラマンの自治を強化するカルテルであることの強調にあった」（Van Hecke, 2012 : 6）、すなわちＮ－ＶＡとのカルテルによって勝利したことを裏付けるものであった。

（9）ここでのＣＶＤが提示した条件とは、ＢＨＶ選挙区の分割を無条件に行うことである。ＢＨＶ問題についてはあまりに複雑なのでここでは記さないが、松尾 二〇一一、二〇一二ａ、ｂを参照されたい。

参考文献

武居一正（二〇〇二）「ベルギーにおける言語的少数者保護」、『福岡大学法学論叢』四七巻一号。

――（二〇一二）（「ベルギーの政変 crisepolitique（二〇一〇―二〇一一年）について――その憲法的問題点を中心に」福岡大学法学部『福岡大学法学論叢』五六巻四号。

津田由美子（二〇〇八）「ベルギー連邦制の展開と課題――補完性原理（サブシディアリティ）と社会統合（ソリダリティ）」若松隆・山田徹編著『ヨーロッパ分権改革の新潮流――地域主義と補完性原理』中央大学出版部。

土倉莞爾（二〇〇八）「ベルギーのキリスト教民主主義――戦中から戦後への変容」田口晃・土倉莞爾編『キリスト教民主主義と西ヨーロッパ政治』木鐸社。

松尾秀哉（二〇一〇）『ベルギー分裂危機――その政治的起源』明石書店。

――（二〇一一）「ベルギー分裂危機と合意型民主主義」田村哲樹・堀江孝司編『模索する政治――代表制民主主義と福祉国家のゆくえ』ナカニシヤ出版。

――（二〇一二a）「ベルギー分裂危機からデモクラシーを考える」松尾秀哉・森分大輔編著『世界の見方、個の選択』新泉社。

――（二〇一二b）「ベルギー連邦制と分裂危機」日本比較政治学会研究大会　自由企画『多民族国家と連邦制』報告（『聖学院大学総合研究所紀要』第五五号に修正稿掲載予定）。

水島治郎（二〇〇八）「キリスト教民主主義とは何か――西欧キリスト教民主主義概論」田口晃・土倉莞爾編『キリスト教民主主義と西ヨーロッパ政治』木鐸社。

アレンド・レイプハルト（粕谷祐子訳）（二〇〇五）『民主主義対民主主義――多数決型とコンセンサス型の三六ヶ国比較研究』勁草書房。

若林広（二〇〇七）「ベルギー国家の再編――政党政治の変容期における最近の展開」『東海大学教養学部紀要』第三八号。

Beke, Wouter (2004) "Living Apart Together: Christian Democracy in Belgium," Van Hecke, Steven, Emmanuel Gerard, eds.,

Christian Democratic Parties in Europe since the End of the Cold War, Leuven : Leuven University Press.

Belloni, Frank P. Dennis C. Beller (1978) *Faction Politics : Political Parties and Factionalism in Comparative Perspectives*. ABC-Clio Inc, Santa Barbara, CA.

Coffé, Hilde and Patrick Stouthuysen (2006) "The Discourse of internal Party Renewal," paper prepared for presentation at the 2006 IPSA Conference, July 9–13, 2006, Fukuoka (Japan).

Dandoy, Régis (2009) "Comparing Different Conceptions and Measures of Party Positions," paper for Workshop "Comparing Different Conceptions and Measures of Party Position", Politicologentmaal, 28–29 May.

——— (2011) "Territorial Reforms, Decentralisation and Party Positions in Belgium," paper for CEPSA Annual Conference "Multi-level Politics : Intra- and Inter-level Comparative Perspectives", Vienna, 27–29 October 2011.

De Decker, Nicolas (2008) "From National to Sister Parties. Multiplication and Autonomisation of the Veto Players in the Belgian Constitutional Debates," paper for ECPR Joint sessions of Workshops-Rennes 2008 Workshop 20 "The Politics of Constitutional Change".

Deschower, Kris (1999) "From Consociationalism to Federalism : how the Belgian parties won," Kurt R. Luther and Kris Deschower eds., *Party Elites in Divided Societies : political parties in concosiational democracies*, London : Routledge.

——— (2008) "Towards a Regionalization of Statewide Electoral Trends in Decentralized States ? The Cases of Belgium and Spain," Wilfried Swenden and Bart. Maddens (eds), *Territorial Party Politics in Western Europe*, Basingstoke : Palgrave-Macmillan.

Detterbeck, Klaus and Eve Hepbrun (2010) "Party politics in multi-level systems, Party response to new challenges in European democracies," Jan Erk, and Wilfried Swenden eds. *New Directions in Federalism Studies*, London : Routledge.

De Winter, Lieven (1988) "Belgium : democracy or oligarchy ?," Michael Gallagher and M. Marsh (eds.) *Candidate Selection in comparative perspective*, London : Sage.

——— (1990) "Christian democratic parties en Belgium," Working papers (Institut de Ciències Polítiques i Socials), núm. 13. Barcelona : Institut de Ciències Polítiques i Socials.

Fiers, Stefaan and Jean-Benoit Pilet (2006) "Candidate Selection in Belgium : from Intra-party Democracy, over Oligarchy to 'Guided' Democracy," paper prepared for delivery at the 20th IPSA World Conference, Fukuoka, Japan, July 9th–13th, 2006.

Frantzich, Stephen E. (1989) *Political parties in the Technological age*. New York : Longman.

Harmel, Robert and Kenneth Janda (1994) "An Integrated Theory of Party Goals and Party Change," in *Journal of Theoretical Politics*, Vol. 6, no. 3, pp. 259–287.

Juergensmeyer, Mark (1993) *The New Cold War ? Religious Nationalism Confronts the Secular State*, Berkeley, Los Angeles, and Oxford : University of California Press.

Lamberts, Emiel (2003) "Christian Democracy and the Constitutional State in Western Europe, 1945–1995," Thomas Kselman and Joseph A. Buttigieg eds., *European Christian Democracy, Historical Legacies and Comparative Perspectives*, Notre Dame : Notre Dame U. P.

Lane, Jan-Erik (2008) *Comparative Politics : The principal-agent perspective*, London : Routeledge.

Lawson, Kay. (1994) "Conclusion : Toward a theory of how political parties work," in K. Kay Lawson (ed.), *How political parties work. Perspectives from within*, Westport/Londen : Praeger.

Leterme, Yves, in gesprek met Filip Rogiers (2006) *Leterme uitgedaagde*, Tielt : Uitgeverij.

Lijphart, Arend (1977) *Democracy in plural societies : A comparative exploration*, New Haven : Yale University Press.

Mair, Peter (1994) "Party Organization : from civil society to the state," Richard S. Katz and Peter Mai reds., *How parties organize. Change and Adaptation in party organization in Western democracies*, London : Sage.

——— (1997) *Party System Change*, Oxford : Clarendon Press.

Obler, James (1974) "Intraparty Democracy and the Selection of Parliamentary Candidates : The Belgian Case," in *British*

Journal of Political Science, vol. 4, no. 2.

Panebianco, Angelo（1988）*Political Parties : Organization and Power*. Cambridge : Cambridge University Press.（村上信一郎訳『政党』ミネルヴァ書房，二〇〇五年）

Pilet, Jean-Benoit（2005）"Strategies Under the Surface : The Determinants of Redistricting in Belgium," in *Comparative European Politics*, Vol. 5.

Poguntke, Thomas and Paul Webb eds.（2007）*The Presidentialization of Politics : A Comparative Study of Modern Democracies*, Oxford : Oxford U. P.（岩崎正洋監訳『民主政治はなぜ「大統領制化」するのか』ミネルヴァ書房，二〇一四年）

Rahat, Gideon and Reuven Y. Hazen（2001）"Candidate Selection Methods : An Analytical framework," in *Party Politics*, Vol. 7, no. 3.

Reuchamps, Min, Jérémy Dodeigne, Dave Sinardet（2012）"Territorial Politics in inter and intra-party competition. Insights from Belgium," paper for Biennial Conference, by Territorial Politics PSA Specialist Group, 13–14 September 2012, Brussels.

Rogiers, Filip（2006）, *Leterme au défi*, Bruxelles : Edition Luc Pire.

Traniello, Marisa（2008）"Power-sharing : Lessons From South Africa And Rwanda," *International Public Policy Review*, Vol. 3, no. 3.

Scarrow, Susan, Paul Webb and David Farrell（2000）"From Social Integration to Electoral Contestation : The Changing Distribution of Powers within Political Parties," R. J. Dalton and M. P. Wattenberg eds., *Parties without Partisan : Political Change in Advanced Indistrial Democracies*, Oxford : Oxford U. P.

Sinardet, Dave and Niels Morsink（2011）"Contamination or Containment ? Sub-state nationalism in Belgian political parties' electoral manifestoes（1965–2010）," paper for ECPR Conference Reykjavik 25–27 august 2011 Panel Multi-level party politics.

Swenden, Wilfried（2012）"Belgian federalism : Means to an end ?," Ferran Requejo and Miquel Caminal eds., *Federalism,*

Plurinationality and Democratic Constitutionalism : Theory and cases, London ; New York : Routledge.

Van Hecke, Steven (2013) "Christian Democracy in Belgium," paper for the *Journal of Kansai University Review of Law and Politics*, No. 34, pp. 31–40.

Van Hecke, Steven, Emmanuel Gerard (2004) "European Christian Democracy in the 1990s. Towards a Framework for Analysis," Van Hecke, Steven, Emmanuel Gerard, *Christian Democratic Parties in Europe since the End of the Cold War*, Leuven : Leuven University Press.

Verstraete, Tom (2003) "De invloed van interne partijfactoren op partijvernieuwing : Een verkennende analyse," in *Res Publica*, vol. 45 no. 1.

Wauters, Bram (2011) "Why did they do it ? Motives for introducing party leadership elections in Belgium," paper prepared for ECPR Joint Sessions, St. Gallen 2011, Workshop 7.

——— (2012) "Democratization versus representation ? Women party leaders and party primaries in Belgium," Paper presented at the ECPR Joint Sessions, Antwerp 2012 Workshop 19 : Party primaries in Europe. Consequences and challenges.

Wilson, Frank L. (1994) "The Sources of Party change : The social democratic parties of Britain, France, Germany and Spain," Kay Lawson (ed.), *How political parties work. Perspectives from within*, Westport/Londen : Praeger.

新聞

De Standaard, De Morgen, le Soir, Gazat Van Antwerpen

HP

ベルギー連邦政府HP

http://www.belgium.be/（二〇一二年六月三〇日）

フランデレン国営放送（VRT）ニュース

http://www.deredactie.be/cm/vrtnieuws.english（二〇一二年二月一六日）

政党ウェブサイト

CDV　www.cdenv.be/

(http://www.cdenv.be/onze-partij/geschiedenis-0)（党による歴史解説）（二〇一二年八月一〇日）

(http://www.cdenv.be/sites/default/files/pages/documents/cdenv-verkiezingsprogramma-2009.pdf)（二〇〇九年綱領）（二〇一二年八月一〇日）

(http://www.cdenv.be/sites/default/files/pages/documents/2010_federaal_verkiezingsprogramma_cdv_goedgekeurd_congres22052010_0.pdf)（二〇一〇年綱領）（二〇一二年八月一〇日）

(http://www.cdenv.be/wie-zijn-we/ideologie)（イデオロギー）（二〇一二年八月一〇日）

(http://www.cdenv.be/actua/toespraak-wouter-beke-10-jaar-cdv)（ベーケによるCDV10周年記念講演）（二〇一二年二月一六日）

デインゼ支部

http://deinze.cdenv.be/（二〇一二年八月一〇日）

コルトレイク支部

http://www.kortrijk.cdenv.be/（二〇一二年八月一〇日）

N―VA

http://international.n-va.be/（二〇一二年二月一六日）

国連総会記録

Discours du S. E. M. Louis Michel

(http://www.un.org/webcast/ga/57/statements/020915belgiumF.htm)(二〇一二年八月一〇日)

＊本章は、科学研究費補助金(基盤B 海外学術調査)「マルチレベル・ガバナンス化するヨーロッパの民主的構造変化の研究」(研究代表者 小川有美)(研究課題番号:二三四〇二〇一九)及び(基盤C)「ベルギー連邦化改革の『意図せざる結果』」(研究代表者 松尾秀哉)(研究課題番号:二四五三〇一四四)の成果の一部である。また、二〇一二年度日本政治学会 自由企画D-4「冷戦以降のキリスト教民主主義」にて報告したものが元になっている。報告の機会、コメントをいただいた方々に改めて御礼申し上げる。

また本章は、松尾秀哉『連邦国家 ベルギー——繰り返される分裂危機』(吉田書店、二〇一五年)と同じ事例を扱っている部分がある。分析枠組みは異なるが、そのため記述が一部重複していることをご了承いただきたい。

第6章　アメリカ・オバマ政権の誕生とその含意
――「草の根」の動員過程をめぐる考察――

石神圭子

1　オバマの登場と「草の根」の組織化

二〇〇八年アメリカ大統領選挙におけるバラク・オバマの勝利を、「歴史的勝利」と位置づけることに異を唱える者はいないだろう。いまだアメリカ社会の根幹を揺さぶり続ける奴隷制の負の遺産に鑑みれば、オバマの勝利は、アメリカの大いなる「進歩」を印象づけるものであった。かかる「勝利」の画期性は、鋭敏な政治的感性と斬新な政治思想、そして卓越した弁舌力といったオバマ個人の能力に拠っていたのであり、それは一二年ぶりの民主党による政権奪回という事実を凌ぐほどのインパクトを有していた。

しかしながら、非白人層ばかりか若年層の投票率を急増させてのオバマの勝利は、「草の根（grassroots）」の動員体制の強化の下に一致団結した民主党路線が奏功した結果であった。共和党による宗教保守の政治的組織化の成功に危機感を抱いていた民主党は、二〇〇四年選挙に至って草の根の動員体制を強化し、従来にない規模の民主党票の掘り起こしに成功している。選挙後に行われた党の将来に関する論争では、草の根組織の活動と可能性をめぐって議論がなされ、組織戦で共和党に勝てるように「インフラストラクチャー」を整備し、党の足腰を強化することが最重要課題とされた（砂田 二〇〇五：三八～三九）。また、二〇〇四年四月の『ニューヨーク・タイムズ』紙は、草の根に焦点を当てたこの選挙を「テレビ広告との我々の不幸な関係が続いた数十年を経て、我々がよく知っている草の根の政治は今年、キャンペーンの主役に返り咲いた」[1]と論じ、草の根の重要性は、メディアにおいても広く認識されるに至ったのである。

だが、実際の草の根の動員はそれほど容易ではない。選挙キャンペーンに際して、候補者の質やメッセージの枠組みは戦略的に操作が可能だが、地域に根を下ろした未組織の「普通の人々（及びその生活領域）」（＝草の根）は、操作ではなく説得および動員の対象である。そこでは、地域の人々との繋がりが、いわば選挙の帰趨を握る。二〇〇四年の大統領選挙における激戦州の草の根では、他の州から入ったボランティアを活用した民主党ケリー陣営が、地元の共和党組織や教会を通じて運動員を確保した共和党ブッシュ陣営に競り負けている（砂田 二〇〇五：四九）。こうした傾向は、巨大ビジネス化した選挙コンサルタント産業や商業的マーケティング理論を応用した動員が選挙活動の主流となる中で、政党に実質的な組織力および指導力の強化を要求するとともに、動員過程における市民とのコミュニケーションの重要性を改めて突きつけるものだった（Rosenstone & Hansen 1993）。

こうした中、二〇〇八年の選挙においてオバマ陣営は、「アメリカの組織化（Organizing for America）」をスローガンに掲げた。陣営は、草の根の支援団体と協力して多くの人的資源をとくに浮動州（swing state）に投入し、集会や戸別訪問など有権者とのいわば「顔の見える（face to face）」接触を重視することで潜在的な民主党支持層の投票所への動員を成功させた。そして、彼らが草の根の動員にあたってそのノウハウを応用し、選挙戦略に引き入れたのが、オバマ自身も過去にコミットしていた「コミュニティ・オーガナイジング」運動とその活動家である「オーガナイザー」たちであった。オバマ陣営は、選挙戦略として従来政治的には中立であった「コミュニティ・オーガナイジング」を政治に「引きずり込む」ことに成功し、運動の側もまた、積極的に民主党の草の根レヴェルでの集票活動において重要な役割を担ったのである（渡辺 二〇〇九：西川 二〇一〇）。

では、民主党の新たな政治的インフラとして注目された「コミュニティ・オーガナイジング」運動は、なぜ主体的に政治活動にコミットし始めたのだろうか。

アメリカの政党組織の大きな特徴は、社会運動や政治団体に開放された構造を有している点である。この点は、二大政党の公認候補を党首や党指導部ではなく党員の選挙によって決定する予備選挙制度と合わせて、「下からの」

影響力の確立というアメリカの政党の「例外的」な性格を示すものである。ゆえに、「コミュニティ・オーガナイジング」の政治利用および政治運動化は、かかる性格の当然の帰結（西川 二〇一〇：二〇五）である。しかし他方で、「コミュニティ・オーガナイジング」運動は、政治との対決姿勢を貫き、政治運動化を拒否してきた歴史的経緯を有している。また、アメリカにおける地域的多様性に鑑みれば、地域コミュニティレヴェルの運動はそもそも全国的な政治運動化へのインセンティヴを持たない。その意味で、この運動が政治的インフラの役割を担うという現象は、運動側の論理にも関わるものであり、ネットワーク構造やオバマの経験とコネクションによってのみ説明できるものではない。草の根の組織化は、いかなる歴史と理念を有し、その政治運動化は民主党にとっていかなる意味を持つのだろうか。

本章は、政権交代という政治的事象を念頭に置きつつも、民主党の政権奪還プロセスを、ボトム・アップの「組織化」との関わりにおいて理解することを目的とする。具体的には、「コミュニティ・オーガナイジング」運動の歴史的実践形態および理念を整理し、運動とその選挙利用の間の意味上の「ずれ」を検証することにより、いわば「下からの」視点によって野党期の民主党が抱えた問題と政権復帰のメカニズムに関する一つの考察を行いたい。そのうえで、民主党による「アメリカの組織化」に、単なる選挙の動員戦略のみに回収されない何らかの民主的含意をも見出すものである。

2　新たな「草の根」動員の「成功」とその背景

コミュニティ・オーガニゼーションの発展

民主党は、九四年の中間選挙で連邦議会上下両院において歴史的な大敗北を喫し、実に四〇年ぶりに議会野党の座に転落した。下院議会で多数党となるに際して共和党保守派は、保守のグラスルーツや政府に政策提言を行うアドヴォカシー団体をベースとする「保守連合（conservative coalition）」との間に従来見られなかったような連携関係を築き、「グラスルーツ・ポリティックス（grass-roots politics）」と呼ばれる政治的潮流の先鞭をつけた（吉原 二〇〇五）。以後、政治的インフラにおいて保守に圧倒されているという危機感を強めた民主党リベラル派は、既存の労働組合や環境団体、人種団体、シンクタンクといった選挙時のみ協同する雑多でアドホックな政治的ネットワークを、持続可能で強固な政治的インフラに転化する道を模索し続けてきたのである。

その後、二〇〇〇年の大統領選挙でも共和党に競り負けた民主党の二〇〇四年の選挙キャンペーンにおいては、内国歳入庁（Internal Revenue Service）コード五二七団体(2)を中心としたリベラル系草の根団体による活発な選挙キャンペーンが注目された。とりわけ九〇年代以降民主党との関係が新たな段階に入っていた労働組合が主導した草の根団体は、積極的な資金収集活動と有権者登録運動などを展開し、重点選挙地区における集票に一定の成果を上げた。また、環境保護団体や女性団体などリベラル色の濃い既成の民主党支持団体の草の根での投票動員活動もきわめて活発に行われ、各種団体が相互に連絡を取りつつ、民主党のための選挙活動に従事した。それは、共和党保守が成功した保守連合の政治的インフラ化をミラーイメージとした民主党リベラル派の再建戦略が、軌道に乗り始めたことの証左であった。

こうした流れの中で、二〇〇八年の選挙キャンペーンにおいて「コミュニティ・オーガニゼーション」が示した存在感は、民主党にとって強力な草の根団体の参入を意味した。とりわけこの選挙で目覚しい集票力を発揮したのは、「即時改革のためのコミュニティ組織化連合（The Association of Community Organizing for Reform Now：ACORN）」と呼ばれるコミュニティ・オーガニゼーションであった。ACORNは、一九六〇年代に福祉受給者を組織化し、国民皆保険の導入や社会保障の拡充など再配分政策の拡大を訴えて結成された「全国福祉権組織（National Welfare Rights Organization）」から派生したコミュニティ組織であった。設立者のウェイド・ラスキは、全国福祉権組織ボストン支部のオーガナイザーであったが、当時拡大しつつあった中間層のバックラッシュの中で、潜在的な福祉受給者も含めた「貧困層」（実質的には貧困女性、その大半は黒人）の組織化を続ける全国福祉権組織の方針に次第に限界を感じるようになった(3)。そして、教育の拡充や住宅の供給など、中低所得者層が直面する多様な社会経済的問題全般へと政策要求を拡大させることを企図した。当初、全国福祉権組織の指導部は南部への組織拡大を計っており、ラスキをその戦略の責任者に任命しようとしたが、ラスキは単身アーカンソー州へ赴き、一九七〇年、リトルロック市を拠点に近隣コミュニティの組織化に着手した（Delgado 1986 : Atlas 2010 ; 西川 二〇一〇）。こうして形成されたACORNは、当初は他の組織と同様、政治から距離を置く姿勢を保ったが、八〇年代以降は積極的に選挙運動に関わるようになり、二〇〇〇年代に入ると急速な政治的活性化を遂げた。

もとより、アメリカにおいて「コミュニティ・オーガナイジング」とは、周辺化された貧困地域のエンパワーメントを目的として開始された住民組織化運動であり、したがって選挙戦略とはまったく異なる論理で展開されてきた地域運動である。その初期から現在まで存在するコミュニティ・オーガニゼーションの多くは、主に地域の教会をベースとして財団などの寄付を経済的資源とする非営利法人「教会母体のコミュニティ組織（Congregation-Based-Community Organization : CBCO）」であり、それらはいずれも内国歳入法が定める501(c)(3)団体の資格を付与されていて、政治活動には制限が加えられている。[4] これに対してACORNのようなコミュニティ・オーガニゼーションは、既存の組織を活用する方式にこだわらず、会費制を採用するなど地域の人々を直接組織化するより効率的な方法をとっており、501(c)(3)の資格も付与されていない。したがってACORNは、比較的自由かつ広範な政治活動を行うことが可能だった（西川 二〇一〇：二〇八）。ACORNは二〇〇四年の大統領選挙、二〇〇六年の中間選挙において一〇〇万人規模の有権者登録を実現し、二〇〇八年の選挙においても、三八州一〇四都市にある八〇〇以上の支部と連携して、集票活動および有権者登録運動を成功させた。[5]

繰り返すが、「コミュニティ・オーガナイジング運動」とは地域社会で続けられてきた運動であり、一般に見られるような全国組織を頂点として各支部が動員を担うトップダウンの構造とは無縁の運動である。したがって、全体としての運動体は、近隣レヴェル、あるいは州レヴェルでの規制改正やイシューのネットワーク化を実現してきた「部分」よりもはるかに小さくまとまりがない。だが他方で、七〇年代を境に運動の内部で全国化の機運が高まり、より広範な利益を実現し得る連合の確立および理念的体系化が模索されてきた。そしてその背景の一つには、脱工業化に伴う都市の産業構造や権力構造の変化があった。後述するように、コミュニティの組織化の出発点は、主に都市の労働者や貧困層を、自ら既存の権力構造への異議申し立ておよび公正な権力配分の獲得へ向かわせる動機づけにあった。そして、実際に住民組織が行う交渉や対抗の対象は、工場主や商工業者、不動産業者、あるいは州政府など直接的な取引が可能な相手であった。しかし七〇年代以降においては、地域産業の衰退と大企業の発展、郊外化の進行や公的サーヴィスの民営化など、コミュニティ組織を取り巻く条件が大きく変化した。市および州政府の財政状況は悪化し、コミュニティ組織が取り組む問題を解決するための資源獲得は困難を極めた。また、地元の企業の減少は経営者との直接交渉を困難にし、地域レヴェルでの活動は戦略的な限界に直面した。ＡＣＯＲＮのようなコミュニティ・オーガニゼーションの全国的ネットワーク化は、このような外部の構造的変化に適応する形で、推し進められたのである（Dreier 2007）。

労働組合との連携

このようなコミュニティ・オーガニゼーションの全国化・政治化の流れにおいて着目すべきは、それが衰退の一途を辿る労働組合との連携によって進められた点である。アメリカにおける労組の後退は、東部や中西部で産業空洞化が進んだ八〇年代以降において著しく、その間組織率も大幅に低下した。また、ニューディール連合という戦後レジームを転換しようとしたレーガン以降の共和党政権による政治運動は労組運動を追い詰め、危機感を強めた組織内部では改革の機運が高まった（篠田 二〇〇五）。

組織内改革への決定的な転換点となったのは九四年の連邦議会選挙における民主党の敗北であった。この選挙では民主党に投票しない組合員が多く見られ、それが民主党敗北の一因ともなった。翌年のＡＦＬ-ＣＩＯ（American Federation of Labor and Congress of Industrial Organizations）執行部改選では組合活性化の急先鋒で反主流派（New Voice Team）の「サーヴィス従業員国際組合（Service Employees International Union）」会長ジョン・スウィーニーが勝利し、新執行部は、政治的影響力を高めるための政治活動と組織率向上のためのオルグ活動の強化を二本柱として掲げる。彼らは、マイノリティや女性、新米の移民や非正規従業員など、これまで労組がその声を十分代弁してこなかったグループを公然と支援し、マイノリティの権利擁護集団とも協力して活動した。同時に、そうした「忘れられた人々」を組合に引き入れようと、組合活動への若者のリクルート、一般組合員の動員など、積極的な組織化に力を入れた（篠田 二〇〇五）。また、この新しい指導部がローカル・レヴェルでの組織化強化を打ち出すと、各地域では従来のような組合加入申込書やリーフレットの送付などに留まらない、オルグらと対象職場の労働者との日常的接触を通した強い関係を築くといった実験的試みが行われ、それらは着実に組織化の成功に繋がっていった(6)。

この過程で、コミュニティ組織と地方労組のオーガナイザーらが、地域コミュニティでの活動を通して相互に共通点を見出し、メンバーシップを基盤とした組織と草の根レヴェルでの権力基盤の形成というヴィジョンを共有する機会が生まれた（Dean and Reynolds 2009）。とりわけ、地方政府の民営化や外注政策の進行、低所得労働者の求人や所得の悪化に伴うワーキング・プアの問題については、ACORNやCBCOと労組の間に、低所得労働者の賃金改善という共通の争点をめぐる協力関係が築かれた。この取り組みは、九四年にボルティモアで行われたキャンペーン「リーダーシップ養成に結集するボルティモア市民（Baltimoreans United in Leadership Development）(7)」を皮切りに、二〇〇四年までに全国一一七都市で「生活賃金運動（living wage movement）」を組織し、成功させている（Dreier 2007）(8)。

もちろん、このような協力関係の形成にはそれぞれの組織の思惑があった。労組の新執行部は、一貫して資本主義支持の立場をとってきた保守的な旧来の執行部とは異なり、明らかに左派リベラルの改革主義を志向している（Francia 2006）。彼らからすれば、生活賃金運動との連携は組織率の低い分野での組織化とマイノリティや移民など新規組合員の取り込みにおいて有効であったし、ACORN等コミュニティ組織からは地域組織化の戦略的ノウハウも得ることができた（ウェザーズ 二〇一〇）。また、ACORNにとっては草の根のオルグたちにはない労組の資金力や政界との繋がりを利用することで、自身の地方支部と全国組織の強化が期待できた（Dreier 2009）。これらが奏功することによって、「生活賃金運動」は二〇〇四年の大統領選挙ではフロリダ、ネヴァダにおける住民投票を成功に導き、イシューに関する高い関心と支持を集めた（Luce 2005）。勢いに乗ったACORNと労組は、二〇〇六年の議会選挙においてもミズーリ、モンタナ、オハイオなど浮動州における生活賃金キャンペーンを主導し、結果的に二〇〇六年の民主党の連邦上院における多数党化に貢献した（Dreier 2007）。

このようなコミュニティ・オーガナイジング運動と労働運動の動員レヴェルにおける関係深化の特徴は、両者が第三党に流れるのではなく、ある程度一貫して民主党リベラル（とりわけ「ポスト・リベラル」を意味する「プログレッシヴ」）に対するコミットメントを志向していることである。また、両運動の活動家の間には、選挙的動員に留まらない政策アジェンダや民主党の政治的ヴィジョンの再生にも発言力を持とうとする姿勢が窺える（Dean and Reynolds 2009 ; Dean and Rathke 2008）。さらに注目すべき点は、こうした草の根の動員活動が全体として「社会正義」という理念の下で結集している点であろう。今日の労組は、明らかに社会運動への回帰を志向し、労働者の最低増額といった大衆の支持を得やすい社会正義の実現を目標に掲げることで、民主党丸投げだった政治活動の自立化および政治組織としての復活を目指している。また、ACORNは、地方組織の緩やかな連合体として全国組織が成り立つ連邦構造（federated structure）の下、社会の下層に位置する同質的メンバーを地域レヴェルで組織化し、政治経済的な権力と政策の結合を優先事項とするものである。もっとも、それらの点ではACORNは、ローカルな活動とその成果を重視し階級横断的でリベラルな政治文化の生成を志向するCBCOと異なっており、伝統的な「コミュニティ・オーガナイジング」の新たな方向性を示す一例とされている（Hart 2001 ; Swarts 2008）。だが、少なくとも民主党の草の根の動員の「成功」が、草の根のボランタリズムの政治的伸張と社会的争点の共有を基礎とした動員レヴェルにおける「リベラル派連合」の生成を背景としていたことは指摘し得よう。

3　コミュニティ・オーガナイジングの歴史と理念

「組織化」の歴史的視座

以上のように、九〇年代以降の民主党の野党期において、労働組合はその再起をかけて地域レヴェルの動員に着手し、他方でコミュニティ組織は確立された地域レヴェルの組織化基盤を軸に、構造的全国化を試みていた。だが、労組の取り組みが、組織の立て直しと政治的影響力の強化という明確な目的の下での組織再編であるのに対し、コミュニティ組織の全国展開は、必ずしも一貫したまとまりのある組織的再編の結果ではない。それは、コミュニティ・オーガナイジングの本来の目的には、既存の政治権力構造と資源分配の不均衡を地域の住民自らが打破していく過程で、市民社会そのものの民主化を促すという要素が含まれていた点と関係している。では、コミュニティ・オーガナイジング運動は、いかなる理念の下で展開し、どのような歴史的変遷を経て政治的動員の一翼を担うまでに至ったのだろうか。

そもそも、アメリカにおける「コミュニティ・オーガナイジング」の歴史は、一九三〇年代まで遡る。この運動の父祖とされるソール・アリンスキーは、一九三〇年代後半、シカゴにおいて食肉加工業地域に住む労働者を組織化し、デモやピケなどの直接行動などを手段として、既存の権力構造を「対抗的」に打破することで地域住民の生活改善を実現するメソッドを確立した。彼は、七二年に死去するまでの間、組織化活動に奔走した活動家であったが、自身の活動を同時代の社会改革運動や公民権運動、あるいはニューレフト運動とは異なる下からの「権力化」運動として明確に位置づけていた。そして、現在行われているコミュニティ組織化活動の多くは、異なるアプローチの採用や理念上の刷新を加えながらも、アリンスキーの手法や理念を下敷きにして進められているといってよい(9)。アリンスキーの組織化理念は、コミュニティ・オーガナイジングの本質とその現代的展開における独自性を理解するうえで重要であると思われるので、以下では彼が確立した組織化の理念に関して簡単に整理する。

「組織化」の理念的基礎

一九三一年にシカゴ大学社会学部で犯罪学の修士号を取得したアリンスキーは、当時隆盛していたソーシャル・ワークのパターナリスティックな貧困者支援のあり方や、シカゴのマシーン政治に象徴される民衆と政党（政治）の依存的構造に対するアンチテーゼとして「コミュニティの組織化」を開始した。すなわち彼は、近隣生活が外部権力によって形成されているという認識の下、貧困層の問題の根源を個人の性質や社会サーヴィスの欠如ではなく「権力（power）」の不足と捉えた。そのうえで、人々が地域コミュニティでの組織化を通してエンパワーされ、市民としての主体性を獲得していくことを（主導するのではなく）支援することが「組織化」の本質であるとした。したがって、人々の主体的な思考を阻害するような社会的支援や政治的動員は、その活動の範囲から排除されるとともに、特定のイデオロギーやドグマも徹底的に拒絶された（Alinsky 1941：小島（石神）二〇〇九）。

とはいえ、アリンスキーは組織化の着手にあたって独自の立場、「ラディカル」を表明した。彼は、「民衆のために」行動する「善人（do-gooders）（＝リベラル）」は当事者たる生活困窮者が抱える根本的な問題に辿り着くことはなく、むしろ両者のパターナリスティックな関係を前提とすることで貧困者の尊厳を奪っていると批判し、それとの対比で「民衆とともに」行動するのが「ラディカル」であると述べる。そして、「ラディカル」を「権力」の主体としての個人の自律と自己決定を基礎とした統治原理を信奉するアメリカの急進主義者と重ね合わせる（Alinsky 1946=1989）。すなわち、彼の「ラディカリズム」の根源には、革新主義期と大恐慌を経て進行していくリベラルな制度の下での民衆と（国家）権力の乖離という非民主的傾向に対する危機感があった。実際に、当時のシカゴにおいては、世紀転換期以来の社会活動家による困窮移民の社会的支援が未だ積極的に行われていたが、アリンスキーはフィールド・ワークに従事した経験から、そうした中産階級的価値観に基づく社会改革運動を痛烈に批判している。(10) また、大恐慌後、社会保障制度や公共住宅計画など、様々な公的社会サーヴィスの領域における専門職としてのソーシャル・ワーカーの需要が高まると、ソーシャル・ワークはそれまで有していた社会改革運動としての側面を徐々に失っていき（Trattner 1999）、アリンスキー型の組織化活動とは一線を画すこととなった。(11)

他方で、当時のシカゴ市政は強力な政党マシーンが牛耳っており、移民の多くは投票や参加の真の意味に無自覚なまま、マシーン政治に取り込まれる傾向にあった。こうした状況に「民主主義の衰微」――全体社会との関係性において物事を判断したり考えたりする主体的な活動の形骸化――を見たアリンスキーは、当時隆盛しつつあった産業別組合組織（Congress of Industrial Organization : CIO）の活動に引き寄せられ、そこで組織化の手法や直接行動の戦術を習得するに至る。[12] 当時ＣＩＯは、大量生産工業に従事する未組織労働者の組織化を掲げてアメリカ労働総同盟（American Federation Of Labor : AFL）から離脱し、闘争的かつ人種横断的な大衆組織の形成を推進しており、その民主的理想はアリンスキーのリベラル批判とたしかに通底するものであった。

だが、アリンスキーは労働組合運動が孕む既得権益化の可能性という一点において労組を非民主的とし、労働者を経済的利益の追求者に還元することを峻拒した。アリンスキーは労働者の権利を認めたニューディール体制自体を批判することはない。生活環境の悪化に苦しむ民衆が「労働者」として体制下における政治的動員に単線的に組み込まれる構造を、民主的統治の形骸化に繋がるとして問題視したのである。彼が最初に組織化を行った食肉加工業地域（Back of the Yards）は、新移民と呼ばれる東南欧系が多く住む貧困移民居住区であり、そこでは民族・教区ごとに生活領域が分断され、民族間対立も残っていたため、住民の不満がファシズムに転化する可能性すら看取された。したがって、人々の相互的関係の構築と主体性の涵養こそが、アリンスキーにおける「民主化」の出発点とされた。

彼はまず、住民の生活に深く根を下ろしていた教会を中心として、労組、近隣クラブなど地域のバラバラな利益の代表者によって構成されるコミュニティ組織を形成し、かかる組織を「民衆の組織（people's organization）」とした（Alinsky 1946=1989 : 23）。そして、それを地域社会の「生活者」たる人々が「身近な個別の問題（自己利益〔self-interest〕）」から「共通の問題」を見出す「場」、問題解決のために人々に生来的な「権力」を行使し、正当な配分を求める媒体として編成した。この「権力」の概念は、アメリカの「起動原理」たる「人民主権」原理に明確に依拠するものであり、「組織」は、個人と深く結びついている集団の自己利益と結びつくような形で公的な利益に対する感覚を涵養し得る社会的装置として設定された。アリンスキーの眼から見た当時のアメリカ社会は、巨大国家権力システムの下で民衆が受益者化され、彼らが主体的かつ実質的に統治に参加する必要性を減退させていた。アリンスキーはこの点に、アレクシス・ド・トクヴィルが警告した「民主的専制」の現実化とアメリカの民主主義の最大の危機を見る（Alinsky=1989 : 44）。したがって彼は、個人を身近な関心によって引き付け、公的関心を醸成する結社としてコミュニティ組織を建設した。そして、人々の協働に基づいた実質的な自己統治を実現する運動として、コミュニティの組織化を実践したのである。

「赤の時代」といわれるアメリカの三〇年代において、アリンスキーが共産党や社会党の活動にもコミットせず非イデオロギーに立脚した組織形成を行った理由は、以上のような「理念」にある。すなわち、彼の「権力」概念はゼロサム的な支配概念ではなく、関係的な概念として捉えられていた。事実、彼の最初の著書である『ラディカルの覚醒（*Reveille for Radicals*）』や四〇年代に執筆された数本の論文には、各集団の私的利益が対立や議論を通過し、最終的に共通利益へと帰着するルート形成そのものに内在する「視覚化できない（intangible）」効果——住民同士の相互理解や共感の醸成——が強調されている（石神 二〇一四b）。彼にとって、個人が組織を通して私的な世界から抜け出し、他者と協同して現実に直面する問題に取り組むことで、「権力」が広く人々に行き渡ることが「民主化」であった（Alinsky 1942）。

こうした「民主化」理念に基づき、組織化の実践は徹底したマルチ・イシューを掲げ、組織化とプログラム形成は同時進行で進められた。また、後にコミュニティ・オーガナイザーの教育・養成機関として改編され、現在も代表的なＣＢＣＯの一つである「工業地域財団（Industrial Areas Foundation : IAF）」も作られ、組織化の実践は全国的にも注目を浴びた。実際に、一九三九年にアリンスキーが最初に形成した「バックオブザヤーズ近隣協議会（Back of the Yards Neighborhood Council : BYNC）」は、労働者の賃上げやコミュニティ内の給食事業の設立、乳幼児福祉施設の設立など画期的な成果をあげ（Alinsky 1941）、メディアによって「民主主義の奇跡」「タウン・ミーティングの再現」などと賞賛された(13)。

このように、アリンスキーによる「コミュニティの組織化」は、アメリカの民主主義のラディカルな側面に立脚した二〇世紀大衆社会における現代的な「市民」組織と、「ニューディール連合」形成期――アメリカ型福祉国家の確立期――におけるオルタナティヴな「民主化」運動のあり方を提示するものであった。

4　「組織化」における参加と説得の意味

コミュニティ組織と「公的空間」の希求

アリンスキーの組織化活動は、その後六〇年代にはシカゴの貧困黒人居住区、七〇年代には同じくシカゴのミドルクラス居住区へと対象を拡大した。この間、「権利革命」を背景とした社会運動が政治社会を席巻し、アリンスキーによる組織化戦術とその成果が注目された(14)。同時に、民主党ジョンソン政権の「偉大な社会」計画が推進したコミュニティ活動事業（Community Action Program）の実施により、「コミュニティ・オーガナイジング」自体も公的な正当性と潤沢な資金を得て「黄金期」を迎えた。「豊かな社会」の貧困が発見されたこの時期、構造的な貧困の温床となっている地域コミュニティを社会計画の一環として動員する知的潮流が台頭し、民間のコミュニティ組織との協同あるいはそれへの委託による公的福祉の運用構造が生じたのである。だが、アリンスキーによる組織化の実践は、二つの点で理念的転換点を迎えていた。

まず、アリンスキーの組織化哲学によれば、コミュニティにおいて「人民の組織」がいったん確立されれば、参加と意思決定に基づく実質的な民主制が担保される限り、住民自身が統治の実践を担っていく。ゆえにそれが厳密な民主化理念を備える必要もなかった。組織が人民主権原理に立脚したうえで特定の「コミュニティ」の経済的安定や生活改善を志向する限り、共同体の構成員である人々の決定は、それが他者の排除を含んでいたとしても不当ではない。新移民を中心としたいわゆる白人労働者コミュニティであったＢＹＮＣは、五〇年代を通して独自に住宅保全プログラムを形成し、住宅購入層の拡大を図る政府主導の住宅政策と相互に補強しあう形で住宅「所有者」

組織へと変貌していった（石神 二〇一四b）[15]。だが、アリンスキーはこの保守化を自身の「民主化」哲学に反するものとみなして批判し[16]、あえて白人の郊外への「逃避」が進む地域で人種混合的なコミュニティ組織の形成に着手する[17]。そして、かかる組織化が白人の逃避のプル要因となる住宅市場のダイナミクスを前に不成功に終わって初めて、それらの組織が協同不可能な「他者（あるいは敵）」として排除した黒人とその居住区のエンパワーメントに向かったのだった。

しかしながら、黒人貧困地域に直接資源を配分し、貧困の当事者の「参加」に基づく自助を目的としたコミュニティ活動事業の実施においては、公権力の一定の統制下にあるはずのコミュニティ組織が、都市再開発事業や福祉行政のあり方をめぐって、公権力と直接に対決する住民運動を組織・指導するという事態が各地で生じた。そして、これに反発する既存の諸勢力によって実質的な住民参加は形骸化の途を辿った（大森 一九七四；西尾 一九七五）。こうした事態に対してアリンスキーは、国家主導のコミュニティ政策の理念を共有しながらも、その実態を激しく糾弾する。国家による参加行政は、その実、貧困地域の当事者を決定過程に含めることを拒否し、貧困者と行政側の対立を回避するうえ、地域の代表に公的な機能を請け負わせることで「支配」を強化するものである、と（Alinsky 1965a）。だが結果として、人種的貧困地域における「コミュニティの組織化」は周辺化を免れなかった。アリンスキーによる黒人組織もまた、依然としてシカゴ市政を牛耳る政党マシーンの勢力が推進する都市計画を覆すことはできなかった。

この間、アリンスキーが一貫して苦悶し葛藤し続けたのは、福祉国家における社会の脱政治化の進行と、下からの「権力化」（民主化）運動のあり方であった。言い換えれば、それは地域コミュニティに浸透し続ける「権力」に対抗的な、かつ「権力」から「自由」な人々による民主的「活動空間」をいかにして確保・運営・拡大するかという問題であった（石神 二〇一四c）。社会学者でもあった彼は、組織化によって確立された人々の「権力」が、個人間の相互性や互恵性といった正統性を欠いたまま国家権力の拡大と承認に結びつき、新たな排除と支配を生む、このディレンマを痛感していた。そして、一般の人々から乖離した専門家の主導にある政治を批判しながら、自らの権力観をアメリカの民主主義の文脈に位置づける。人種問題に揺れる一九六〇年代前半、アリンスキーは異人種組織の確立とそれへの批判に対して「我々は「権力」を直感的に恐れるのではなく、それとともに道徳性を追求すべきだ」と述べる（Alinsky 1961）。また、「権力」のレトリックを多用する組織化の論争性に対して、「ＩＡＦは従属とパターナリズムを払拭し民主的統治を完成させるために行動する主体である」と反駁し（Alinsky 1965b）、「人々の「権力」の確立は我々個人の生活に入り込んでいる巨大権力を抑制する点で、アメリカの政治理念と整合的である」と主張した（Alinsky 1967）。そして、六五年のニューヨークのロチェスターにおける黒人労働者居住区の組織化と、六二年にアリンスキーの後継者らがカリフォルニアで結成した農業労働者組合（United Farm Workers）(18)の成功の中から、組織化の重要な基盤となる人々を発見するに至る。すなわち、前者においては黒人労働者の境遇に同情しその改善に共感する白人労働者層や中間層、後者においては移民労働者の労働条件の改善に協力的な人々の参加が成功の鍵となっていた（石神 二〇一五）。

たしかに、この時期の黒人貧困層の底上げに対する白人のバックラッシュは存在した。だが、コミュニティ活動事業の下で草の根レヴェルでの人種横断的な貧困層の交流もまた進んでいた。投票行動のレヴェルでも、一九六八年の大統領選挙で共和党のリチャード・ニクソンを支持したのは労働者階級の三五％に留まっていた。ニクソンの辛勝は、過熱化する都市の暴動に対する人々の警戒と、再配分政策に対する一定の合意の両方を示すものだったのである。むしろより大きな「変化」は、同選挙での人種差別主義者ジョージ・ウォレスの健闘(19)が、人種に言及せずとも潜在的な多数派を結集させることが可能な「平等」主義への共鳴を反映していたことだった。それは、白人労働者階級の勤労と税負担に基づいた再配分政策を「不平等」とする、新たなイデオロギーの登場を意味していた。ウォレスの言説を利用して新たな多数派の確立を目論んだニクソン政権は、人種平等の原則を遵守しつつ「小さな政府」を推進し、貧困者を対象とするコミュニティ活動事業を事実上縮小する。

アリンスキーは、七一年の著書『ラディカルの教則（*Rules for Radicals*）』において、アメリカの多数を占める「中流」を変化の主体として位置づけ、その中でも「中低所得者層（lower middle class）」の存在を重要視している（Alinsky

1971=1989)。この中低所得者層は、物質的に決して「豊か」ではなく、日々の生活に不満を抱いている。彼らは、福祉サーヴィスの削減や失業の影に怯える一方で、「働かない」貧困者らを依存者とみなし、権利としての福祉を自身への侮辱と捉えている。アリンスキーは、組織化によって彼らが権力のありかを発見し、剝奪された「権力」の意味に通じることで、結果として「中低所得者層」と「貧困層」の同盟的関係の構築が可能となる、という(Alinsky 1971=1989:188-189)。そして、彼は「観念的」な「(巨大)権力」―「人民」の二項対立の設定と即時的「変化」の欲求を掲げるニューレフトの活動家らを、人々の日常生活から乖離した啓蒙に過ぎないと戒める(Alinsky 1971=1989:14)。社会変革のために必要なのは、支配構造の解体ではなく普通の人々の手による改革であり、それを牽引するオーガナイザーの教育・養成なのだ、と。アリンスキーは、実践を通してアメリカにおける弱者のエンパワメントの正統性を言説化し、オーガナイザーが組織化において重視すべき連帯意識の醸成とその起点を示したのだった。

アリンスキーは、一九七〇年、組織化対象を拡大し、環境問題を共通イシューとして多人種かつ広範な階級を取り込んだ中流組織「反汚染キャンペーン(the Campaign Against Pollution(のちに「シチズン・アクション・プログラム(Citizen Action Program:CAP)」に改名)を形成した。この組織は、当時のシカゴ市長リチャード・デイリーによる長期政権と互角に戦える規模となり、成功を収めた。当然、その過程で組織の内部からは「政治運動化」への声が出始めた。だが、この組織のその後の展開を見ることなく、アリンスキーは一九七二年に心臓発作で死去した。

「保守の時代」の組織化「運動」

その後、IAFおよびCAPは、マイノリティ居住地域の悪化要因となっていた銀行融資制限(レッドライニング)の解除運動を成功させ、一九七七年のコミュニティ再投資法(Community Reinvestment Act)の成立を導いた[20]。また、七〇年代以降においては、IAFの活動から派生する形で新たな組織化活動のネットワークと諸団体が形成・設立され、それらが全国(および海外)支部を拡大させていった[21]。その過程で、アリンスキーの後継者たちは、アリンスキーの組織化手法をより穏健化し、オーガナイザーの養成・教育、階級横断的な組織形成とその全国化に加え、長期的で共通の価値に根ざしたヴィジョンの形成を模索してきた（Gecan 2002）。とくに八〇年代以降のCBCOは、圧倒的な資金力とメンバーシップを有する教会のみをターゲットにし、その活動に信仰色を打ち出している。

他方、ACORNの取り組みは、低中所得者層が関心を持つ社会経済的なイシュー全般をめぐり、結集した政治的パワーを「対抗的に」確立し、実質的な政策要求を行っていくものである。とりわけ八〇年代以降においては、ACORNは有権者の駆り出し（Get Out to Vote）など、積極的に選挙運動にコミットするようになった。また、その間ACORNは後述するような戸別訪問（canvassing）によって独自の集金ネットワークを構築し、資金力を拡大した。このように、ACORNの発展は必ずしもCBCOの展開の延長線上にあるものではない。だが、両者の関係については以下のような指摘がなされている。

ハートによれば、七〇年代以降のアメリカ政治において顕著なパラドクスは、ナショナル・レヴェルにおける保守主義の亢進とローカルな市民社会の不変性である。すなわち、近年の「社会資本（social capital）」論の指摘にもかかわらず、アメリカにおける自発的組織の実質的な衰退は見られない。むしろ草の根レヴェルにおける人々の活動は依然として活発である。問題は、選挙では共和党保守が草の根の体系的な組織力――とりわけ信仰と政治を結び付けた組織化――において民主党よりも優っているのに対して、民主党の「プログレッシヴ」派は、人々がコミットしている文化的な伝統に根ざした政治に失敗している点である。この点で、「参加者が彼ら自身の基本的な価値と宗教的伝統に向き合いつつ、具体的なイシューを伝える実践的な活動を行う教会ベースの「コミュニティ・オーガナイジング」は、「プログレッシヴの政治（progressive politics）」に関係した文化的な働き（cultural work）において重要な役割を担っている」（Hart 2001 : 27）。そして、それは結果として「経済的平等と民主主義を維持・強化する豊かな言説を生み出すものなのである」（Hart 2001 : 28）。

こうした見解を共有するオスターマンもまた、「プログレッシヴ」の問題として、現在の有権者が共有する経済的なイシューを政治的な言説に結び付けられない「パズル」を指摘する。IAFをはじめとするCBCOの取り組みは、アメリカにおける宗教の公共的な役割とその歴史を見直し、労働力開発や地域のリーダーの発掘・養成、そして政治教育の母体としての教会の機能を最大限に引き出している（Osterman 2002)。こうした新たな価値をめぐる組織化が、とりわけ産業の転換に伴う著しい経済的格差を経験している南部において実際に成功を収めていること（Osterman 2002 ; Warren 2001）は、注目に値しよう。

また、フィッシャーやドライアーらは、政治的多数派の構築を志向するACORNとアメリカの政治文化の革新的な側面を重視するCBCOの違いを前提としつつ、ACORNの発展に「コミュニティ・オーガナイジングの新たな可能性」を見出し、「コミュニティ・オーガナイジング」が全体として保守のグラスルーツ運動に抗する組織的インフラの役割を担っていることを指摘している（Orr 2007 ; Dreier 2007)。そして、全体としての「コミュニティ・オーガナイジング」の特質として、選挙における成功を日常的な組織化活動の「副産物」と位置づけている点を挙げ、その意味で短期的で単一争点に偏り、カリスマ的なリーダーを擁する従来の社会運動とは一線を画す点を強調している（Robert Fisher 2009 ; Swarts 2008)。「組織化」および「組織」とは活動家ありきの運動でも、クライアントありきの慈善事業や社会的サーヴィスの提供媒体でもない。また、組織が追求する「権力」は、一貫してマルチ・イシューを通した対象地域の人々の相互的関係とコミットメントを源泉とし、オーガナイザーは経験的な利益から共通利益に至るまでのルート設定を行いながら、政治的勝利と同様に普通の人々の情報化や政治教育を重要視している。それは、アリンスキーの世俗的な「民主化」思想を宗教的価値と政治経済的イシューの両面から補完的に継承し、普通の人々の日常的な経験から既存の政治的価値の再構成を促すものである。その意味で、「コミュニティ・オーガナイジング」には本質的に政治的動員と単線的に結びつかない要素が備わっているのである。

こうした点を押さえたうえで、具体的に、民主党が二〇〇四年以降の大統領選挙において草の根戦略として利用した集票戦術のあり方を考察し、組織化と政治的動員の関係についての具体的な見方を提示しよう。

5　政党主導の集票戦術と「動員」に潜む問題

二〇〇四年選挙における「キャンヴァシング」の展開

既述の通り、全米的な規模で動員された宗教右派が九四年の中間選挙における共和党の多数党化に貢献したことは、民主党をして全国規模で草の根の団体を動員できる戦略的・戦術的基盤の強化に着手させ、五二七団体と呼ばれる諸組織の活動が活発化した。これらの団体の多くは草の根の投票動員キャンペーンを担うべく組織されたもので、主要な活動は、当然のことながら有権者登録運動に向けられた。民主党にとって、潜在的な民主党支持者を一人でも多く有権者登録をさせることが、大きな課題であるからである。

こうした「草の根」の選挙運動（いわゆる「地上戦」）は、ボランティアによる電話勧誘やポスター貼り、ミニ集会などの活動を通した対面的コミュニケーションにより、有権者たる「普通の人々」の説得を図る地道な運動である。中でも彼らとの直接的な接点として重要とされているのが、「キャンヴァシング（door-to-door canvassing）」と呼ばれる戸別訪問である。

日本では公職選挙法により禁止されている戸別訪問は、アメリカではすべての選挙において認められている選挙活動である。キャンヴァシングは、一般にボランティアを二人一組にして、あらかじめ指定された道路に面した家を番地順に一軒一軒訪ねてドアをノックする。訪問は同じ政党の家庭に限定され、同党の候補者に投票させるよう勧誘するのではなく、当日確実に投票所に出向いてもらえるよう動員することを目的としている。だが、渡辺将人が指摘するように、選挙戦略という観点でキャンヴァシングのより重要な目的は、選挙区のデータ集計である。転居率が高く、厳密な戸籍制度のないアメリカでは、地域を訪れてみて初めて把握できることが少なくない。玄関先での対話方式により、選挙民コミュニティの顔ぶれの立体マップを作り上げるリサーチが、キャンヴァシングの隠れた目的であり、大統領選挙では、予備選挙段階など早期のキャンヴァシングが、本選挙に向けた選挙区の情報更新の面できわめて重い意味を持つ（渡辺 二〇〇八）。

かつて、キャンヴァシングは、都市部における政党の不可欠な動員手法であった（Green and Gerber 2004）。二〇世紀初頭に至るまで、各選挙区のリーダーが各家庭のドアをノックして選挙民の要望に耳を傾け、仕事や金品と引き換えに支持の確保に努める姿が多くの地方都市で見られた。だが、マシーン政治の衰退と他の集票技術の効率化に伴い、選挙キャンペーンにおける古典的な動員手法の割合は相対的に減少した。もっとも、かかる手法のシフトは、古典的手法が選挙キャンペーンにおける役割を失ったためではなく、むしろテレビ広告やインターネットなどコミュニケーション技術の発展と普及が、政党や候補者、あるいは選挙の専門家らに経済的・政治的インセンティヴを与えたことによる。選挙活動におけるアナログの部分はいまだ消滅したわけではなく、電子メールやテレビ広告に慣れすぎた有権者が、各家庭に個別に行われるキャンヴァシングによって心を動かされることは少なくない（渡辺 二〇〇八）。事実、二〇〇八年の民主党予備選でオバマと熾烈な争いを繰り広げたヒラリー・クリントンの選対は、大量のボランティアの確保のみならず訓練体系を刷新して彼らの質的向上にも力を入れ、キャンヴァシングのさらなる効率化を図ったのである。

かくして活性化する地上戦の要となったキャンヴァシングは、最も人的資源を消費する戦術の一つでもある。マンパワーたる選挙ボランティアには、幅広い年齢層の多様なバックグラウンドを持った人々が参加するが、主に夏季休暇を利用した学生の参加者も多い。九〇年代以降には、こうした体力と熱意にあふれる若年層ヴォランティアを有給で雇い、彼らの訓練・教育を専門的に行う組織が成長し、全国にキャンヴァシングに特化した非営利組織が設立された。そして、資金不足に悩む各団体だけでなく、動員体制を強化する民主党もこうしたキャンヴァシング運営組織に草の根のキャンペーンを依頼するという構図が現れた(22)。いいかえれば、動員の「専門化」と政党によるそれへの「委託（out-sourcing）」という状況が出現したのである。だが、地上戦の激化に伴うこうしたキャンヴァシングの専門化・外部委託化は、市民性の観点から批判を受けている。つまり、民主党のインフラ整備のあり方は、傍観者としての市民をますます増大させ、結果的に「プログレッシヴ」の基盤を侵食する、というのである（Dana

Fisher 2006)。こうした批判の背景には、キャンヴァシングは選挙運動とは異なる文脈を備えたものであるという見解の共有がある。

「コミュニティ・オーガナイジング」をポピュリズムの系譜に位置づけるボイトらによれば、キャンヴァシングは、アリンスキーが形成したCAP（シチズン・アクション・プログラム）が様々な市民団体の連合体となり、ネットワークを拡大していく際に、資金調達の技術として開発されたものである。だが、組織化の過程において、キャンヴァシングそのものに人々との双方向的なコミュニケーション、社会的イシューの伝達と共有、そして「キャンヴァサー」（canvasser）自身の訓練・教育といった機能が見出された（Boyte, Booth, Max 1986 ; Boyte 2004）[23]。また、キャンヴァシングには蔓延する政治的無関心を打破し、公的な意識を涵養するという意味も与えられた。キャンヴァシングに参加した市民の中に「すばらしい政治教育を受けた」と語るものがいる（Boyte, Booth, Max 1986 : 56）[24]ように、キャンヴァサーや彼らの指導層は、キャンヴァシングを公的生活との接点と位置づけ、自らの活動を、政治意識を高揚させた人民が積極的に公的秩序の形成に関与する、アメリカ民主主義の伝統の実践とみなしたのである。

他方で、全国的キャンヴァシング運営組織の一つである「公共利益調査財団（the Fund for Public Interest Research）」は、トップダウン型のガヴァナンスの下で若年キャンヴァサーの教育・訓練およびキャンヴァシングの実践に至るまでをマニュアル化し、キャンペーンのあらゆるニーズと変化に対応すべくキャンヴァサーの全国的移動を義務づけるなど、徹底した効率的運営を実践した。フィッシャーによれば、その結果、自律的活動や仲間同士のコミュニケーションを制限されたキャンヴァサーの中に失望感と不満が満延し、訓練・実践過程で離職するものが増えた。キャンヴァシングは継続的な若手活動家の育成や政治経験という面でも機能不全に陥ったのである。また、定期的な移動により地域に「根のない（rootless）」活動家らによって草の根のキャンペーンが主導されたため、キャンヴァサーと地域コミュニティとの個人的繋がりが希薄であった（Dana Fisher 2006 : 19, 122）。

公共利益調査財団の傾向は、既存のキャンヴァシング運営組織のすべてに当てはまるものではない（Booth 2006）[25]が、地域に根を下ろした草の根の人々との繋がりを看過した効率的・合理的な動員手法が、結果としてうまくいかないことは、二〇〇四年の激戦州におけるケリー陣営の失敗が示す通りである。また、選挙活動への参加を希望する若年層の継続的な活動の場を提供することは、結果的に彼らを潜在的支持層とする民主党に有利に働くであろう。実際に、民主党の穏健中道を牽引するニュー・デモクラットの指導者層やリベラル系選挙戦略家は、草の根の動員活動の活性化を提言すると同時に、「ポスト・リベラル」として共和党に応戦するため、民主党が抱える多様な集団内に、共和党にとっての伝統の価値や自由のような共通理念を打ち立てることを訴えている。そしてその基盤となるのが、草の根で活動する若年層のリクルートと政治活動家としての育成なのである（渡辺 二〇〇八）。

だが、フィッシャーが「ポスト・リベラル」の最大の課題とするのは、個人の政治への参加が「意味のある（meaningful）」ものとなるような相互的関係の構築である。つまり、本来、（エリートではない）民衆の経験や知恵から生まれ、対面的コミュニケーションを通して公的意識の発揚を促してきたキャンヴァシングは、今や単なる署名や寄付、投票の確約の手段に限定され、地域レヴェルの参加や有権者—政治家間（あるいは有権者間、活動家間）の相互的関係の構築に繋がっていない。これが、磐石な大衆的基盤を確立した共和党に対して、民主党がいまだエリートの政党としてみなされる一要因とするのである（Dana Fisher 2006 : 54, 114）。

こうした批判は、民主党による草の根のインフラ化に重要な課題を突きつけている。すなわち、公共利益調査財団に見られたような効率的な動員は、有権者を政治的資源の「受け手」あるいは「消費者」に限定し、そのことが（本来政治的関心が高いはずの）ボランティアや活動家の失望や無力感をも招いている。結果的に、動員される側だけでなく動員する側の政治的有効性感覚も低下させる。もともと高齢者の高投票率に比べて投票率が低い若年層に加え、政治参加に積極的ではないといわれる相対的に社会経済的地位の低い層を潜在的支持層とする民主党にとって、こうした動員過程をめぐる政党と市民との乖離は選挙での勝敗に大きく影響するものである[26]。敷衍すれば、それは、現代における草の根政治において、政党がいかにして人々の政治参加を促すのかという難しい問題を提起していると言えるだろう（Schattschneider 1960）。

「組織化」と二〇〇八年選挙の意味

以上のように、政党による動員過程からその問題を逆説的に読み解いていくと、結局のところアメリカの民主主義の思想的潮流に立ち返らざるを得ない。一九世紀にアメリカ社会を観察したトクヴィルの慧眼は、封建主義の伝統を欠くアメリカにおいて、自発的な結社が民主主義を機能させている現実を指摘した点にあった。トクヴィルは、個人から構成されるアメリカにおいて、他者との連携に社会的価値を見出す活動領域が存在することに、民主化の活路を見出した。だが、その後ルイス・ハーツが現代アメリカ社会の公共道徳に見出したのは自由主義の絶対化であった。彼は、ロック的な自由主義を起点とするアメリカでは、自由主義に対抗的なイデオロギーが生まれない、つまり他者との連携や共生が内在的に正当化されないことを憂慮した（ハーツ 一九九八）。そしてベラーらは、二〇世紀に立ち現れた「大きな社会」（Wallas 1915）において現出したシニシズムや自己愛、社会的断片化、いきすぎた個人主義といった病弊が、アメリカの民主主義の形骸化を促していると警鐘を鳴らした。ベラーらは、二〇世紀後半のアメリカを相互的人間関係が融解し、個人が「根のない」受益者へと変質していく過程として描き、これを市民による民主主義の放棄と断じたのである（ベラー、マドセン、サリヴァン、スウィンドラー、スティプトン 二〇〇〇）。

こうした文脈の延長線上に、二〇〇八年の「コミュニティ・オーガナイジング」の政治運動化を位置づければ、集票装置としてのＡＣＯＲＮの画期的躍進が意味するものは、二〇世紀アメリカにおける自由主義の隘路と、それに伴う個人―国家の有機的関係の形骸化を批判的に修正するような草の根運動の部分的な「可視化」であると言えるだろう。この運動の特色は、実践面での更新を経ながら、その理念が一貫して「個人（の自己利益）」を起点とした「デモクラシー」の視座に立っている点である。「コミュニティ・オーガナイジング」は、全体として一定のまとまりを持った運動体とはいえないが、普通の人々が地域共同体を媒介として「下から」民衆の権力を構成し、もって公的世界の足がかりとし、その民衆の権力を維持していく空間にほかならない。つまり、コミュニティ・オーガナイジングは政党のインフラ以上の意味を持つ活動である。

現実には、ＡＣＯＲＮは二〇〇八年の選挙において中低所得者層の有権者登録の増大に大きく貢献したものの、その後保守派から選挙における不正行動に関する激しい批判を受け、二〇一〇年三月までに事実上の活動停止に追い込まれた（西川 二〇一〇：二一一～二一四）。だが、既述のようにACORNをはじめとするコミュニティ組織は（個別的にせよ）九〇年代以降、とりわけ労組との組織外連携を深め、リベラル派の政治的インフラ強化の一翼を担ってきた。ACORNは、恒久的な民主党支持のネットワークに転化していくことには成功を収めなかったが、コミュニティ・オーガナイジング自体は、IAFをはじめとするCBCOの全国的展開を推進するとともに、他のリベラルな諸団体の草の根の運動における理念的・実践的マトリクスとして機能している。

付言すれば、これらが近年の労働運動の「草の根」戦略と結びついていることは、アメリカ型福祉国家体制における「未完の労働運動」に何らかのインパクトをもたらす可能性を示している。アメリカにおいては、封建社会の欠如や広大なフロンティアの存在、連邦制などの例外的諸条件が、強力な労働者政党の欠如の背景とされてきた。そしてその根幹を成すのが、人種と白人優越主義の問題である。アメリカでは植民地時代以来、白人支配層が人種差別を用いて労働者間の対立を煽り、彼らの人種横断的組織化を阻んできた歴史がある（ローディガー 二〇〇六）。ここでの「白人」とは、労働市場に新規参入する民族集団を劣等（非白人）とみなして自身の特権を守ろうとする既得権益集団のことで、白人は最上層に、黒人は最下層に位置する構造が維持されてきた。アメリカの未完の労働運動戦略とはこの人種差別構造を打破し、労働者の階級的組織化を達成しようとする、階級的人種交差連合のことである（篠田 二〇〇九）。とりわけ八〇年代以降の規制緩和と福祉削減といった福祉国家再編の中で組織率のさらなる低下という憂き目にあった労働運動の今後は、有色人種の人口比率の増大やハイテク産業の誘致に伴う南部有権者の地殻変動の中で、既存の社会運動との連携を図りながら社会的・経済的正義の実現を人種横断的な求心力の要としていけるかに懸かっていると言える。本章で考察したアリンスキーの思想中には、アメリカの「福祉国家化」を牽引したリベラルと一線を画しながら「組織化」を通して個人と国家の関係を再構成し、その過程で人種の既得権益化構造そのものを打破するような普遍的な「権力」観が内在していた。アリンスキー以後のコミュニティ・オーガナイジングの実践もまた、そうした理念を根底から作り変えるものではない。したがってコミュニティ・オーガナイジング運動の現代的展開——とりわけ選挙活動との関わり——は、アメリカの福祉国家、そして民主政治の行方にも関わるものであると言える（Keyssar 2000）。

さらに、いうまでもなく、それらが民主党による草の根の選挙戦略ひいては民主党の提示するヴィジョン、共和党保守に対抗し得るナラティヴの構築に与えているメッセージは少なくない。コミュニティ・オーガナイジング運動が立脚する「ラディカル」な民主主義は、八〇年代以降の共和党が政党政治の中で巧みに作り上げた「保守的な平等主義」——労働し富を生み出す自律的個人という伝統的価値に依拠したうえでの再配分政策への批判——（エドソール、エドソール 一九九五）という言説空間に「連帯する個人」というナラティヴでもって入り込み、社会的公正や正義の意義を言説化・正統化し得る可能性を有している。

6 「組織化」とは何か

これまで見たように、現代アメリカにおいては、政党の動員とは異なる論理で専門的オーガナイザーによる地域の「組織化」が進められてきた。それは、三〇年代から現在まで、福祉国家を主導してきた政治的リベラリズムの問題をその内側から批判し、周辺化された人々を「対抗的に（oppositional）」組織する運動であるのと同時に、人々を秩序形成の主体として「エンパワーメント」することを通じて政府の役割や政策に影響を与えようとする、「下からの」民主化運動である。オバマがこの運動組織で「オーガナイザー」としての教育を受けた活動家であったことはすでに述べたが、二〇〇八年の「アメリカの組織化」の主導に当たった多くの活動家が、専門的「オーガナイザー」であり、草の根の動員戦略にオーガナイジングの手法が取り入れられた。また、近年においては「コミュニティ・オーガナイジング」とその手法的源である労働運動との関係深化が見られ、それが潜在的な民主党支持層の実質的な動員および労働運動そのものの活性化に繋がっていた。これらは、運動の実践・理念レヴェルでの浸透として、注目に値しよう。

むろん、全国に存在する各コミュニティ組織はいまだ運動の将来的ヴィジョンを共有しているとは言いがたく、各組織間での資金・広報をめぐる縄張り争い（あるいは全国組織の脆弱性）は早晩解消するようなものでもない。まして無数の多様なコミュニティ組織が合衆国の政治構造上の条件を超えて大きな政治勢力となり得るかどうかは、本章の射程を超えた問題である。

だが、近年における「コミュニティ・オーガナイジング」運動がいわば仕掛け人となって労働組合や宗教組織との共闘関係を構築し、人種・階級交差的な新たな政治的（プログレッシヴ）多数派連合を志向するというボトムアップ構造は、今後の選挙政治における草の根の動員に課題と展望の両方を提示している。課題としては、政党側が「組織化」と「動員」の非整合性を前提としたうえで、いかにして運動の原動力を政治的理念に昇華するかという問題がある。「動員する（mobilize）」ことがある目的のために人やモノを結集し、駆り集めるという行為以上の意味を持たないのに対して、「組織化する（organize）」という言葉には、物事を構成する個々の要素を構造化し、体系化するという意味が含まれる。つまり、ある集団を「組織化する」ということは、対象を構成する個々人を連関させる「根拠」があって、各構成員がそれを共有していくプロセスをも含むのである。二〇〇八年の大統領選挙において、民主党は斬新な動員技術を駆使してかつてない規模の潜在的民主党支持者を取り込むことに成功した。だが、現在の民主党が草の根の動員体制の活性化を契機として共和党の掲げる「自由」の理念を超えるヴィジョンを打ち出し、キリスト教原理主義者を中心とした宗教右翼の政治組織団体「クリスチャン・コアリション」に結実したような政治的インフラストラクチャーを確立したとは言いがたい。その点で、コミュニティの「組織化」が、人々のエンパワーメントとその根拠をアメリカの民主主義のあり方そのものにまで遡って説得・議論する空間であるとするならば、新たな政治的ヴィジョンを模索する民主党が理念レヴェルで草の根を包摂することの意味は大きい。「アメリカの組織化」とその成功は、政権獲得を悲願としてきた民主党による「野党改革」の政治的帰結ではなく、むしろ社会の中で連綿と続いてきた草の根運動を媒介として、政党としての民主党が新たな政治的ヴィジョンを構築する絶好の好機なのである。

註

（1）Joyce Purnick, "One-Doorbell-One-Vote Tactic Re-emerges in Bush-Kerry Race," *The New York Times*, April 6, 2004, A. 1.

（2）二〇〇二年の選挙改正法により、政党がソフトマネーを無制限に集めて自党候補の選挙運動を側面支援することができなくなったため、ソフトマネーの獲得と投票動員運動への支出という機能を肩代わりするために利用された税法上の組織。

（3）全国福祉権組織の結成と展開は、当時浸透していた福祉受給者に対する「福祉依存」の言説に対抗し、労働の概念の再構築と貧困者の自己決定を訴えるものだった。福祉権運動は抗議活動を通して個別の勝利を得たが、内部分裂と福祉へのバックラッシュの中で、六〇年代後半に終焉を迎えた。福祉権運動の位置づけと運動としての意義については以下が参考となる。土屋和代「アメリカの福祉権運動と人種、階級、ジェンダー――「ワークフェア」との闘い」油井大三郎編『越境する一九六〇年代――米国・日本・西欧の国際比較』彩流社、二〇一二年。

（4）内国歳入法第501条(c)(3)団体は、所得に対する非課税優遇措置など特典が認められる一方、選挙活動などの禁止やロビー活動に対する厳しい制約が課されている。

（5）二〇〇八年の大統領選挙においては、ACORNの草の根活動により、ミズーリ州では五万三五〇〇人の新規有権者登録が成功した。また、ACORNの支部が顕著な活動を見せたいくつかの州のすべてにおいて、オバマは本選挙で勝利している（西川 二〇一〇：二一二）。

（6）たとえば、ジョセフィン・ルボー、ケビン・リンチ「ローカル・レベルでの組織化の成功――AFSCME1707 地域協議会の事例」グレゴリー・マンツィオス編（戸塚秀夫監訳）『新世紀の労働運動――アメリカの実験』（緑風出版、二〇〇一年）。また、同時期には地域の各労組が自ら501(c)(3)団体を設立し、地域の公共政策分野を中心とした調査・研究を行って従来労組がほとんど取り組んでこなかった政策策定・連合形成能力を高めるという動きも起こっていた。（Dean and Reynolds 2009 : chapter 2）

（7）「生活賃金」は、労働者に支払われる賃金の一律的最低ライン、つまり「最低賃金（minimum wage）」とは異なり、「家族を養える賃金」を意味する。このキャンペーンは、行政府と契約しているサーヴィス請負業者の全従業員の最低賃金を引き上げることにより、最低層の賃金の底上げを狙うものである。このキャンペーンにより市や州レヴェルで成立された条例には、賃金の上昇だけでなく、請負業者が代わったとしても労働者が仕事を維持する権利や、コミュニティによる職業斡旋の創設といった付随条文も含まれている。

（8）なお、ＢＵＩＬＤについては、以下を参照。Marion Orr, "Baltimoreans United in Leadership Development : Exploring the Role of Governing Nonprofits," *Nonprofits in Urban America*, ed. Richard Hula and Cynthia Jackson-Elmoore, Westport, CT : Quorum Books, 2000.

（9）ＡＣＯＲＮの設立者ラスキもまた、アリンスキーの著書を熟読し、その「理念」に影響を受けたオーガナイザーの一人である。全国福祉権組織は、アリンスキーの組織化手法に改良を加えた手法を採用しており、ＡＣＯＲＮの設立の際、ラスキは全国福祉権組織と、アリンスキーによる組織化手法をうまく組み合わせた組織化戦略を案出した。（Atlas 2010 : pp. 20–21）

（10）たとえばアリンスキーは、当時のソーシャル・ワークの活動を「高級な形式をとる社会的反逆罪（social treason）」「人々を地獄に適応させる破廉恥行為（infamy）」と批判している（Alinsky, *Reveille for Radicals*, p. 59）。

（11）「コミュニティの組織化」については、「コミュニティ」の定義同様、その目的および採用されるメソッドが多様であり、多くの研究者が類型化を試みているが、ロスマンによる定義が（批判的にせよ）よく引証されている。ロスマンによれば、コミュニティの組織化には「ソーシャル・アクション（social action）」「ソーシャル・プランニング（social planning）」「地域開発（locality development）」に分類される。Jack Rothman, "Three Models of Community Organization Practice : Their Mixing and Phasing," Fred M. Cox eds., *Strategies of Community Organization*, Itasca : Illinois. P. E. Peacock, 1979. ソーシャル・ワークの文脈においては、アリンスキーによる組織化は、外部の専門家がコミュニティの住民に現状への不満を認識させ、コミュニティの改善目標と戦略の構築を支援することで社会におけるパワーの不均衡の是正を実現する「ソーシャル・アクション」に分類され、その提唱者とされている。だが、アリンスキーの立場はソーシャル・ワークの実践に一貫して批判的であり、組織化において外部の「専門家」を徹底して排除した。そのため、アリンスキーによる組織化をソーシャル・ワークの内部に位置づけることには問題があると言える。日本におけるソーシャル・ワークとアリンスキーの関係についての近年のまとまった論評として、以下を参照。渡邊かおり「アリンスキーによる地域組織化活動——ソーシャルワークにおけるその評価の変遷」人間社会環境研究、第一九号（二〇一〇年三月）。

(12) アリンスキーとCIO代表のルイスは、個人的に非常に親しい関係にあり、ルイスはアリンスキーを何度も組合活動に勧誘した。また、アリンスキーは一九四七年にルイスの自伝（*John L. Lewis : An Unauthorized Biography*, New York : G. P. Putnum's Soms, 1949）を著している。

(13) Herb Graffis, "miracle of democracy", *Chicago Daily Times*, undated reprint, IAF. cited in Sanford D. Horwitt *Let Them Call Me Rebel : Saul Alinsky, His Life and Legacy*, New York : Vintage Books, 1989, p. 102 ; Herb Graffis, "American Plan", *Chicago Times*, January 14, 1946.

(14) アリンスキーによる二冊の著書『ラディカルの覚醒（*Reveille for Radicals*）』（1946）、『ラディカルの教則（*Rules for Radicals*）』（1971）は、六〇年代を通してプロテスト型の組織化一般における実践的教義として草の根に浸透していった。

(15) バックオブザヤーズをはじめとするシカゴの東南欧系居住区は、カトリック教会および教区への紐帯を通じた居住区への堅固な帰属意識を持つ「自家所有者」によって占められていた。一九四三年の調査によれば、アメリカ全体の外国生まれの自家所有率が二一・七％であるのに対し、シカゴの外国生まれのそれは四一・三％という高さであり、そのうちカトリックの自家所有率はそれ以上であった。Mark E. Santow, "Saul Alinsky and the Dilemmas of Race in the Post-War City," (University of Pennsylvania, Ph. D. Dissertation, 2000), p. 46. アメリカにおける貧困者への公的な住宅供給は、個人主義を根拠として市場を通した間接的な介入に留まっていたが、大恐慌とニューディールを契機として住宅所有者の救済や保障に連邦政府が直接介入するようになり、それは住宅金融市場の差別的融資基準がますます横行する事態を招いた。アメリカの住宅政策の性質とコミュニティ活動の関係については、以下を参照。宗野隆俊『近隣政府とコミュニティ開発法人——アメリカの住宅政策にみる自治の精神』（ナカニシヤ出版、二〇一二年）。

(16) アリンスキーは、「持たざるもの」から「持てるもの」へと変容したバックオブザヤーズの住民を非難し、「所有」の観念こそ「持てるもの」の正当化論理となっているとし、そこにトクヴィルが指摘したアメリカの未来の脅威——個人が私的利益に閉じこもり公的生活に背を向ける——の現実化を見ている。Alinsky, *Rules for Radicals : A pragmatic Primer for the Realistic Radicals*, New York : Vintage Books, 1972, pp. 16-20.

(17) 「サウスウエストコミュニティ組織(Organization of Southwest Community)」と呼ばれるこの組織は、地域の教会をベースとした異人種コミュニティの形成を一定程度達成したものとして評価もされているが、アリンスキーの「地域」組織化の限界を示す端的な事例でもある。

(18) 農業労働者組合は、IAFのオーガナイザーであったフレッド・ロスとメキシコ系移民労働者であったシーザー・チャベスによってカリフォルニアで結成された。カリフォルニア州は、第二次世界大戦中の一時的な労働力不足を解消するため米墨間でなされた協定「ブラセロ・プログラム」の下、大量の農場契約労働者を受け入れていた。労働者は、劣悪な労働環境に置かれ、農場主による経済的搾取が横行していた。チャベスらは全国を回って労働者の惨状を訴え、彼らが実施した不買運動には約四七〇〇万人の人々が参加した。

(19) バックオブザヤーズの住民は、六八年の選挙においてウォレスを支持した。アリンスキーは、当時バックオブザヤーズでウォレスのステッカーが貼られた車を見かけたとき、「吐き気がした」と述べている。"Playboy Interview : Saul Alinsky," *Playboy Magazine*, March 1972, p. 76.

(20) 「レッドライニング(赤線指定)」とは、住宅金融業者がその人種的構成のゆえに特定の地区に貸付を行わないなどのきわめて不利益な処遇を行う金融上の商行為をいう。民間住宅金融の実務では、ニューディール期以降も差別的商行為が行われ、連邦政府もこれを規制してきたとはいえない状況であったが、コミュニティ再投資法は、赤線指定を受けてきたコミュニティでの事業免許を持つ金融機関にコミュニティにおける信用への需要を満たし、当該コミュニティに向けて資金を供給させることを求めるものであった。

(21) これらの団体には、「ガマリエル協会(Gamaliel Foundation)」、「組織化を通じてコミュニティを改善する人民の会(People

Improving Communities through Organizing：PICO)」などがあり、それぞれ国内に五〇程度の支部が存在する（西川 二〇一〇：二〇六）。

(22) 二〇〇三年には、グリーンピース（Greenpeace USA）やシエラ・クラブ（Sierra Club）などの全国オフィスがキャンヴァシングを外部に委託している（Dana Fisher 2006：68）。

(23) また、キャンヴァシングの機能に関しては以下が詳しい。Harry C. Boyte, "A Tale of Two Playgrounds：Young People and Politics," paper presented at the American Political Science Association meetings in San Francisco, 2001, p. 5. [http://inside.augsburg.edu/publicachievement/files/2012/12/A-tale-of-two-playgrounds.pdf#search='Harry+C.Boyte%2C+A+Tale + of+Two+Playgrounds'].

(24) なお、オバマは二〇〇八年の大統領選挙予備選に際して、オーガナイザーとしての経験に触れ、そこで「市民が自発的に、協力して団結する力、それによってもたらされる意味のある変化」(Barack Obama. com, "My Plan for 2008"（メーリングリスト）)を学び、「ネイバーフッドは、私が受けた教育の中で最も優れた教育だった」(Transcript of Barack Obama's Speech, Springfield, Ill., February10, 2007 [http://www.cbsnews.com/stories/2007/02/10/politics/main2458099.shtml].）と言及していた。オバマのオーガナイザー経験と政治思想の関連に関しては、拙稿「現代アメリカ政党政治空間の転換可能性——バラク・オバマの場合」『北大法学論集』第五八巻第六号（二〇〇八年三月）。

(25) ブースによれば、アメリカ全土に広がる多くのキャンヴァサーのネットワーク組織が、「プログレッシヴ」の一翼を担うようなリーダーの勧誘および育成を実践している。また、彼女は、キャンヴァシング経験者は未経験者よりも投票率が高い傾向にあるとし、実質的な「プログレッシヴ」の亢進を促していると指摘している。

(26) この点については、近年、スコチポルら多くの研究者が、革新的組織の多くが草の根の動員において有給スタッフを雇用し、アクティヴな草の根のメンバーシップから乖離していることを指摘してきた。Harry C. Boyte, *Everyday Politics*, Philadelphia：University of Pennsylvania Press, 2005；Theda Skocpol, "Advocates without Members：The Recent Transformation of American Civic Life," Theda Skocpol and Morris P. Fiorina, "How American Became Civic in *Civic*

Engagement in American Democracy, ed. T. Skocpol and M. P. Fiorina, Washington, DC, New York : Brookings Institution and Russel Sage Foundation, 1999, pp. 461-510 ; Theda Skocpol, *Diminished Democracy : from Membership to Management in American Civic Life*, Norman : University of Oklahoma Press, 2003.

参考文献

石神圭子（二〇一四a）「アメリカにおけるコミュニティの組織化運動――ソール・アリンスキーの思想と実践⑴」『北大法学論集』第六五巻第一号。

――（二〇一四b）「アメリカにおけるコミュニティの組織化運動――ソール・アリンスキーの思想と実践⑵」『北大法学論集』第六五巻第三号。

――（二〇一四c）「アメリカにおけるコミュニティの組織化運動――ソール・アリンスキーの思想と実践⑶」『北大法学論集』第六五巻第四号。

――（二〇一五）「アメリカにおけるコミュニティの組織化運動――ソール・アリンスキーの思想と実践（4・完）」『北大法学論集』第六五巻第六号。

ウェザーズ・チャールズ（前田尚作訳）（二〇一〇）『アメリカの労働組合運動――保守化傾向に抗する組合の活性化』昭和堂。

エドソール・トマス・B、エドソール、メアリー・D（飛田茂雄訳）（一九九五）『争うアメリカ――人種・権利・税金』みすず書房。

大森弥（一九七四）「現代行政における「住民参加」の展開――一九六〇年代アメリカにおける「コミュニティ活動事業」の導入と変容」渓内謙・阿利莫二・井出嘉憲・西尾勝編『現代行政と官僚制　上』東京大学出版会。

小島（石神）圭子（二〇〇九）「現代アメリカにおけるコミュニティの組織化運動――オバマ「現象」の基層として」『北大法学論集』第六〇巻第二号。

篠田徹（二〇〇五）「岐路に立つ労働運動――共和党の攻勢と労組の戦略論争」久保文明編『米国民主党』。

――（二〇〇九）「現代アメリカ労働運動の歴史的課題――未完の階級的人種交差連合」新川敏光・篠田徹編著『労働と福祉国家の可能性――労働運動再生の国際比較』ミネルヴァ書房。

砂田一郎（二〇〇五）「二〇〇四年選挙で活力を取り戻したリベラル派」久保文明編『米国民主党――二〇〇八年政権奪回への課題』日本国際問題研究所。

西川賢（二〇一〇）「政治的インフラとしてのコミュニティ・オーガニゼーション――ＡＣＯＲＮを事例として」久保文明編『アメリカ政治を支えるもの――政治的インフラストラクチャーの研究』日本国際問題研究所。

西尾勝（一九七五）『権力と参加――現代アメリカの都市行政』東京大学出版会。

ルイス・ハーツ（有賀貞訳）（一九九八）『アメリカ自由主義の伝統――独立革命以来のアメリカ政治思想の一解釈』講談社学術文庫。

ベラー・Ｒ・Ｎ、Ｒ・マドセン、Ｗ・Ｍ・サリヴァン、Ａ・スウィンドラー、Ｓ・Ｍ・スティプトン（二〇〇〇）（中村圭志訳）『善い社会――道徳的エコロジーの制度論』みすず書房。

吉原欽一（二〇〇五）『現代アメリカ政治を見る眼――保守とグラスルーツ・ポリティックス』日本評論社。

ローディガー・ディヴィッド・Ｒ（小原豊志他訳）（二〇〇六）『アメリカにおける白人意識の構築――労働者階級の形成と人種』明石書店。

渡辺将人（二〇〇八）『現代アメリカ選挙の集票過程――アウトリーチ戦略と政治意識の変容』日本評論社。

――（二〇〇九）『評伝バラク・オバマ――越境する大統領』集英社。

Atlas, John (2010) *Seeds of Change: The Story of ACORN, America's Most Controversial Antipoverty Community Organizing Group*, Nashville: Vanderbilt University Press.

Alinsky, Saul D. (1941) "Community Analysis and Organization," in *The American Journal of Sociology*, Vol. 46, No. 6.

――(1946=1989) *Reveille for Radicals*, New York: Vintage Books.

――(1942) "Youth and Morale", in *American Journal of Orthopsychiatry: A Journal of Human Behavior*, Vol. 12, No. 4.

———(1961) "The Morality of Power," Box19, Folder291, Saul Alinsky Papers, Special Collections, University of Illinois at Chicago (hereafter cited as Saul Alinsky Papers.).

———(1965a) "The War on Poverty : Political Pornography," in *The Journal of Social Issues* XXI (January).

———(1965b) "The IAF : Why is it Controversial ?," *Church in Metropolis* (Summer) Box30, Folder502, Saul Alinsky Papers.

———(1967) "Is There Life after Birth," Box68, Folder 829, Saul Alisnky Papers.

———(1971=1989) *Rules for Radicals : A Pragmatic Primer for Realistic Radicals*, New York : Vintage Books.

Booth, Heather (2006) "Door-to-Door Democracy," in *American Prospect*, October 18.

Boyte, Harry C. and Heather Booth, Steve Max (1986) *Citizen Action and the New American Populism*, Philadelphia : Temple University Press.

Boyte, Harry C. (2004) *Everyday Politics : Reconnecting Citizens and Public Life*, Philadelphia : University of Pennsylvania Press.

Dean, Amy B. and Reynolds, David B. (2009) *A New New Deal : How Regional Activism Will Reshape the American Labor Movement*, Ithaca and London : Cornell University Press.

Dean, Amy and Rathke, Wade (2008) "An Injury to One is and Injury to All : Labor-Community Alliances and the New Labor Movement," in *New Labor Forum*, September 29.

Delgado, Gary (1986) *Organizing the Movement : the Roots and Growth of ACORN*, Philadelphia : Temple University Press.

Dreier, Peter (2007) "Community Organizing for What ? ; Progressive Politics and Movement Building in America", Marrion Orr ed., *Transforming the City : Community Organizing and the Challenge of Political Change*, Lawrence : University of Kansas.

———(2009) "Community Organizing, ACORN, and Progressive Politics in America," Robert Fisher ed., *The People Shall Rule : ACORN, Community Organizing, and the Struggle for Economic Justice*, Nashville : Vanderbilt University Press.

Fisher, Dana R. (2006) *Activism. Inc., How the Outsourcing of Grassroots Campaigns is Stranging Progressive Politics in America*, California : Stanford University Press.

Fisher, Robert (2009) "Changing Direction : ACORN and the Future of Community Organizing", *The People Shall Rule : ACORN, Community Organizing, and the Struggle for Economic Justice*, Nashville : Vanderbilt University Press.

Francia, Peter L. (2006) *The Future of Organized Labor in American Politics*, New York : Columbia University Press.

Gecan, Michael (2002) *Going Public : An Organizer's Guide to Citizen Action*, Massachusetts : Beacon Press.

Green, Donald P. and Gerber Alan S. (2004) *Get out of the Vote : How to Increase Voter Turnout*, Washington : Brookings Institute Press.

Hart, Stephen (2001) *Cultural Dilemmas of Progressive Politics : Styles of Engagement Among Grassroots Activities*, Chicago and London : The University of Chicago Press.

Keyssar, Alexander (2000) *The Right to Vote : The Contested History of Democracy in the United States*, New York : Basic Books.

Luce, Stephanie (2005) "Lessons from Living-Wage Campaigns," in *Work and Occupations* vol. 32, no. 4 (November).

Orr, Marion (2007) "Community Organizing and the Changing Ecology of Civic Engagement," *Transforming the City : Community Organizing and the Challenge of Political Change*, Lawrence : University Press of Kansas.

Osterman, Paul (2002) *Gathering Power : The Future of Progressive Politics in America*, Massachusetts : Bacon press.

Rosenstone, Steven and Hansen, John Mark. (1993) *Mobilization, Participation, and Democracy in America*, New York : Macmillan.

Schattschneider, E. E. (1960) *The Semisovereign People : A Realist's View of Democracy in America*, New York : Holt, Rinehart and Winston.

Swarts, Heidi J. (2008) *Organizing Urban America : Secular and Faith-based Progressive Movements*, Minneapolis : University of

Minnesota Press.
Trattner, Walter I. (1999) *From Poor Law to Welfare State : A History of Social Welfare in America*, New York : The Free Press.
Wallas, Graham (1915) *The Great Society : A Psychological Analysis*, New York : Macmillan.
Warren, Mark R. (2001) *Dry Bones Rattling : Community Building to Revitalize American Democracy*, Princeton : Princeton University Press.

第7章　日本における民主党と政権交代への道
――政策的許容性と包括性――

木寺　元

1　政党組織管理

「一党優位政党制」――ジョヴァンニ・サルトーリは、日本の政党システムを、こうカテゴライズした（サルトーリ 一九八〇）。「五五年体制」の成立以降、ごく短期間の非自民連立政権（細川内閣・羽田内閣、一九九三〜九四年）を除き、一九九六年の選挙制度改革以降も、自民党は公明党などと連立政権を組むことで政権の座に座り続けた。自民党優位の政党政治は永遠に続くかのようにも思われた。

本章は、日本の民主党（一九九六年結党）が二〇〇九年に政権を獲得するまでの期間を中心に、その過程を「政策的許容性」と「包括性」の二つの概念で分析するものである。自民党を打ち破って与党の座に就いた民主党とは、いかなる政党であったのか。

政治家の行動目標

候補者を含めた政治家の最もプリミティブな行動目的は、「当選」である。政治家にとって、政治家として昇進したい、政策を実現したい、など様々な行動目標が考えられるが、これら昇進目標や政策目標は当選目標に従属すると考えられてきている。なぜなら一般的に当選ないし再選して初めて昇進が達成でき、理想とする政策が実現できるからである（建林 二〇〇二：二〇）。本章では、この前提に基づいて民主党の分析を進めていきたい。

政党所属と政党戦略

当選を目指す政治家にとっての政党所属について考えよう。政治家は、所属するコストよりも、自らの当選可能性を高めてくれるベネフィットが上回る政党に所属する。上回る政党が複数あった場合には、もっともそれが上回る政党に所属すると考えよう。

選挙区の定数がMの場合、政党数はM＋1に近似する（Cox 1997）。衆議院選挙においては一九九六年から小選挙区制が導入され、そして参議院においては定数是正に伴い地方区では一人区が増加した。M＋1ルールは、カナダやインドのように地域政党が強力な場合に当てはまらなくなるが、五五年体制以降の日本では全国政党の獲得票数を上回って議席を得るような地域政党を元にする国政政党は、二〇一二年の「日本維新の会」「減税日本」の登場まで待たなければならなかった。かくして自らの当選可能性を高めたい政治家は、まずは二大国政政党または政党連合のいずれかに所属することを選好することが合理的となる。しかし、与党であるということはそれだけ現職の議員が多いということである。対象とする期間中最大与党の座にあった自民党の選挙戦略では立候補に当たっては現職が優先されることが一般的である。したがって、「新人」として国会議員を目指す者や野党の議員は、野党第一党に蝟集する。

五五年体制から長きにわたって政権与党の座に君臨してきた自民党の公式・非公式のネットワークを凌駕して、小選挙区において議席を獲得するだけの票を候補者に与えることのできる組織は日本には存在しない。他の民主制国家では労働組合や宗教団体が選挙において重要な役割を演じることがあるが、日本では労働組合は単独では自民党に匹敵する組織票を有さず、信徒の多い仏教系・神道系宗教団体は政治的な活動を控えるか、しばしば自民党を支援してきた。それだけに、野党が数多くの議員を確保するためには、選挙区で当選するための票数を獲得するための資源をかなりの程度、独力で準備できる候補者を確保する必要がある。いわゆる「いいタマ」である。より多くの候補者・政治家を集め、そこから選抜することができれば、「いいタマ」を確保しやすい。国政選挙における投票行動を分析した平野浩（二〇〇七）や前田幸男（二〇一一）が明らかにするように、本章が対象とするこの期間の有権者の投票行動は未来に対する何かしらの争点に基づいた投票よりも、政権政党に対する業績投票の影響が大きかった。したがって、一定程度の基礎的な票数を確保できる候補者を擁立すれば、敵失により議席が獲得できる確率が高まるのである。加えて、業績投票の場合、政権政党への批判票は、野党の中でも、有権者に有力と認識されている政党に強く流れる傾向にある（若山 二〇〇九：二四九）。

そこで本章では、いかに民主党が野党第一党の座を守ってきたのか、を明らかにしたい。それは選挙の結果において、野党第一党の議席数を確保したということも重要であるが、そもそも選挙の前において、野党第一党の地位にあった、ということも重要である。つまり、いかに現職議員を取りこぼさないか、である。野党議員にとって野党第一党に所属することは合理的な選択である。しかし、それは自らの当選可能性が最も高いと考えられる限りにおいてである。他の政党に移籍する、あるいは新党を設立する方が、考えられるコストを超えて、当選可能性を高める場合、野党第一党の政治家は所属政党から離党するであろう。

政策的許容性と包括性

本章では、いかにして民主党が離党者を極小化し、野党第一党でありつづけられたのか、に注目したい。

山本健太郎（二〇一〇）は「当選」を議員の最優先の目標とする一方で、政党の「政策的許容性」と「政権獲得期待」の二つの概念で野党議員の政党間移動を分析する。つまり、野党には純粋に政策を追求する議員と、近い将来の政権獲得を期待して所属する隠れ政権追求型の議員が存在する。これを政党が繋ぎとめるものが、政策追求型議員に対しては政策的許容性であり、隠れ政権追求型議員に対しては政権獲得期待である。しかし、政権獲得期待は政党が戦略的に高めようと思っても容易に高められるものではない。そこで、本章では政党の自律的な戦略に着目した二つの概念に基づき、民主党が離党者を極小化できた要因を探りたい。その概念とは、「政策的許容性」と「包括性」である。

「政策的許容性」とは、その政党が許容する政策路線の幅である。政策路線を純化する場合は政策的許容性が「低い」と言えるし、所属議員の幅広い政策志向を許容する場合は「高い」と言える（山本 二〇一〇：一六三）。

野党の候補者にとって党の掲げる政策は、与党の失策を争点化することで有権者の業績投票に訴え、また他党よりも有権者の歓心に沿う政策を掲げることで争点投票に訴えるという点で、当選可能性を高めるものである。とくに、前出のようにこの期間の有権者は業績投票に基づいて投票行動を決定する傾向が強かったため、民主党にとってはとりわけ前者の与党の過去の業績を争点化するという点で、政策は重要であった。実際に民主党は、小泉政権の誕生までは、与党との差別化を図るためにたびたび政策路線を変更した（竹中 二〇一二：一二七）。そして、小泉政権誕生以降は、政権担当能力がないという批判を避けるため、具体的な数値を盛り込んだマニフェストを作成するようになった（上川 二〇一三）。

また、議員政党において、政党組織は党の意思決定の仕組みにおいてどの程度の議員が意思決定に参加できるのかを比較の視座に置くことができる。この軸を意思決定の「包括性」と呼ぼう。たとえば、党の意思決定に際して公式または非公式で全会一致制が取られている場合は、包括性が高いと言えよう。逆に、党の意思決定がごく限られた執行部だけが関与し、所属議員の意見がほとんど反映されない場合は包括性が低いと考えられる。とくに野党時代の民主党は、ながらく意思決定の方式や手続きをめぐる組織内の対立や模索が続いた（濱本 二〇一五：一五七）。

離脱と発言

ここで、アルバート・ハーシュマン（二〇〇五）の「離脱と発言（Exit-Voice）」モデルに基づいて政治家と政党所属の関係を検討したい。組織に不満がある場合、構成員は声を上げて変革を迫る。これが「発言」のオプションである。一方で、不満を持った構成員にとっては、その組織から離れるという選択肢もある。これが「離脱」のオプションである。

政策的許容性・包括性ともに高い場合、政治家はわざわざ所属する政党を離れる必要がない。自らの当選を有利にする政策を掲げやすく、包括性が低くても、政策的許容性が高い場合は、結果的に自らの当選を利する政策が掲

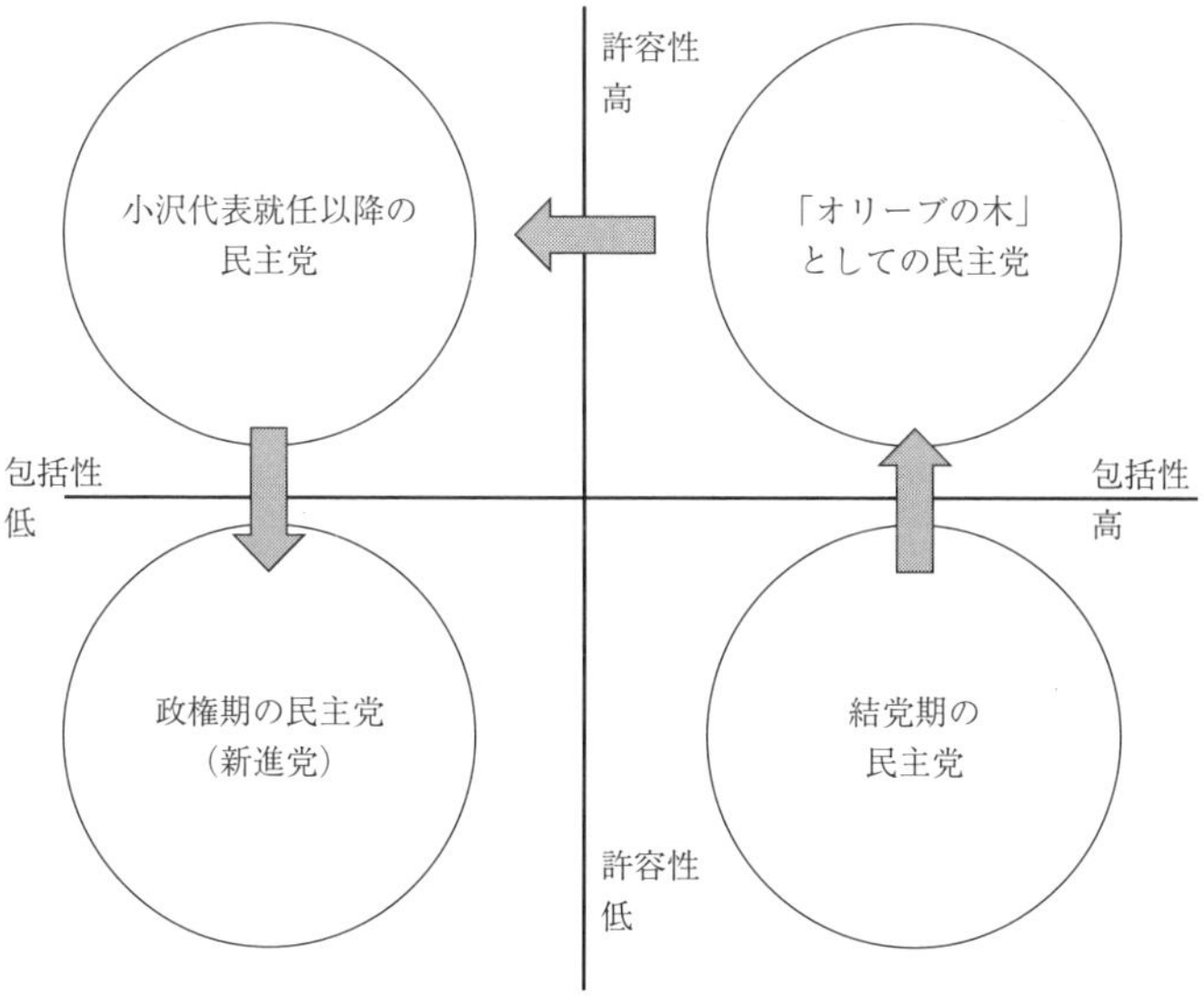

図7-1　民主党における包括性と政策的許容性
（出典）著者作成。

げられるので「退出」のインセンティヴはそれほど高くない。

また、仮に政策的許容性が狭くなっても、包括性が高ければ、党の政策を別の機会に自らの政策志向に近づけることも期待できる。その意味で、「発言」が選択しやすいため、議員は残留するだろう。しかし、政策的許容性が低く、包括性も低ければ、自らの当選に利するような政策が掲げられず、またそれを覆す機会も乏しいため、「離脱」が選択されるものと思われる。

この包括性と政策的許容性を軸にしたマトリックスを描いた場合、民主党は図7-1のようにプロットされる。この図7-1は、包括性が高いが、許容性は低かった旧民主党が、許容性も包括性も高い政党として新たに出発して党勢を拡大し、その後、包括性、ついで念願の政権獲得後は許容性も失い、党勢を衰退させていくプロセスを可視化したものでもある。次節以降、この過程を詳細に検討していきたい。

2　新進党という壮大な「失敗」

一九九四年一二月、非自民連立政権であった羽田政権を支えた政党を中心に、新進党が結党された。

新進党発足直後は有権者の期待も高かった。朝日新聞の世論調査では自民党の三六％に次ぐ、二一％を記録し（『朝日新聞』一九九四年一二月二一日）、一九九五年の参議院選挙では自民党の四六議席に迫る四〇議席を獲得した。比例区の総得票数では自民を上回り、政権獲得期待はいやが上にも高まった。しかし、一九九六年一〇月の衆議院選挙では、新進党は定数の過半数を超える候補者を擁立したものの、改選の一六〇議席を割り込む一五六議席に留まった。羽田孜や細川護熙らの首相経験者が相次ぎ離党して太陽党やフロムファイブを結成するなど、離党者があとを絶たなかった。最終的に、新進党の選挙で大きな役割を果たしてきた創価学会・公明党系が分党を要求し、新進党は解党した（五百旗頭ほか 二〇〇六：一六五）。

政策的許容性

結党の段階で新進党は、自民党離党者を中心とする新生党、新党みらい、自由党や、五五年体制で中道勢力として存在感を持っていた公明党（の一部）、民社党、そして新党ブームの火付け役であった日本新党など様々な潮流を含んでいた。そこで結党時の新進党は、憲法改正や安全保障など、対立しかねない争点については綱領や重点政策は曖昧にし、高い政策的許容性を認めた（山本 二〇一〇：一六七）。

ここで本格的な政権獲得準備体制を整えるために、同年一二月新進党は党首選を実施する。小沢は党首選で国連警察部隊の創設や消費税の引き上げなど路線闘争に正面を切って踏み込み、政策を軸とした政界再編はやむを得ないと発言するなど、政策的許容性を減じることに躊躇しない姿勢を示した（山本 二〇一〇：一七一）。

選挙直後から細川と羽田の分党騒動が起こるなど、混迷を深めた新進党で、小沢党首は政策を純化させることで求心力を働かせようとした。一九九七年の沖縄米軍基地施設用地継続使用のための駐留軍用地特措法改正案や、「日米防衛協力のための指針」（ガイドライン）の見直しなど、安全保障政策についてアクセルを踏み、代表質問では国連警察部隊の創設や消費税の引き上げなどを党の方針として示すなど、政策を純化する路線を採り続けた（山本 二〇一〇：一七四)。

包括性

新進党の党首選は、国会議員や党員・党友のみならず、一〇〇〇円を払った一八歳以上の国民であれば誰にでも投票権を与える「オープン・プライマリ」制が導入された。しかも、この制度は、国会議員、党員・党友、一般の参加者の票をそれぞれに平等に扱う点（OMOV［one man, one vote］）に特徴があった。この党首選の投票総数は一七〇万票にのぼり、立候補した小沢一郎・羽田孜両陣営による動員競争が熾烈を極めた（上神 二〇一一：八二)。また、小沢の党首就任後、小沢陣営の本部長を務めた米沢隆が幹事長に就任し、渡部恒三政務会長、二階俊博選対事務局長、藤井裕久経理局長、山岡賢次筆頭副幹事長など要衝を新小沢で固めた。一方で、羽田陣営は冷遇された。意思決定においても、小沢党首の強いリーダーシップが発揮され、「小沢私党」との評価も党内で高まっていった（藤村 二〇一四：一三七)。

この党首選の分裂は選挙後も尾を引いた。羽田陣営は翌年一月に反主流派を標榜する「興志会」を党内に結成し、六〇名程度の一大グループとなった。また、結党一年間は三名（一月に離党し一〇月に復党した川端達夫を除く）であった離党者も、小沢党首誕生から衆院選解散までの一〇カ月で新井将敬や船田元など七名を数え、離党者が目立ち始めた（政党間移動に関するデータは山本（二〇一〇）参照。以下同)。

このように新進党は、当初幅広く多様な人材を内包していた政策的許容性を、党首選を契機とした小沢党首の誕生とともに狭めていき、意思決定についても、小沢党首の強力なリーダーシップのもと、許容性を低くしていった。かくして、新進党は崩壊の一途を辿ったのである。

3 民主党の誕生——一九九六～九八年

民主党の源流は、「リベラルフォーラム」（一九九五年結成）に求めることができる。

時代は自民党、新進党の二大政党制化が進んでいた。自民党は政権に復し、新進党は九五年七月の参院選で比例において自民を上回る得票数を記録した。この時流に対し、第三極を作り上げる動きも進められていく。

この第三極づくりの中心にいたのが、横路孝弘、鳩山由紀夫、海江田万里、仙谷由人らであった。横路はもともと社会党の代議士であったが、北海道知事を三期務め、従来の保革の枠を超えたところでの統治を体験し、古巣を超えた単位での国政復帰を模索していた。鳩山は新党さきがけに所属していたが小政党の埋没に危機感を持っていた。海江田は『僕が小沢政治を嫌いなほんとの理由』（二期出版、一九九六年）という本を出したこともあり新進党結党に加わらず、「民主新党クラブ」を結成していた。仙谷も横路同様もともと社会党の代議士で若手の議員集団「ニューウェーブの会」の中心人物であったが一九九三年の選挙で落選中であった（五百旗頭ほか 二〇〇八：一三五；前田和男 二〇一〇：四九三～四九七）。

こうした動きを様々な団体が背景で支えた。その一つが労働組合であった。一九九五年八月、自治労、全電通、全逓、電機連合など社会党支持の主要一一労組は「民主リベラル勢力」の結集を目指して、「民主リベラル新党結成推進労組会議」を結成した。とりわけ自治労委員長の後藤森重は第三極結集の束ね役となり、リベラルフォーラムの結集に大きな役割を果たした。また、当時結成が相次いだ地域政党もリベラルフォーラムの動きを各地で支えた。当時、一九九七年四月の統一地方選挙に向けて全国各地で、旧来の社会党にはあきたらず、新進党には距離感を持つ新しい地域政党が誕生していた。海江田も一九九五年三月に立ち上がった「東京市民21」という東京の地域政党の代表であった（前田和男 二〇一〇：四九九～五〇一）。

そして初の小選挙区制度下での衆院選が噂される一九九六年、リベラルフォーラムを軸に新しい政党の誕生が模索された。

新党結成を目的として、各政党やグループの中核メンバーで構成される「七人委員会」がつくられた。メンバーは、リベラルフォーラムの鳩山由紀夫、横路孝弘、海江田万里、社民党の全逓系をバックにした赤松広隆と自治労系をバックにした大畠章宏、さきがけから鳩山側近の簗瀬進、そして新進党を離党した鳩山邦夫の七人であった。この「七人委員会」を軸に新党設立の実質的な動きが進められ、やがてここに自社さ政権でエイズ問題への対応で国民的な人気を集めた厚生労働大臣の菅直人らが加わり、党名を「民主党」とする新しい政党が誕生。九月二八日に結党した（前田和男 二〇一〇：五一〇～五一九）。

しかし、この新しい民主党は苦戦を強いられる。党の地方組織は存在せず、鳩山・菅の二人の代表を決めただけで選挙戦に突入した。ぎりぎりの結党で準備不足も重なり、三〇〇の小選挙区に一四三人を擁立、比例区にも一五九人（重複立候補を含む）を擁立したが、解散前の五二議席を維持するに留まった。続く東京都議会議員選挙でも、社会党、さきがけなどからの転身組の現職一三を一二に減らす結果に甘んじたのであった（前田和男 二〇一〇：五二〇、五二四）。

政策的許容性

「改革」を旗頭にした民主党であったが、党内部における政策的許容性はどのようなものであっただろうか。

民主党は鳩山と菅の共同代表制を採用しつつも、参加者の内訳は、社民党二五名、さきがけ一四名、市民リーグ五名、新進党一名、無所属一名であった。社民党は直前まで幹事長を務めていた佐藤観樹を含め、多くのメンバーが民主党に参加し、できたばかりの民主党内では、最大勢力を誇っていた。一九九六年段階の民主党の衆議院議員の経歴は、総評系労働組合など団体・政党職員出身者が四〇・四％を占め、弁護士などの専門職（二五・〇％）などを押さえて一位に輝いている（表7-1）。新人候補者では、九九名中二七名と団体・政党職員の比率がトップであり、当選した新人議員のうち半分を占めている（濱本 二〇一一：三四）。このように、結党当初の民主党は、社民党色が強

表7－1　民主党議員の経歴

	1996年	1998年	2000年	2003年	2005年	2009年
官僚	2	7	13	14	17	34
地方政治家	13	26	30	45	28	87
首長	2	4	2	3	4	11
都道府県議会議員	10	19	23	33	21	60
市区町村議会議員	3	7	9	17	7	36
議員秘書	3	9	22	43	22	74
会社員	2	5	14	26	20	73
実業家	2	8	12	22	10	43
マスコミ	6	8	13	17	9	25
専門職	13	16	17	25	16	46
公務員	0	2	2	6	4	19
団体・政党職員	21	32	26	38	22	56
労組	10	18	12	11	8	16
松下政経塾	2	7	12	18	14	25
官僚	3.8	7.2	10.2	7.9	15.0	11.0
地方政治家	25.0	26.8	23.6	25.4	24.8	28.2
首長	3.8	4.1	1.6	1.7	3.5	3.6
都道府県議会議員	19.2	19.6	18.1	18.6	18.6	19.5
市区町村議会議員	5.8	7.2	7.1	9.6	6.2	11.7
議員秘書	5.8	9.3	17.3	24.3	19.5	24.0
会社員	3.8	5.2	11.0	14.7	17.7	23.7
実業家	3.8	8.2	9.4	12.4	8.8	14.0
マスコミ	11.5	8.2	10.2	9.6	8.0	8.1
専門職	25.0	16.5	13.4	14.1	14.2	14.9
公務員	0.0	2.1	1.6	3.4	3.5	6.2
団体・政党職員	40.4	33.0	20.5	21.5	19.5	18.2
労組	19.2	18.6	9.4	6.2	7.1	5.2
松下政経塾	3.8	7.2	9.4	10.2	12.4	8.1
N	52	97	127	177	113	308

（注）　上段は実数，下段は％。複数の経歴をカウント（四捨五入）しているため，合計は100％にならない。網掛け部分は，経歴の上位3位であることを示している。首長，都道府県議会議員，市区町村議会議員，労組はそれぞれ下位分類である。

（出典）　濱本　2011：32。

く移植されていた。また、長らく政権の座にあった自民党と、細川・羽田の非自民連立政権の色濃い新進党とは異なり、民主党は、有権者の業績投票から比較的自由に位置づけられ、薬害エイズ問題で厚生省に切り込んだ菅直人を代表に据え、「改革」を民主党の専売特許と位置づける戦略に出た。このことは、行政改革を主要な争点に位置づける有権者に対して民主党への投票を促し、一九九六年衆院選では民主党への投票確率で有意な結果を導いている（前田幸男 二〇一一：二一二）。民主党は「改革政党」を標榜し、一定の支持を集めることに成功したのである。

一方で、民主党が結党される直前、鳩山由紀夫は新進党の船田元を加えて新党を結成する準備を進めていたが（鳩船新党）、新保守主義を標榜する船田は安全保障・外交に関する見解が異なるとして、結果的に離反している（『読売新聞』二〇〇九年一二月二四日）。このように、初期の民主党は中道左派色が強く、政策的許容性はやや閉じられていた。しかも、一九九六年末には日本経済の悪化に伴い、菅代表が改革路線を一時凍結するなど、代表の意向によって政策はしばしば変化していた（竹中 二〇一二：一二六）。

包括性

結党当時の民主党は、党の地方組織が未整備で、選挙戦の足腰となったのは地域政党と労働組合であった。民主党結党に先立つ一九九六年二月には地域政党が結集し、「ローカル・ネットワーク・オブ・ジャパン（略称・Jネット）」が発足した。地域政党にとっても、中央政治とパイプは必要との考えから、国会議員との繋がりを求める向きがあった（前田和男 二〇一〇：五〇五）。

そして、結党当初の民主党は、知事経験者の横路や地域政党の代表を務めていた経験を持つ海江田らを中心に、地域のことはローカルパーティに委ね、外交や国防などローカルパーティでは対応できないところをナショナルパーティが受け持つというネットワークの中に民主党を位置づけることを構想していたのである（前田和男 二〇一〇：四四七）。

また、民主党が結党して総選挙までは一カ月弱しかなかった。このため、労組の支援は大きかった。菅直人は、

⑴鳩山家の資産、⑵厚生大臣の菅直人の人気、そして⑶旧総評系の労組の支援があったからこそ、総選挙を戦えたのだと分析する（五百旗頭ほか 二〇〇八：一五一）。

とはいえ、党内役職配分では、先述の通り社民党出身者が議員の多くを占めていたが、「代表・副代表・特別代表・代表代行」といった要職レベルでは、社民系二、さきがけ系二、その他一と旧党派に配慮した人事となっている（濱本 二〇一一：四八〜四九）。元自民党議員から市民運動出身者、労組出身者まで様々なバックグラウンドを持つ構成員をバランスよく参加させる意思決定構造を採用していたと言えよう。

労働組合を中心とした選挙支援に加え、リベラル色の濃い民主党は、政策的許容性をいささか欠き、多様な政策スタンスを持つ政治家を内包するものではなかった。一方で、政策的な「看板」としては行政改革を重視する有権者を引きつけ、バランスの取れた意思決定構造を採用した。この時期の民主党は、選挙では現状維持に留まったものの、補選出馬や鞍替えを除いた離党者は一名（希望とは異なる選挙区からの出馬を余儀なくされた井上一成）のみにおさえられた。このことは、結果的に新進党の崩壊により、民主党が選挙を経ずして野党第一党の座に就く布石となった。

4 「オリーブの木」としての民主党——一九九八〜二〇〇六年

一九九六年の総選挙で政権交代を実現できると思って臨みつつ、失敗に終わった新進党は、選挙直後から離党者が相次いだ。政界は非自民勢力の再結集への動きが加速した。

その動きでたびたび言及されたのが「オリーブの木」である。「オリーブの木」はイタリアで、一九九六年の総選挙において中道政党と左派政党が政党連合を形成して勝利を収めた。「イタリアの『オリーブの木』に学べ」は、非自民勢力の間で叫ばれるようになり、一九九七年五月には「オリーブの木勉強会」が開催され、社民、さきがけ、民主、太陽などの各党から三八人もの国会議員が参加した。民主党も菅直人代表が九月に「オリーブの木」に積極的な考えを示し、一〇月にはイタリアのプロディ首相と会談した。その後も「オリーブの木運動」とは全国組織委員長のジョバンニ・プロカッチらが来日するなどの交流を持った（前田和男 二〇一〇：三七六〜三八五）。

年末に新進党が解党すると、九八年一月、民主党、新党友愛、国民の声、太陽党、フロムファイブ、民主改革連合が統一会派「民友連」を結成。フロムファイブ代表の細川護熙を中心に、今後の「民友連」のあり方が協議された。社民党系や旧民社系の対立などもあったが、小選挙区制度への対応や政党助成金制度への適応が考慮され、協議の結果は政党連合よりも踏みこんだ新党結成であった（五百旗頭ほか 二〇〇八：一六四、一六八）。それでも細川は新党の性格についてこう表現する。「多様な価値観の時代だから、ふろしきでふわっと包むような形の組織の方が、支持が得やすいと思う。特に地方組織はそうだ。社民党出身者もいれば旧民社党出身者もいる。そう考えると『オリーブの木』的な組織でないとやれないのではないか。一つの党といっても、実態は政党連合なんだし、市民団体にも大いに参画してもらいたい」（『朝日新聞』一九九八年三月二一日）。かくして四月二七日、事実上の「日本版オリーブの木」として、新しい民主党が誕生した（前田和男 二〇一〇：三八六）。

一九九八年七月の参院選では、社民党とさきがけが離脱して単独政権与党となった自民党が六一の改選議席を四四議席に激減させ、新しい民主党は一八から二七に躍進した。橋本内閣は退陣し、自民は次期総裁に小渕恵三を選出するものの、非自民が多数となった参院の首班指名の決選投票では、菅直人が首相に指名された。非自民各党がまとまり、一時的に「日本版オリーブの木」が成立した。

その後、公明党と自由党は、自民党と連立を組み、とくに公明党はその後ながらく自民党と共闘態勢を構築し、自民党政権の延命に大きく手を貸した。その間、民主党もまた選挙のたびに着実に議席数を伸ばしていった。

しかし、二〇〇一年状況は変化する。小泉純一郎首相の登場である。圧倒的な国民的人気を獲得した小泉首相は「構造改革」を強く打ち出し、民主党のお株を奪っていった。同年夏の参院選では、民主は前回より一議席減らして二六議席の獲得に留まった。ここにきて、民主党は「看板」のあり方を再度見直すことになったのである。

小泉人気の前に立ちすくむ民主党は、サッチャー政権の誕生以来、長きにわたって支持を失っていた党を立て直し、政権獲得に結びつけたブレア労働党に注目した。

二〇〇三年選挙のマニフェスト策定で中心人物の一人であった参議院議員の福山哲郎は言う。

僕らは労働党政権の一回目のマニフェストをある程度モデルにしながらやっていこうと考えました。イギリスの労働党は党員や支持団体である労働組合などと一年をかけてマニフェストの議論をして、その積み上げの中でマニフェストを組み立てるというやり方をしています。われわれはそれを参考にして、党の県連組織、連合や経済団体などの支持組織にわれわれのマニフェストの素案を提示して、意見をフィードバックしながら作り上げていくことにしました。そうすることでマニフェスト作成を国民的な運動に広げようとしたのです。経団連や経済同友会とも意見交換会をしました。もちろん連合ともやりましたし、様々なNGOやNPOともやりました。そういう活動を「総選挙対策事前運動展開」と位置づけたのです。（薬師寺 二〇一二：一六七）

こうして民主党は運動論的な要素を取り込みながら「マニフェスト」を策定していく。

こうした動きの一方で、二〇〇三年九月、小沢一郎率いる自由党が民主党に合流する。党名も、代表も、政策も、それまでの民主党のまま引き継がれた。二〇〇三年一一月の衆議院選挙では、民主党はできたばかりのマニフェストを掲げて臨み、改選議席を四〇上回る一七七議席を獲得した。その後、年金未納問題で菅直人が代表を辞任したが、岡田克也を代表として戦った翌二〇〇四年の参議院選挙では五〇議席を獲得し、自民の四九議席を上回ったのである。民主党は「マニフェスト選挙」を着実に浸透させていった。

政策的許容性

新しい民主党は「日本版オリーブの木」として誕生した。

旧民主党は社民党系が四四％近くを占めていたが、新しい民主党はその比率が後退する（二四・七％）。代わって目立ったのが新進党からの離党者によって結成された民政党系（二五・八％）であり、社民党と政策的にも対立する旧民社党系の新党友愛系も一四・四％を占めた（濱本 二〇一一：三四）。

経歴も変化する。初めて迎えた二〇〇〇年の総選挙では、新人候補として一四六人を擁立したが、会社員（二〇・五％）・実業家（一九・九％）・地方政治家（一九・九％）を中心に立候補させ、労組出身者は一人（〇・七％）に抑えられている。

この背景には、一九九九年から導入された公募による候補者選定の影響もあるだろう。この過程では、政策よりも「勝てる」候補であるか否かが重要な選考基準となっていた（堤・森 二〇一五：三四四）。

この結果、労組出身議員の比率は旧民主党結党当初の一九・二％から九・四％へと半減した。代わって大幅に増えたのが官僚出身者である。旧民主党結党当初は、三・八％に過ぎなかった官僚出身者は、新民主党の結成と総選挙の結果、二〇〇〇年には一〇・二％となり、労組出身議員を数の上でしのいだ。官僚出身の新人候補はそれまでは基本的に自民党から立候補しており、候補者リクルート面で、民主党は自民党に近似するようになっていった（濱本 二〇一一：三二一〜三二三）。

結党の過程では、政策面で「責任あるリベラル」を唱える旧民主党と、「保守中道」を掲げる民政党が対立した。細川は党の基本理念で「民主中道」と表現することで取り持った（『読売新聞』一九九八年三月一三日）。

九八年の参議院選挙では、橋本龍太郎首相の恒久減税をめぐる発言のブレなどの与党の失策と、旧民主党時代から引き継いだ「改革政党」の看板、そして、旧民政党がもたらした新自由主義的政策で、野党第一党となって初めて臨んだ国政選挙で民主党は改選議席の一八を二七に伸ばした。二〇〇〇年の衆院選挙でも、森首相の失言なども手伝い民主は三二議席増の一二七議席を獲得した（上神・堤 二〇一一：八；前田幸男 二〇一一：二二；藤村 二〇一四：一四八）。

その後も与党の失策と一九九九年の鳩山由紀夫の代表就任によってさらに強化された行政改革路線によって、民主党は着実に議席を伸ばした（竹中 二〇一二：八九）。しかし、小泉首相の登場は、民主党の選挙戦術の見直しを迫り、マニフェストの策定へと繋がった。

運動論として幅広い層を巻き込むことで形成された当初のマニフェストの政策的許容性は非常に高かった。党の地方組織（全国政調担当者会議や選対責任者会議など）を巻き込んで、選挙政策を作るとともに、国会議員もまた部門会議を中心に政策案を議論し、ネクスト・キャビネットでとりまとめた。この策定過程で、民主党は自由党と合併する。このことは政策的許容度をさらに拡大した。時の代表・菅直人は「自民党に対抗できる政党を作るには、ある程度の幅を許容しなければならない。党の運営は確かに難しいが、運営しにくいからここまでの幅だと言っていると永久に五五年体制だ」（五百旗頭ほか 二〇〇八：二六三）と考え、合併を主導した。

そして、二〇〇四年の参院選マニフェストで取り上げた年金問題は、民主党への投票を誘った。この参院選の直前の国会で、政府・与党は首相を含む閣僚・政府高官の年金についての疑惑を抱えたまま、強行採決を行っており、マニフェストで取り上げたこと自体が、与党の年金問題への対応を業績投票の対象として争点化することに成功し、自民党をも上回る民主党の議席増に貢献したのである（前田幸男 二〇一一：二一三）。

包括性

「ゆ党」を標榜していた民主党は、第三極から野党第一党に転じた頃から与党に対して対決色を強めていった。新しい民主党となって「非自民」が全体で多数となった一九九八年の参院の首班指名決選投票では、民主党の菅直人が首相に指名された。

日本版オリーブの木として結党された新しい民主党の人事は、旧党派に配慮している。当時の代表である菅直人はこう証言する。「九八年に『新民主党』ができたときの党役員人事は私が決めたわけではないのです。このときは四つくらいのグループが合併した訳ですから、代表になりましたけど、私だけですべての人事は決められなかった。あらかじめ細川護煕元首相が努力して各グループに納得してもらった人事ですから、実務的に動きやすいという意味での人事にはなっていないわけです」（五百旗頭ほか 二〇〇八：一九一）。

新しい民主党の代表選挙はOMOV制度を採用しなかった。これは新進党の教訓とともに旧社会党の教訓を受けたものでもあると考えられる。かつての社会党は党員の中から選ばれる代議員が党首を決めていた。しかし、菅直人は、「左派は国会議員集団としてほんの少数しかいなくても足元の活動家が多い。国民レベルになると、社会党支持者の中でも協会〔引用者註：左派の社会主義協会〕みたいな古い社会主義の人たちはほとんどいない。ところが代議員はそういう人たちが占める。そのギャップが社会党の悲劇で、江田三郎さんや田英夫さんらが飛び出すきっかけにもなった」と回顧する（五百旗頭ほか 二〇〇八：一九七）。社民連出身の菅による冷静な分析眼であろう。

菅体制下で、整備された代表選の制度は党員・サポーターによる参加を認めつつも全三二〇ポイントを都道府県ごとに人口比に応じて配分する仕組みで、一方、国会議員は一人二ポイントが与えられるなど、国会議員の影響力を大きく認めるものであった（この他にも公認予定候補者や地方議員にも投票権が与えられた）。

この制度が実際に利用されたのが二〇〇二年の代表選である。この選挙に、鳩山由紀夫、菅直人、野田佳彦、横路孝弘が立候補した。この選挙で、鳩山由紀夫が、党員・サポーター票、地方議員票、公認予定候補者票そして国会議員票のいずれでも最も票を獲得した。この段階で過半数を取っていなかったので、上位二者の決選投票に持ち込まれたが、鳩山由紀夫は決選投票でも菅直人を下し、代表選に勝利した。

しかし、その後、鳩山が党内人事で側近の吉田公一を国対委員長に、旧民社党系の中野寛成を幹事長に据えると、露骨な論功行賞との批判がわき起こった。野田佳彦を応援した野田グループや前原グループ、また横路グループもまた役職就任拒否の姿勢を打ち出した（濱本 二〇一一：五一）。先述のように民主党の支持率は落ち込み、衆参の統一補選で連敗。自由党との統一会派構想で招いた混乱の責任を取り、鳩山は代表を辞任した。

こうした混乱により、熊谷弘、佐藤敬夫、金子善次郎、山谷えり子、江崎洋一郎の衆議院議員五名が離党し、政権与党の一角であった保守党に合流した（保守新党）。これ以降、民主党が野党でいる間、党員・サポーターが投票する代表選は実施されることはなかった。

鳩山の後を受けて代表に就任した菅直人は、マニフェストを掲げて選挙にのぞむことを表明した（『朝日新聞』二〇〇三年三月一五日)、このマニフェストは高い包括性のもとで策定されていった。前出の福山は言う。

最初に政調の各部門会議にそれぞれ優先順位の高い政策項目を五つずつ絞り込んでもらいました。そのとき注意したのは抽象的なスローガンのようなものではなく、具体的な数値目標を示すとともに、できれば財源まで明示してくださいとお願いしました。つまり国会議員はもちろん地方議員、地方組織、さらに有識者やNPOの意見も聞きながらマニフェスト案を策定していったのです。(中略)皆さん、議論を戦わすことにあまり抵抗感がなかった。ネクスト・キャビネットは毎週、開催していましたが、議論が百出でした。各部門から上がってくる提案をネクスト・キャビネットの担当大臣が、「これはおかしいじゃないか」って平気で言っていました。(薬師寺二〇一二:一六八~一六九)

こうして各部門から上がってくる政策と地方組織や地方議員から上がってくるものとを、有識者、NPO、市民団体、そして各団体、経済団体等と議論する中で、マニフェストをどんどんブラッシュアップしていった。自由党との合併の過程ではさらに小沢党首とも議論した(『朝日新聞』二〇〇三年一〇月六日)。このようにして、民主党はマニフェストの政策内容や作成過程を党全体で共有していったのである。

「民主中道」として幅広い政策的許容性を内包した新しい民主党は、旧社会党色を薄め、政策も自民に近づき、成員の構成も自民党に近似するようになった。一方で、自民党政権の首相の失策等により、国政選挙のたびに国会での議席を増やしていった。そして、多様な成員をバランスの取れた人事で統合した。

しかし、小泉政権誕生後は暗雲が立ちこめる。小泉首相の誕生は敵失により支持を集めて来た民主党への投票を鈍らせた。政策面でも改革路線の採用によりお株を奪われる事態となった。人事面でも、二〇〇二年の代表選挙は党員・サポーターにも開かれた代表選挙となった。この代表選挙は労組を含めた大規模な動員が行われ、激しい選挙戦となった。その結果、グループ間の亀裂は深まり、代表選挙後の論功行賞との批判がわき起こる党役員人事と、党内は混乱した。このことで、熊谷を中心に離党者を出し、右肩上がりであった党勢は落ち着きを見せることになる。

これを救ったのがマニフェストであった。国会議員、地方議員、地方組織、有識者やＮＰＯを含めて党内で活発な議論が展開され、包括的で開放的なプロセスで策定されていったマニフェストは、年金問題の提示などで自民党の業績を有権者に問い、当選可能性を高めていった。包括性、政策的許容性ともに高い時期であったと言えよう。民主党は再び躍進を開始する。

5　小沢一郎代表就任以降の民主党——二〇〇六〜〇九年

マニフェストを掲げ、再度躍進した民主党であったが、小泉首相が郵政民営化の是非を争点化して行われた二〇〇五年の総選挙で、岡田民主党は大敗を喫する。岡田代表は辞任し、短期間の前原誠司時代を挟んで、小沢一郎が代表に就任した。二〇〇六年四月に代表に就任した小沢一郎は、日本経団連、農協中央会といった自民党の有力支持団体との関係強化を計った。連合も小沢代表以降も引き続き民主党を支援した。加えて、補助金等各種業界団体を通じての給付から、国民への直接給付に変えていく政策を打ち出すことで既存の自民党の集票システムに揺さぶりをかけるなど、小沢代表は民主党により効果的な選挙戦術をもたらした（上神・堤 二〇一一：一〇〜一一、藤村 二〇一四：二八六）。二〇〇七年の参院選では六〇議席を獲得、参院で自民公明を過半数割れに追い込むことに成功した。政権奪取直前の二〇〇九年、小沢代表は秘書が偽装献金を受けた容疑で逮捕されたことの責任を取って辞職するも、党勢は変わらず、八月三〇日の衆議院選挙で三〇八議席を獲得する大勝。社民党、国民新党と連立を組み、鳩山由紀夫代表を首班とする内閣が誕生し、ついに民主党は政権を奪ったのである。

政策的許容性

マニフェストを掲げ、党勢を拡大していった二〇〇四年参院選、二〇〇五年衆院選、二〇〇七年参院選と民主党への投票を大きく促した争点は年金問題であった。首相を含む閣僚たちの年金問題や年金記録問題の深刻さから、年金は、政府・与党に対する不信感が最も先鋭的に現れた争点であったという点で、むしろ政府・与党に対する負の業績投票を促した側面が強かったのである（前田幸男 二〇一一：二一二〜二一三）。

もちろんその不信感を、民主党がマニフェストを通じて掘り起こした点は重要である。年金制度の一元化など民主党は年金改革を主要な政策としてマニフェストに位置づけた。また、他の政策分野について既存の政府・与党に不信感を持つ有権者にも、民主党はその受け皿になった。自民党は農政のヴィジョンと抜本的な見直しを稲作農家に提示することを怠る一方で、民主党は個別所得保障制度などの政策を打ち出し、既存の農政に対するシステム不信を抱く農家の民主党に対する投票行動へと繋がった（河村 二〇一〇：二三〇）。政府・与党が有効な手だてを打てずにいた少子化、子育て政策についても、「子ども手当」は従前投票行動に熱心でなかった若年層、とくに若い子育て世代を惹き付けた。まさに「『子ども手当』という突風」であったのである（照屋 二〇一〇）。

このように既存のシステムに不信感を覚えたり取りこぼされていたりした有権者の票を吸収するために、代替案としての政策をマニフェストに示し、それを争点化させていったことの効果はあった。小沢代表以降、マニフェストの方向性は強化されるが、それまで意思決定を積み重ねて来たマニフェストの基本的な普遍主義的な方針の変更には至らず、その手法でこの意味において、マニフェストは代表変更に伴う政策変更を妨げる経路依存的な効果もあった。このことは、体系的な政策案を持たないまま総裁が変わるたびに政策的ポジションが大きく異なった自民党や以前の民主党と対比し、政策的な安定性をもたらしたと考えられる（品田 二〇一〇：二九；谷口 二〇一〇：二一三）。図7-2は、政権公約の言及量を分析したものである。第1軸は全体利益と個別利益のどちらを重視する傾向にあるかを示し、第2軸は新自由主義的な改革への立ち位置を示している（なお、都市・農村・中間は人口地区人口比率に基づいて分類されたそれぞれの地域類型における全候補者の平均である）。小沢代表就任によって民主党の政策が転換したと

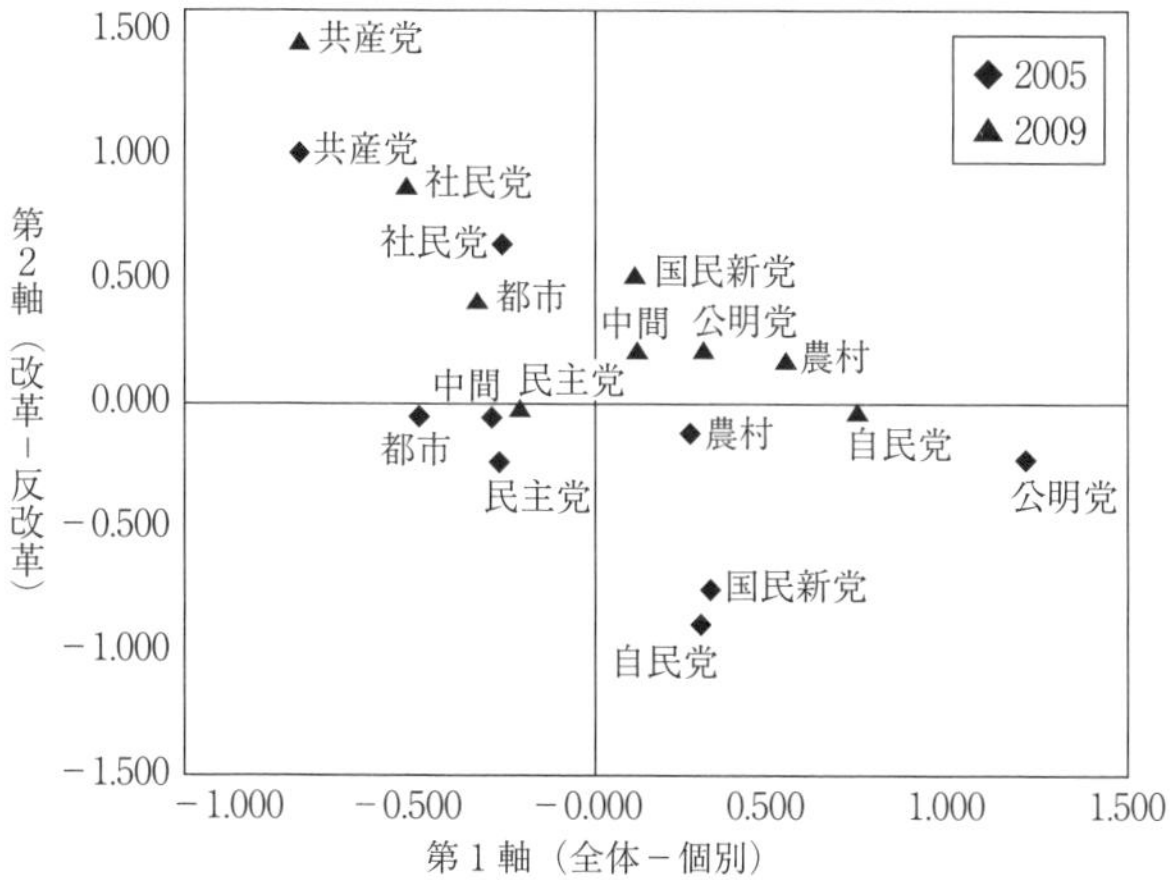

図7-2　各政党の政策的ポジション

（出典）品田　2010：40。

の評価もあるが（竹中 二〇一二：一二六など）、基本的な政策ポジションに関しては、自民・公明が大きく変動しているのに対し、民主党は安定していると言えよう（品田 二〇一〇：四〇）。

一方で、内容面では、それまで党内で築き上げて来た「普遍主義」的な方向性はほぼ変えていないが、党内でプールされていた政策の重要度を変化させるなどして、そこで想定される政府の役割を「介入主義」的なものに変えていった（堤・上神 二〇一一：二五二）。加えて、かつてのマニフェストは、安易に有権者に媚びないある種の純粋さのある「原民主党的空気」が強かったが、小沢代表以降のマニフェストは、農業者戸別所得補償制度など自民党の支持基盤を揺さぶるための戦略を取り入れていった（薬師寺 二〇一二）。

とはいえ、有権者は必ずしも民主党の政策自体を積極的に評価して投票したとは思われない。読売新聞による政権担当能力を尋ねる世論調査（「あなたは、民主党には、政権を担当する能力があると思いますか」）について、「ある」との回答は、二〇〇二年八月に二一％であったものが、二〇〇八年一月の調査で二九％にしか伸びていない。有権者は、未来志向の政策判断によって主体的に政権政党としての民主党を選んだ、というよりも、政府・与党の実績を可とするか不可とするかの業績評価で自民党と公明党を選ばなかったものと思われる。それだけに幅広い許容性のもと野党第一党であり続けたことが、次の政権交代に繋がったものと考えられる。

包括性

民主党が誕生し、選挙を経ていくようになると、初当選時から民主党という議員が増え、旧党派よりもグループが党内集団としての意味を持つようになった。党内人事では、鳩山代表辞任の混乱は民主党内に広く学習され、能力主義で臨む方針を取り若手を主要ポストに配分した前原代表時代を除き、執行部を構成する主要ポストはおおむね旧党派、グループに按分された（濱本 二〇一一：五四〜五五）。

しかし、小沢代表のもとで、マニフェストの作成過程は大きく変化する。まず、小沢代表は「政権選択の基本方針（マグナカルタ）」を策定し、選挙戦略とのリンケージをより深めた政策づくりに着手する。

マグナカルタは小沢代表の下で赤松広隆さんが責任者になってまとめたものです。議論は何回かやりました。僕らも散々意見を言いましたが、最後は一任みたいな形になったと思うんですね。公表されたのでしょうが、最終的なものを僕らはあんまり見てない。議論が煮詰まったという感じはないですね。小沢代表が言っておられることだから、それは尊重してもらいたいというような感じだったと思います。（岡田克也の証言。薬師寺 二〇一二：四一九）

政権政策委員会委員長で党の副代表だった赤松さんがマグナカルタ作成の中心人物だったと思います。党内で議論する場は一応ありましたけど、最終的には一任してくれというような形でしたね。（中略）内容について議論するための全体会議は開かれました。しかし、最終的には小沢さんの息のかかった人たちが作成の中心人物になっていました。だから、みんなの意見を聞くプロセスはありましたが、みんなで議論した内容がすべて一言一句、最終的に採り入れられたかというのはちょっと分からないですね。（前原誠司の証言。薬師寺 二〇一二：四七〜四八）

このように小沢代表以降のマニフェストの策定作業は、閉鎖的なものになっていった。小沢代表のもとで民主党は、政策的許容性は高いまま、包括性を低くしていったのである。

年金問題に代表される政府・与党の敵失を受け、マニフェストを提示することでその受け皿となることに成功した民主党は、二〇〇五年の郵政選挙以外、着実に党勢を拡大していった。とくに選挙戦術に長けた小沢一郎が代表に就任して以降は政権を獲得するための戦略性を強化していった。

しかし、政権獲得直前のマニフェストは、比較的閉鎖的に策定された。子育て手当の給付額が月額二万六〇〇〇円となった経緯を福山哲郎はこのように振り返る。

小沢代表が突然、言ったのです。子ども手当に必要な総額を大きめに言ったのです。それでネクスト・キャビネットで「どうする」という話になった。直嶋正行さんが政調会長で私が政調会長代理でした。「代表が言ってしまったからには否定はできない」ということになって、文部科学省の部門会議に「月額二万六〇〇〇円にすれば何とか形ができ財源も確保できますか」という話を投げて議論してもらった。私は財源が大変だとは思いました。部門会議は当時、小宮山洋子衆議院議員や神本美恵子参議院議員が中心だったと思いますが「仕方ない。じゃあその方向でまとめましょう」ということでまとめていただいた。（薬師寺 二〇一二：一八〇）

合併前の民主党で政策づくりを担って来た岡田克也らと、自由党から移り代表に就任した小沢一郎らが、最初に対立したのがマニフェストの位置づけであった。財政的な裏付けのある実現可能性の高いマニフェストを理想とするのか、選挙戦術を重視し有権者の関心を集めるための手段としてマニフェストを捉えるのかの差であった（薬師寺 二〇一二：一八三）。この対立は、政権交代の可能性が見えてきた二〇〇九年総選挙の直前で小沢代表が辞任し、岡田らが再び執行部入りして短期でマニフェストを見直した際に再燃する。民主党の政策を実施するために必要な財源は一六・八兆円とされていたものを喧々諤々の議論の中で一三・二兆円分に引き下げ、あとは財源があったらやりましょう、ということで妥結した（薬師寺 二〇一二：四四五）。それでも岡田らには、マニフェストを根本から作り直す余裕はなかった。民主党政権は、小沢らが作ったマニフェストを岡田たちが実行するという、政策的な「ねじれ」の中で政権はスタートした。そして、政権の座に就き、民主党は「内閣一元化」などのもとで多くの議員を意思決定過程から排除し、政策的な絞り込みを行う、つまり政策的許容性を減らしていくようになると、民主党議員たちは、選挙前に相次いで離脱して行くのであった。

6 民主党の隘路

結党当初こそは、総評系連合の支援に強く依存し、リベラルの第三極として誕生したという経緯から、民主党は社民色が強い政党であった。しかし、当初は地域政党のうえに立脚した全国政党を構想し、バランスの取れた人事を行うなど、包括性の高い政党であった。また「日本版オリーブの木」として各政党を糾合した新しい民主党は、さらに政策の幅を広げ、策定された「マニフェスト」は、開放度が高く、様々な成員を巻き込んでの政策作りとなった。このことは、代表変更に伴う政策変更を妨げ、政党としての安定性に寄与した。

しかし、小沢代表就任以降(二〇〇六〜〇九年)は包括性に陰りが見え始め、マグナカルタ以降は党内で政策的対立が起こり、〝削る〟マニフェストから〝配る〟マニフェストへと転換した。このように閉鎖的に策定されたマニフェストに乗っかって政権を取った民主党は、「マニフェストをつくった小沢系、政権を担った非小沢系」というねじれを抱えたままスタートした。このねじれは、二〇一二年の民主党分裂の時限爆弾となる。すなわち、歳出面での政策における普遍主義的な基本的方向性を変えないことで政策的一貫性を維持しつつ、小沢代表はその歳出規模を拡充した。このときそれに見合う分だけの歳入をどうするかの議論があったが、その議論が煮詰まらないうちに民主党は政権を獲得した。しかし、やがて財源が不足することが判明すると、マニフェストで掲げた政策を実行することが困難であることが判明し、歳出政策と歳入政策をめぐって党内議論が本格化する。とくに小沢グループは、マニフェストの着実な実行を求めた。二〇一〇年の代表選では民主党は代表選を実施し、小沢グループとそれ以外のグループの間の亀裂を深めた。やがて、小沢グループは敗北し、マニフェストの多くの項目が実現されない形で与党としての政策が制約されるようになると、政府・与党の意思決定に関与しづらい新人議員を中心に多くの民主党議員が離党し、「国民の生活が第一」などが相次いで結党された。政権末期の民主党は、多くの成員に、再選の観点から所属し続けることのインセンティヴを持たない政党となっていった。

このように、リベラル色が強く、政策的許容性が低かった旧民主党は、その後、政策的許容性が低く包括性も低くなったゆえに解体した新進党の議員を内包しつつ、新民主党として新たなスタートを切った。この新たな民主党は政策的許容性・包括性ともに高く、選挙においても小泉政権と対峙しつつ基本的には躍進を遂げていく。一方で、自由党と合併し、その後小沢一郎が代表に就任すると包括性は低下するものの、政策的許容性は高いまま離党者の極小化に成功し、第一党の地位を確保し続けた。しかし、政権獲得後、意思決定に関与できるものが党三役等に限られるなど包括性が低下し、政策もまた限られた財源の中で制約を受け許容性も低くなると、選挙前に多数の離党者を出して与党の座からも転がり落ちるのである。まさにそれは同様に離党者を多数出して崩壊した新進党と同じ道であった。

いかにして政策的許容性の欠如を、他のインセンティヴで満たしていくか。このことは、日本が厳しい財政状況と緊張感をはらむ国際情勢に取り囲まれて、取り得る選択肢が限定される以上、民主党のみならず、あらゆる政権政党を目指す政党に突き付けられる課題である。つまり、党内の論議を経て多様な政策的要求を集約していく包括的で説得的な意思決定プロセスをいかに構築していけるのかは、今後自民党に変わって政権を担わんとする野党にとって大きな試金石なのではないだろうか。

参考文献

五百旗頭真・伊藤元重・薬師寺克行（二〇〇六）『九〇年代の証言　小沢一郎　政権奪取論』朝日新聞出版。
――――（二〇〇八）『九〇年代の証言　菅直人　市民運動から政治闘争へ』朝日新聞出版。

上神貴佳（二〇一一）「選挙制度改革と民主党代表選出過程における紛争管理――新党が直面する構造問題」上神貴佳・堤英敬編『民主党の組織と政策――結党から政権交代まで』東洋経済新報社。

上神貴佳・堤英敬（二〇一一）「民主党の形成過程、組織と政策」上神貴佳・堤英敬編『民主党の組織と政策』東洋経済新報社。

上川龍之進（二〇一三）「民主党政権の失敗と一党優位体制の弊害」『レヴァイアサン』五三号。

河村和徳（二〇一〇）「農業票の行方――宮城4区」白鳥浩編著『政権交代選挙の政治学――地方から変わる日本の政治』ミネルヴァ書房。

ジョヴァンニ・サルトーリ（岡沢憲芙・川野秀之訳）（一九八〇）『現代政党学――政党システム論の分析枠組み』早稲田大学出版部。

品田裕（二〇一〇）「二〇〇九年総選挙における選挙公約」『選挙研究』No.二六―二。

竹中治堅（二〇一二）「民主党代表と政策の変容――政権交代までの軌跡」飯尾潤・苅部直・牧原出編著『政治を生きる――歴史と現代の透視図』中央公論新社。

建林正彦（二〇〇二）「自民党分裂の研究」『社会科学研究』第五三巻二・三号。

谷口尚子（二〇一〇）「二〇〇九年政権交代の長期的・短期的背景」『選挙研究』No.二六―二。

堤英敬・上神貴佳（二〇一一）「民主党の政策―継続性と変化」上神貴佳・堤英敬編『民主党の組織と政策』東洋経済新報社。

堤英敬・森道哉（二〇一五）「政党組織と政権交代――民主党政権の「失敗」論を超えて」前田幸男・堤英敬編著『統治の条件――民主党に見る政権運営と党内統治』千倉書房。

照屋寛之（二〇一〇）「「子ども手当」という突風――沖縄3区・4区」白鳥浩編著『政権交代選挙の政治学』ミネルヴァ書房。

アルバート・O・ハーシュマン（矢野修一訳）（二〇〇五）『離脱・発言・忠誠――企業・組織・国家における衰退への反応』ミネルヴァ書房。

濱本真輔（二〇一一）「民主党における役職配分の制度化」上神貴佳・堤英敬編『民主党の組織と政策』東洋経済新報社。

――――（二〇一五）「民主党政策調査会の研究」前田幸男・堤英敬編著『統治の条件――民主党に見る政権運営と党内統治』

千倉書房。

平野浩（二〇〇七）『変容する日本の社会と投票行動』木鐸社。

藤村修（二〇一四）『民主党を見つめ直す――元官房長官・藤村修回想録』毎日新聞社。

前田和男（二〇一〇）『民主党政権の伏流』ポット出版。

前田幸男（二〇一一）「争点と政権交代」上神貴佳・堤英敬編『民主党の組織と政策』東洋経済新報社。

待鳥聡史（二〇〇〇）「緑風会の消滅過程――合理的選択制度論からの考察」久米郁男・北原鉄也・水口憲人編『変化をどう説明するか　政治編』木鐸社。

薬師寺克行（二〇一二）『証言　民主党政権』講談社。

山本健太郎（二〇一〇）『政党間移動と政党システム』木鐸社。

若山将実（二〇〇二）「イギリスにおける業績評価投票と第三政党支持」『選挙研究』一七号。

Axelrod, Robert.（1970）*Conflict of Interest*, Chicago : Markham Publisher.

Cox, Gary. W.（1997）*Making votes count*, Cambridge : Cambridge University Press.

Fenno, Richard. F.（1973）*Congressmen in Committees*, Boston : Little Brown & Co.

人名索引

あ 行

か 行

さ 行

た　行

な　行

は　行

ま　行

や　行

ら・わ　行

事項索引

あ 行

か 行

さ 行

た 行

な　行

は　行

ま　行

や　行

ら・わ　行

欧　文

松尾秀哉（まつお・ひでや）　**第5章**

1965年　愛知県生まれ。
2007年　東京大学大学院総合文化研究科博士課程修了。博士（学術）。
現　在　北海学園大学法学部教授。
著　作　『物語ベルギーの歴史――ヨーロッパの十字路』中公新書，2014年。
『連邦国家　ベルギー――繰り返される分裂危機』吉田書店，2015年。

石神圭子（いしがみ・けいこ）　**第6章**

1977年　北海道生まれ。
2012年　北海道大学大学院法学研究科博士後期課程修了。博士（法学）。
現　在　北海道大学法学部附属高等法政教育研究センター協力研究員。
著　作　「現代アメリカ政党政治空間の転換可能性――バラク・オバマの場合」『北大法学論集』第58巻第6号，2008年。
「アメリカにおけるコミュニティの組織化運動――ソール・アリンスキーの思想と実践（1）～（4）」『北大法学論集』第65巻第1号～第65巻第6号，2014年。

木寺　元（きでら・はじめ）　**第7章**

1978年　東京都生まれ。
2006年　東京大学大学院総合文化研究科博士課程退学。博士（学術）。
現　在　明治大学政治経済学部准教授。
著　作　『地方分権改革の政治学――制度・アイディア・官僚制』有斐閣，2012年。
『政治主導の「教訓」――政権交代は何をもたらしたのか』共著，勁草書房，2012年。
「税制改革と民主主義ガバナンス――リスク・ラバーたちの消費税」日本政治学会編『政治学におけるガバナンス論の現在（年報政治学2014-Ⅱ）』2015年。

執筆者紹介（執筆順，＊は編者）

＊吉田　徹（よしだ・とおる）　はしがき，序章，第３章

編著者紹介欄参照。

今井貴子（いまい・たかこ）　第１章

1970年　東京都生まれ。
2009年　東京大学大学院総合文化研究科博士課程単位取得退学。博士（学術）。
現　在　成蹊大学法学部教授。
著　作　『グローバリゼーションと福祉国家』共著，明石書店，2012年。
“Opposition in Parliamentary Democracies: British and Japanese Parties in Comparison,” *Review of Asian and Pacific Studies*, No. 38, Seikei University, 2013.
「金融危機後のイギリス政治」日本政治学会編『危機と政治変動（年報政治学2013-Ⅱ）』2014年。

野田昌吾（のだ・しょうご）　第２章

1964年　大阪府生まれ。
1993年　大阪市立大学大学院法学研究科後期博士課程単位修得退学。博士（法学）。
現　在　大阪市立大学大学院法学研究科教授。
著　作　『ドイツ戦後政治経済秩序の形成』有斐閣，1998年。
「『1968年』研究序説――『1968年』の政治社会的インパクトの国際比較研究のための覚え書き」『法学雑誌』57巻1号，2010年。
『ポピュリズム時代のデモクラシー』共著，法律文化社，2013年。

アンリ・レイ（Henri Rey）　第３章

1947年　ラントリアック（オーヴェルニュ地方）生まれ。
1981年　パリ政治学院修了。
現　在　パリ政治学院政治研究センター（CEVIPOF）研究ディレクター。
著　作　*Les militants socialistes à l'épreuve du pouvoir* (avec Françoise Subileau) Presses de Sciences Po, 1991.
La gauche et les classes populaires, Editions La Découverte, 2004.

池谷知明（いけや・ともあき）　第４章

1960年　静岡県生まれ。
1996年　早稲田大学大学院政治学研究科博士後期課程退学。
現　在　早稲田大学社会科学総合学術院教授。
著　作　『イタリア国民国家の形成――自由主義期の国家と社会』共著，日本経済評論社，2010年。
『近代イタリアの歴史』共著，ミネルヴァ書房，2012年。
「1848年サルデーニャ王国選挙法と有権者の創造」『選挙研究』第29巻1号，2013年。

《編著者紹介》
吉田　徹（よしだ・とおる）
1975年　東京都生まれ。
2005年　東京大学大学院総合文化研究科博士課程修了。博士（学術）。
現　在　北海道大学大学院法学研究科／公共政策大学院准教授。
著　作　『ミッテラン社会党の転換――社会主義から欧州統合へ』法政大学出版局，2008年。
『ヨーロッパ統合とフランス』編著，法律文化社，2012年。
"The Change of Government in Japan : Temporality and Institutional Constraints on Alternation," in *Journal of Law and Politics*, University of Tokyo, vol. 8, 2012.
「政権交代とミッテラン外交――『ユーロ・ミサイル危機』をケースとして」『国際政治』177号，2014年。

MINERVA 人文・社会科学叢書㉐⑦

野党とは何か
――組織改革と政権交代の比較政治――

2015年8月10日　初版第1刷発行　〈検印省略〉

定価はカバーに
表示しています

編著者　吉田　徹
発行者　杉田啓三
印刷者　林　初彦

発行所　株式会社　ミネルヴァ書房
607-8494　京都市山科区日ノ岡堤谷町1
電話代表　(075)581-5191
振替口座　01020-0-8076

太洋社・兼文堂

ISBN978-4-623-07390-0
Printed in Japan

政権交代選挙の政治学　白鳥　浩編著　四六判三五四頁　本体三五〇〇円

衆参ねじれ選挙の政治学　白鳥　浩編著　四六判三四六頁　本体三五〇〇円

統一地方選挙の政治学　白鳥　浩編著　四六判三九二頁　本体三八〇〇円

戦後日本政党政治史論　的場敏博著　A5判三一六頁　本体六五〇〇円

政党──組織と権力　A・パーネビアンコ著　村上信一郎訳　A5判三四八頁　本体五〇〇〇円

離脱・発言・忠誠　A・O・ハーシュマン著　矢野修一訳　A5判二三二頁　本体三五〇〇円

流動化する民主主義　R・D・パットナム編著　猪口　孝訳　A5判四六六頁　本体四八〇〇円

新版　比較・選挙政治　梅津　實他著　A5判二八〇頁　本体二八〇〇円

比較・政治参加　坪郷　實編著　A5判三〇四頁　本体三三〇〇円

MINERVA政治学叢書

政治理論　猪口　孝著　A5判三〇四頁　本体三三〇〇円

日本政治思想　米原　謙著　A5判三三〇頁　本体三三〇〇円

比較政治学　S・R・リード著　A5判三〇六頁　本体三三〇〇円

政治心理学　O・フェルドマン著　A5判三五二頁　本体三三〇〇円